# 序

教材是教学过程的主要载体，加强教材建设是深化教学改革的有效途径，是推进人才培养模式改革的重要条件，也是保障教学基本质量、培养高端技能型人才和技术应用型人才的重要基础。

为深入贯彻党的二十大精神以及教育部和国家教材委员会等发布的一系列文件精神，推进高等职业教育汽车类专业的高质量发展，适应新时期汽车行业的快速发展和汽车产业转型升级需要，实现“专业设置与产业需求对接、课程内容与职业标准对接、教学过程与生产过程对接”，在市场调研和专家论证的基础上，我们列出了“高等职业教育汽车类专业校企合作‘互联网+’“创新型教材”选题15种，并组建由优秀高职院校名师和一线企业专家组成的编写委员会，以校企合作形式，共同编写了本套教材。

**一、编写依据、指导思想和编写原则**

1. 编写依据

以教育部《“十四五”职业教育规划教材建设实施方案》（教职成厅〔2021〕3号）文件精神和2023年《普通高等学校高等职业教育（专科）专业目录》为依据，结合汽车行业发展情况，重点开发新能源汽车、智能控制技术、智能网联汽车等急需紧缺的战略性新兴领域。

2. 指导思想

本系列教材以“一主线三融合四服务”构建思路。“一主线”，即以能力培养目标为主线；“三融合”，即融合职业技能等级证书标准，融合知识、能力及素质培养，融合线上线下+课内课外学习；“四服务”，即内容体系为认识规律服务，理论基础为技术应用服务，媒体资源为教学（自主学习）服务，教学模式为教学目标达成服务，实施课程体系改革并系统建设立体化教材。

3. 编写原则

以“必需、够用”为编写原则，以企业需求为基本依据，兼顾行业升级需要和环境保护的要求，突出新能源汽车等新知识、新技术、新工艺和新方法。

**二、教材特色**

从企业实际出发，以培养技术应用型技术人才为主要目标，在总结多年教学经验和已有教材的基础上，充分吸取先进职教理念和方法，形成如下特点：

1. 突出“校企合作，产教融合”

以企业需求和岗位需要为依据，加强校企合作，产教融合，对接汽车职业技能等级证书标准和岗位要求，助力三教改革，服务于职业教育职业技能等级证书的认定工作。

2. 体现新编写模式、新技术、新能源

体现教改思路，创新编写模式。结合产业转型升级需要，及时将产业发展的新技术、新工艺、新规范，包括智能网联汽车、新能源汽车技术、汽车智能制造技术等，依托企业开发适应新兴产业、新职业和新岗位要求的特色教材。

3. 体现“互联网+职业教育”

围绕“互联网+职业教育”发展需求，探索配套资源开发、信息技术应用，统筹推进新形态一体化教材。配套多种形式的数字化教学资源教材，为教学组织提供较大的选择空间。

4. 坚持“立德树人、以人为本”的编写理念，落实党的二十大精神进教材

教材以学生为中心，突出能力本位，并自然融入素质培养内容。将理论知识与实践操作紧密结合、知识迁移与能力拓展有机统一，既有助于培养学生对专业知识和专业技能的掌握，也有助于培养学生吃苦耐劳、精益求精的工匠精神，团队协作精神和创新创意能力。

**三、教材编写队伍**

本系列教材由机械工业出版社，广东交通职业技术学院、深圳职业技术大学 、顺德职业技术学院、哈尔滨工业大学（威海）、韶关学院、广东机电职业技术学院、广州科技贸易职业技术学院、东莞职业技术学院、广州珠江职业技术学院、广州华商职院学院、河源职业技术学院、广东农工商职业技术学院等10多所职业院校，广州丰田汽车特约维修有限公司、深圳深业汽车集团、柯柏文（深圳）科技有限公司、南京奥吉汽车研究院、深圳风向标教育资源股份有限公司等企业组织编写，编写团队包括院校院/校长、专业名师、学科带头人、骨干教师和企业高管、企业专家、技术骨干，结合高职院校“双高计划”、一流专业等建设项目，充分体现了“产教结合，校企合作”的开发特色，有利于教材反映最新的技术和最新的教学成果。

**高等职业教育汽车类专业校企合作“互联网+”创新型教材**
**编委会**

高等职业教育汽车类专业校企合作“互联网+”创新型教材

# 汽车构造与原理（发动机）

主　编　黄　伟
副主编　孟凡生
参　编　吕世威　张华伟　黄松宽　邓志君

机 械 工 业 出 版 社

本书主要内容包括汽车概述、发动机总体认识、曲柄连杆机构、配气机构、进排气系统、润滑系统、冷却系统、起动系统、汽油机供油系统、点火系统、排放控制系统、柴油机供油系统和发动机管理系统。

本书充分体现了理论实践一体化，内容丰富，可作为高等职业院校汽车类（汽车检测与维修技术、汽车技术服务与营销、汽车制造与试验技术等）各专业的专业课通用教材，也可供汽车维修、汽车制造、汽车运输、汽车检测站等工程技术人员阅读参考。

本书配有视频及测试题，可扫书中二维码观看及答题。

本书配有电子课件、试卷及答案等，凡使用本书作为教材的教师均可登录机械工业出版社教育服务网（www.cmpedu.com），注册后免费下载。咨询电话：010-88379375。

**图书在版编目（CIP）数据**

汽车构造与原理. 发动机 / 黄伟主编. -- 北京 : 机械工业出版社, 2024. 11. --（高等职业教育汽车类专业校企合作“互联网+”创新型教材）. -- ISBN 978-7-111-76966-8

Ⅰ. U463

中国国家版本馆 CIP 数据核字第 2024C32U05 号

机械工业出版社（北京市百万庄大街 22 号　邮政编码 100037）

策划编辑：葛晓慧　　责任编辑：葛晓慧

责任校对：牟丽英　张　征　　封面设计：王　旭

责任印制：张　博

北京联兴盛业印刷股份有限公司印刷

2025 年 1 月第 1 版第 1 次印刷

210mm×285mm · 12.5 印张 · 359 千字

标准书号：ISBN 978-7-111-76966-8

定价：52.00 元（含实训工单）

| 电话服务 | 网络服务 |
|---|---|
| 客服电话：010-88361066 | 机　工　官　网：www.cmpbook.com |
| 010-88379833 | 机　工　官　博：weibo.com/cmp1952 |
| 010-68326294 | 金　　书　　网：www.golden-book.com |
| **封底无防伪标均为盗版** | 机工教育服务网：www.cmpedu.com |

# 前言

随着高等职业教育教学改革的不断深入，教育部门通过加强国际职业教育交流与合作，大力提升高等职业教育教学水平。为了适应教育改革的新形势与教材建设的新需求，将国际化的职业教育理念、职业教学方法引入高等职业院校的教学和教材建设工作中，编者根据企业的岗位需求及标准，结合我国职业教育的现状与发展趋势，进行职业教育的课程体系建设和教材建设，使我国的职业教育课程与教材更好地满足工学结合的教学目标与需求。

随着我国汽车工业和电子技术的飞速发展，汽车后市场对汽车运用与维修类人才的需求猛增。根据汽车类相关专业的培养目标及毕业生所需具备的职业素养和综合能力的要求，编者组织了一批多年从事教学工作的高职教育一线优秀教师和从事汽车维修工作工程师，根据汽车技术的最新发展动态，结合汽车维修工的工作实践经验，从社会发展对高素质劳动者和高、中级汽车维修人才需要的实际出发，着眼于“项目教学”职业教育改革的需要，参阅了大量的资料文献，融合多年的教学、生产、培训及教学改革的成果编写了本书。

本书以目前市场占有率较高的汽车为例，系统地介绍了汽车发动机的结构、工作原理、检测维修及故障排除等内容，并对汽车发动机上推广使用的新结构、新技术做了较详细的介绍。

本书由广东机电职业技术学院黄伟担任主编，深圳职业技术大学孟凡生担任副主编。具体编写分工：项目三、四由黄伟编写，项目一、五、七、九由孟凡生编写，项目八、十由吕世威编写，项目二、六由张华伟编写，项目十一、十二由黄松宽编写，项目十三由邓志君编写，全书由黄伟统稿。

本书在编写过程中得到了广东省汽车维修行业的资深专家和部分高校学者的指导，同时得到了相关汽车维修企业技术人员的技术支持和帮助。在此谨向所有指导和帮助完成本书编写工作的专家学者和工作人员表示感谢。

由于编者水平有限，书中难免有谬误和疏漏之处，恳请广大读者朋友批评指正。

编　者

# 二维码索引

| 名称 | 页码 | 图形 | 名称 | 页码 | 图形 | 名称 | 页码 | 图形 |
|---|---|---|---|---|---|---|---|---|
| 项目一测试题 | 5 | | 发动机排气系统 | 50 | | 项目九测试题 | 88 | |
| 发动机的基本原理 | 7 | | 项目五测试题 | 52 | | 发动机点火系统 | 89 | |
| 项目二测试题 | 11 | | 发动机润滑系统 | 53 | | 项目十测试题 | 104 | |
| 发动机曲柄连杆机构 | 12 | | 项目六测试题 | 62 | | 项目十一测试题 | 111 | |
| 项目三测试题 | 26 | | 发动机冷却系统 | 63 | | 项目十二测试题 | 120 | |
| 发动机配气机构 | 27 | | 项目七测试题 | 69 | | 项目十三测试题 | 128 | |
| 项目四测试题 | 37 | | 项目八测试题 | 80 | | | | |
| 发动机进气系统 | 38 | | 汽油机燃油供给系统 | 81 | | | | |

# 目录

# 项目一 汽车概述

## 学习目标

| 知识目标 | 能力目标 | 素养目标 |
| --- | --- | --- |
| 1. 掌握汽车的定义和发展概况<br>2. 掌握汽车的级别和品牌<br>3. 掌握汽车行驶的基本原理 | 1. 能解释汽车的类型和VIN<br>2. 能描述汽车的总体构造 | 1. 通过查询资料养成使用汽车维修手册的自主学习习惯<br>2. 通过完成实训工作任务，养成规范操作意识和安全生产意识 |

## 情景导入

你家需要购买一辆轿车，你父母希望你能够收集资料，解释汽车类型、品牌、级别、结构及驱动方式等相关信息，并分析其优、缺点，以便选择最适合的车型。

## 知识提升

### 一、汽车的定义

汽车是指不依靠外力，仅依靠自身装置就可以进行驱动的装置。不同国家、不同时代，对汽车定义有所不同。

根据《机动车运行安全技术条件》(GB 7258—2017) 规定，我国对机动车和汽车定义如下。

机动车 (Power-driven Vehicle) 指由动力装置驱动或牵引，上道路行驶的供人员乘用或用于运送物品以及进行工程专项作业的轮式车辆，包括汽车及汽车列车、摩托车、拖拉机运输机组、轮式专用机械车、挂车。

汽车 (Motor Vehicle) 指由动力驱动、具有四个或四个以上车轮的非轨道承载的车辆，包括与电力线相连的车辆（如无轨电车）。汽车主要用于载运人员和货物、牵引车辆以及专项作业。

### 二、汽车的分类

**1. 按用途分类**

汽车类型繁多，根据《机动车运行安全技术条件》(GB 7258—2017) 规定，我国汽车分为 11 类，其中，载客汽车、载货汽车等细分了若干小类，详见表 1-1。

表 1-1 我国汽车的分类

<table>
<tr><th colspan="2">汽车类别</th></tr>
<tr><td rowspan="4">载客汽车<br>(Passenger Vehicle)</td><td>乘用车(Passenger Car)</td></tr>
<tr><td>旅居车(Motor Caravan)</td></tr>
<tr><td>客车(Bus)</td></tr>
<tr><td>校车(School Bus)</td></tr>
<tr><td rowspan="2">载货汽车(Goods Vehicle)</td><td>半挂牵引车(Semi-trailer Towing Vehicle)</td></tr>
<tr><td>低速汽车(Low-speed Vehicle)</td></tr>
<tr><td colspan="2">专项(专用)作业车(Special Motor Vehicle)</td></tr>
<tr><td colspan="2">气体燃料汽车(Gaseous Fuel Vehicle)</td></tr>
<tr><td colspan="2">两用燃料汽车(Bi-fuel Vehicle)</td></tr>
<tr><td colspan="2">双燃料汽车(Dual-fuel Vehicle)</td></tr>
<tr><td colspan="2">纯电动汽车(Battery Electric Vehicle)</td></tr>
<tr><td colspan="2">插电式混合动力汽车(Plug-in Hybrid Electric Vehicle)</td></tr>
<tr><td colspan="2">燃料电池汽车(Fuel Cell Electric Vehicle)</td></tr>
<tr><td colspan="2">教练车(Training Vehicle)</td></tr>
<tr><td colspan="2">残疾人专用汽车(Vehicle For Handicapped Driving)</td></tr>
</table>

### 2. 按发动机位置及驱动类型分类

汽车按发动机位置及驱动形式可分为前置发动机前驱动（FF）、前置发动机后驱动（FR）、中置发动机后驱动（MR）、后置发动机后驱动（RR）和四轮驱动（AWD）五种，如图 1-1 所示。

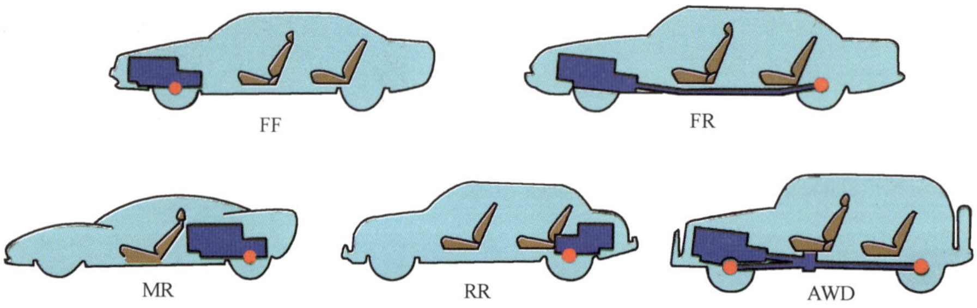


图 1-1 汽车发动机位置及驱动形式

四轮驱动是指汽车所有车轮都是驱动轮，一般用于越野汽车。汽车驱动情况常用 4×2、4×4 等表示，前一位数表示汽车总车轮数，后一位数表示汽车驱动轮数。

### 3. 按车身分类

汽车按车身分类一般分为两厢车型和三厢车型。两厢车型的驾驶室和行李舱没有明显的分界线，与发动机舱在外形上形成两个空间形态；三厢车型的发动机舱、驾驶室和行李舱在外形上形成三个空间形态，如图 1-2 所示。

图 1-2 客车车身的类型

### 4. 按技术类型分类

按汽车技术类型分类，汽车可分为传统燃料汽车、新能源汽车和智能网联汽车三大类。

传统燃料汽车是指以汽油为燃料的汽油车和以柴油为燃料的柴油车，均为内燃式发动机驱动，燃料通过在发动机气缸内部燃烧产生热能，并将其转化为动能的汽车。

新能源汽车是指采用非常规的车用燃料作为动力源（或使用常规的车用燃料、采用新型车载动力装置），综合车辆的动力控制和驱动方面的先进技术，形成的技术原理先进，具有新技术、新结构的汽车。新能源汽车包括纯电动汽车、增程式电动汽车、混合动力汽车、燃料电池电动汽车、氢发动机汽车等。

智能网联汽车是指车联网与智能汽车的有机联合，搭载先进的车载传感器、控制器和执行器等装置，并融合现代通信与网络技术，实现车与人、路、后台等智能信息交换共享，实现安全、舒适、节能、高效行驶，并最终可替代人来操作的新一代汽车。

## 三、汽车识别代号、级别、品牌和型号

### 1. 汽车识别代号

VIN（Vehicle Identification Number）即车辆识别代号，也就是平时所说的车架号，通常由 17 位字码组成。一辆汽车只有一个 VIN，就像人的身份证号码，从中可以识别出该车的生产国家、制造厂家、汽车类型、品牌名称、车型系列、车身形式、发动机型号、车型年款等信息。它是汽车修理时的数据检索、配件采购和经营管理的依据。

根据 GB 16735—2019 的规定，我国汽车代号与国际车辆识别代号（VIN）接轨，由 3 部分 17 位字码组成。对于年产量≥500 辆的制造厂，VIN 的第一部分（前 3 位）为世界制造厂识别代号（WMI）；第二部分（4~9 位）为车辆说明部分（VDS）；第三部分（后 8 位）为车辆指示部分（VIS）。

图 1-3 所示为汽车铭牌，其中 VIN 的含义为：第一部分 LGW 代表生产厂家；第二部分 EE2K5X 中的 EE2K5 代表车辆特征代码，X 代表检验位；第三部分 AE000692 中的 A 代表生产年份，E 代表生产厂，000692 代表生产顺序号。

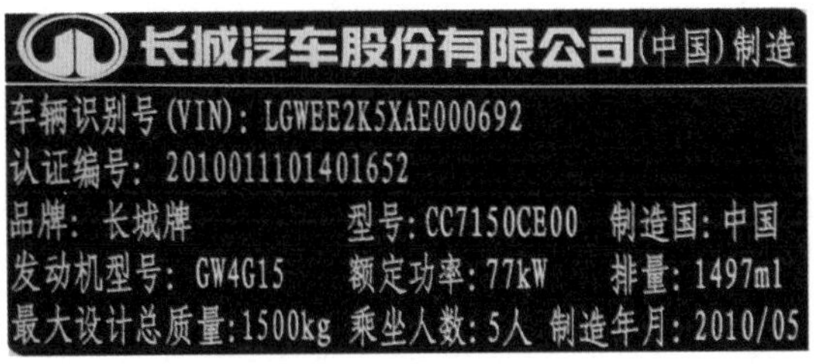


图 1-3　汽车铭牌

### 2. 乘用车分级

汽车按照我国对汽车等级的标准划分为微型轿车（排量为 1L 以下）、普通级轿车（排量为 1.0~1.6L）、中级轿车（排量为 1.6~2.5L）、中高级轿车（排量为 2.5~4.0L）和高级轿车（排量为 4L 以上）。

德国汽车工业迅猛发展，大众的等级标准被包括我国在内的大多数国家采用，其依照车辆的轴距和排量划分级别，当前各类汽车网站大都采用 ABCD 等级，具体如下：

A 级车又称为紧凑型车，更小一点的车被称为小型车，也就是 A0 级的车，例如威驰、飞度等车型。A 级车型有朗逸、凌渡、卡罗拉等，轴距约为 2.4~2.6m，排量大部分为 1.0~1.5L。

B 级车又称为中型车，如迈腾、帕萨特、凯美瑞、雅阁、宝马 3 系、奥迪 A4 等车型，轴距为 2.7~2.9m，排量为 1.4~2.5L。

C 级车又称为中大型车，轴距在 3m 左右，排量为 2.0~3.0L，如奥迪 A6、宝马 5 系、奔驰 E 级等车型。

D 级车又称为大型车，其轴距为 3.1~3.6m 不等，排量从 2.0~6.6L 都有，如奔驰 S、宝马 7、奥迪 A8、雷克萨斯 LS、宾利、劳斯莱斯等车型。

### 3. 汽车品牌和型号

现代汽车诞生于德国，成长于法国，成熟于美国，兴旺于欧洲，挑战于日本，混战于中国。欧洲作为汽车的诞生地，在发展初期曾出现过数千家汽车企业，大部分小型企业在竞争中逐渐被淘汰，目前主要的汽车公司有梅赛德斯-奔驰、宝马、大众、雷诺-日产-三菱、标致-雪铁龙、菲亚特等。美国汽车工业发展初期，曾经出现过数百家规模大小不一的汽车企业，通过市场的竞争、淘汰、兼并重组，

目前形成了通用、福特和克莱斯勒三大汽车集团。亚洲主要的汽车集团公司有丰田、本田、现代、上汽、一汽、广汽、比亚迪等。我国的汽车工业始于1953年长春第一汽车制造厂的建立，全面发展时期是在改革开放以后，出现了以振兴民族产业为己任的吉利、比亚迪、奇瑞等民族汽车品牌。表1-2所示为当前典型汽车集团的主要品牌。

表1-2 当前典型汽车集团的主要品牌

| 汽车集团 | 主要品牌 |
| --- | --- |
| 梅赛德斯-奔驰 | 梅赛德斯-奔驰、迈巴赫、Smart |
| 宝马 | 宝马、MINI、奥斯汀 |
| 大众 | 大众、奥迪、兰博基尼、宾利、保时捷、西亚特、斯柯达、布加迪 |
| 通用 | 凯迪拉克、别克、雪佛兰、悍马、大宇 |
| 福特 | 福特、林肯、水星、马自达 |
| 克莱斯勒 | 克莱斯勒、道奇、吉普、普利茅斯 |
| 雷诺-日产-三菱 | 雷诺、日产、英菲尼迪、三菱 |
| 标致-雪铁龙 | 标致、雪铁龙、欧宝、沃克斯豪尔 |
| 菲亚特 | 菲亚特、阿尔法·罗密欧、法拉利、玛莎拉蒂 |
| 丰田 | 丰田、大发、日野、雷克萨斯 |
| 本田 | 本田、阿库拉 |
| 现代 | 现代、起亚 |
| 上汽 | 上汽乘用车、上汽大众、上汽通用、上汽通用五菱 |
| 一汽 | 一汽红旗、一汽解放、一汽轿车、一汽大众、一汽丰田 |
| 广汽 | 广汽乘用车、广汽丰田、广汽本田、广汽菲克、广汽三菱 |
| 比亚迪 | 比亚迪 |

## 四、汽车的总体构造

汽车通常由发动机、底盘、车身和电气设备四部分组成，如图1-4所示。

发动机是汽车的动力装置，现代汽车广义的动力装置除传统的汽油机和柴油机外，也包括燃气发动机、双燃料发动机、电动机和燃料电池等。发动机发生故障时，汽车就无法正常行驶。传统燃料发动机主要采用的是往复活塞式内燃机，负责将燃料燃烧产生的热能转化为机械能。汽油机一般由曲柄连杆机构、配气机构、进排气系统、供油系统、点火系统、润滑系统、冷却系统和起动系统组成。

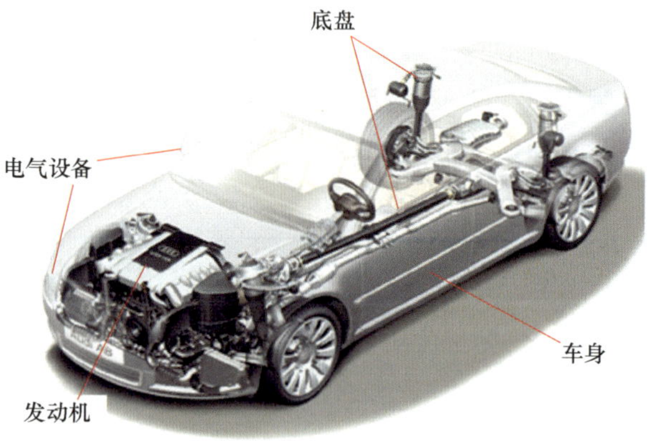

图1-4 汽车总体组成

底盘负责将发动机的动力进行传递和分配，并按驾驶人的要求进行行驶（加速、减速、转向、制动等）。它一般由传动系统、行驶系统、转向系统和制动系统组成。

车身安装在底盘的车架上，用来安置驾驶人、乘员或货物。车身的式样取决于汽车的用途，轿车和客车的车身一般是整体结构，货车的车身包括驾驶室和货厢两部分。

电气设备由电源和用电设备两部分组成。电源包括蓄电池、发电机及其调节器。用电设备包括发动机的起动系统和汽车的照明、信号、仪表及其传感器，以及报警装置、空调、音响电控装置、自动检测装置等，在汽油发动机中还有发动机的点火系统。

## 思考题

1. 汽车的发明从哪些方面改变了人类的生活？
2. 你认为中国成为世界第一大汽车产销国的原因有哪些？
3. 从汽车 VIN 中能读出哪些车辆信息？
4. 我国汽车市场上乘用车是如何分级的？
5. 汽车分为哪几个主要部分？各部分的功能是什么？
6. 汽车行驶要满足哪些条件？

## 测试题

测试题

# 项目二 发动机总体认识

## 学习目标

| 知识目标 | 能力目标 | 素养目标 |
| --- | --- | --- |
| 1. 掌握汽车发动机的作用、型号和分类<br>2. 掌握发动机的基本结构与工作原理<br>3. 掌握汽车发动机的主要工作性能指标 | 1. 能解释发动机的构造和基本工作原理<br>2. 能介绍汽车发动机的性能指标<br>3. 能进行汽车发动机外部附件的正确拆装 | 养成规范操作的良好工作习惯 |

## 情景导入

一辆一汽奥迪 Q5 SUV 搭载 2.0T 涡轮增压型发动机，已行驶里程为 39253km，车主反映发动机故障灯（OBD 灯）报警。假设你是维修技师，请完成检修任务并回答客户提出的有关发动机工作原理的问题。

## 知识提升

### 一、汽车发动机总体构造

汽车发动机种类繁多，结构复杂，但基本相似，一台发动机由许多零件组成，以汽油机为例，总体是由两大机构（曲柄连杆机构和配气机构）和六大系统（润滑系统、冷却系统、起动系统、点火系统、进排气系统和燃油供给系统）组成的，见表 2-1 和如图 2-1 所示；柴油机为五大系统，没有点火系统。

表 2-1 发动机总体组成

| 名称 | 功用 | 主要部件 |
| --- | --- | --- |
| 曲柄连杆机构 | 将活塞顶的燃气压力转变为曲轴的转矩，输出机械能 | 活塞、连杆、曲轴、飞轮等 |
| 配气机构 | 定时开启和关闭各气缸的进、排气门，使新鲜的可燃混合气（汽油机）或空气（柴油机）及时进入气缸，废气及时从气缸排出 | 气门组件、凸轮轴、驱动机构 |

（续）

| 名称 | 功用 | 主要部件 |
|---|---|---|
| 进排气系统 | 按照发动机的要求，定时开闭进、排气门，吸入干净空气，排除废气 | 空气滤清器、进排气管系、排气消声器等 |
| 点火系统 | 按规定的时刻，准时点燃汽油机气缸内的可燃混合气 | 蓄电池、点火开关、点火线圈组件、传感器、电控装置、火花塞等 |
| 润滑系统 | 润滑、减摩、延长使用寿命、密封、清洁、冷却、防锈蚀 | 油底壳、机油泵、机油滤清器、机油压力表、机油道等 |
| 冷却系统 | 保持发动机在适宜的温度下工作 | 冷却水泵、风扇、节温器、散热器、冷却水道等 |
| 起动系统 | 起动发动机 | 蓄电池、点火开关、起动电动机等 |
| 燃油供给系统 | 按照发动机的要求，定时、定量供给所需要的燃料 | 汽油机：燃油箱、输油泵、滤清器、压力调节器、各种传感器、电控喷油器、电控单元（ECU）等<br>柴油机：燃油箱、输油泵、滤清器、高压油泵、调速器、喷油器、ECU、各种传感器等 |

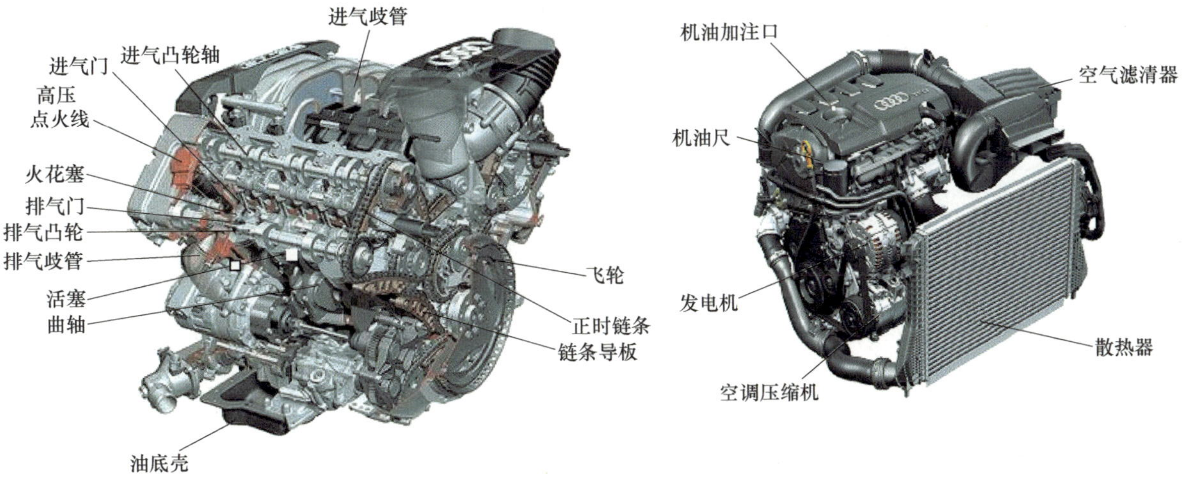


图 2-1　汽车发动机基本结构

## 二、汽车发动机的基本工作原理

### 1. 发动机工作原理概述

四冲程汽油机基本工作原理图如图 2-2 所示。

（1）进气行程　当活塞从上止点向下止点运动时，相当于曲轴转角为 0°～180°，进气门开启，排气门关闭，电控喷油器向进气道喷油，空气与汽油混合气被吸入气缸。

（2）压缩行程　当活塞继续从下止点向上止点运动时（相当于曲轴转角为 180°～360°），进、排气门关闭，进入气缸的混合气被压缩。压缩终了的气缸内气体压力可达 0.6～2.2MPa，温度达 600～700K。

（3）做功行程（膨胀行程）　在压缩行程末，火花塞开始点火，进、排气门都关闭，进入气缸的可燃混合气被点燃、燃烧，放出大量的热能，导致气缸内气体压力迅速增大和温度迅速升高（最高压力达 5MPa，最高温度达 2800K），气体体积急剧膨胀，推动活塞从上止点向下止点运动（相当于曲轴转角为 360°～540°），通过连杆使曲轴旋转并输出机械能。

（4）排气行程　活塞继续从下止点往上止点运动（相当于曲轴转角为 540°～720°），这时，进气门关闭，排气门开启，燃烧后产生的废气被排出气缸。

排气结束后，重新进行进气、压缩、做功和排气行程，循环往复。

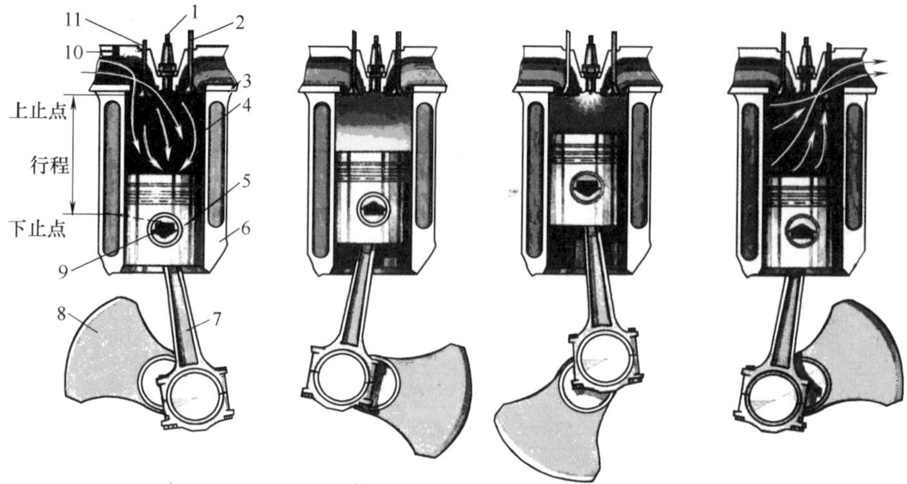


a) b) c) d)

**图 2-2 四冲程汽油机基本工作原理图**

a）进气 b）压缩 c）做功 d）排气

1—火花塞 2—进气门 3—气缸盖 4—气缸 5—活塞 6—机体 7—连杆 8—曲轴 9—活塞销 10—喷油器 11—排气门

**2. 术语解释**

（1）四冲程发动机 活塞在上、下止点间往复移动四个行程（相当于曲轴旋转了两周），完成进气、压缩、做功、排气一个工作循环，这种发动机称为四冲程发动机。

（2）冲程与活塞行程 冲程指的是发动机的类型，行程指的是活塞在上、下两个止点之间的距离 $S$（图 2-2）。一个活塞在一个行程中所扫过的空间容积称为气缸的工作容积。

$$V_s = \frac{\pi D^2}{4\times 10^9}S$$

式中 $V_s$——工作容积（$m^3$）；

$D$——气缸直径（mm）；

$S$——活塞行程（mm）。

一台发动机所有气缸工作容积之和称为该发动机的排量。

$$V_{st} = V_s i$$

式中 $V_{st}$——发动机的排量（L）；

$i$——气缸数。

（3）压缩比 压缩比指的是气缸内气体被压缩的程度，用压缩比 $\varepsilon$ 表示，即

$$\varepsilon = \frac{V_a}{V_c}$$

式中 $V_a$——气缸总容积（活塞处于下止点时，活塞顶部以上的气缸容积）；

$V_c$——气缸燃烧室容积（活塞处于上止点时，活塞顶部以上的容积）。

适当的压缩比可以提高进入气缸内混合气的压力和温度，为混合气迅速着火燃烧创造条件，可以有效提高发动机的燃烧热效率 $\eta$。现代汽油机压缩比一般为 8~12，如奥迪 EA888 3G（CVKB）发动机压缩比为 11.65、丰田 8ZR-FXE 发动机压缩比为 13、长安蓝鲸 2.0T GDI 发动机压缩比为 9.8。

**3. 发动机的基本概念**

四冲程发动机在一个工作循环的四个行程中，只有一个行程做功，其余三个行程都是耗功的，势必造成曲轴转速不均匀，工作振动大，因此现代汽车发动机都设计成多缸发动机，用得最多的是 4 缸、6 缸、8 缸发动机。

多缸发动机由多个结构相同的气缸组成，它们共用一个机体、一根曲轴。曲轴的曲柄布置应该使

各缸做功行程均匀分布在720°曲轴转角内。例如，4缸发动机曲轴（图2-3）相邻工作缸的曲柄夹角为180°，曲轴每转180°便有一个气缸做功；6缸发动机，曲轴每转120°便有一个气缸在做功。气缸数越多，发动机工作越平稳，但结构越复杂。

图 2-3 4缸发动机曲轴

## 三、汽车发动机型号

发动机型号是发动机生产企业按照有关规定、企业或行业惯例以及发动机的属性，为某一批相同产品编制的识别代码，用以表示发动机的生产企业、规格、性能、特征、工艺、用途和产品批次等相关信息。

**1. 国产发动机型号命名规则**

为了实现车用发动机排放水平与国际标准接轨，部分发动机生产企业参照国际标准编制了适合企业需要的发动机型号编制规则。根据GB/T 725—2008《内燃机产品名称和型号编制规则》规定，我国发动机型号由四个部分组成，如图2-4所示。

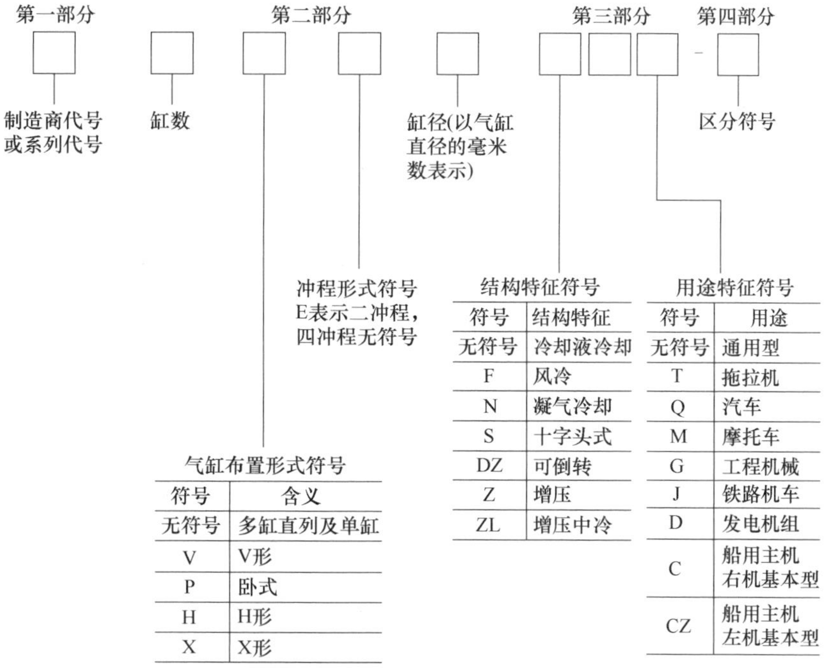


气缸布置形式符号

| 符号 | 含义 |
|---|---|
| 无符号 | 多缸直列及单缸 |
| V | V形 |
| P | 卧式 |
| H | H形 |
| X | X形 |

结构特征符号

| 符号 | 结构特征 |
|---|---|
| 无符号 | 冷却液冷却 |
| F | 风冷 |
| N | 凝气冷却 |
| S | 十字头式 |
| DZ | 可倒转 |
| Z | 增压 |
| ZL | 增压中冷 |

用途特征符号

| 符号 | 用途 |
|---|---|
| 无符号 | 通用型 |
| T | 拖拉机 |
| Q | 汽车 |
| M | 摩托车 |
| G | 工程机械 |
| J | 铁路机车 |
| D | 发电机组 |
| C | 船用主机右机基本型 |
| CZ | 船用主机左机基本型 |

图 2-4 发动机型号标注

例如：长安1.5T四缸发动机JL476ZQCF，表示长安蓝鲸品牌，排量为1.5L直列4缸涡轮增压，76代表缸径为76mm，Z代表增压，Q代表汽车用。

比亚迪1.5T四缸发动机，型号BYD476ZQB，表示比亚迪品牌，排量为1.5L直列4缸涡轮增压，76代表缸径为76mm，Z代表增压，Q代表汽车用。

**2. 主要合资品牌发动机命名规则**

丰田发动机型号中的每个英文字母和数字都代表着一定的含义，并且有着固定的命名规则。第一个阿拉伯数字代表该系列发动机的缸体设计的序列。接下来的一个或两个大写英文字母代表该发动机所属的系列。破折号相连的后缀大写英文字母代表该款发动机的技术特性。比较常见的字母含义有：E——电子燃油喷射；X——阿特金森循环；F——窄气门夹角双顶置凸轮轴布置；G——宽气门夹角双顶置凸轮轴布置；Z——机械增压发动机；T——涡轮增压发动机等。例如：丰田8AZ-FXE发动机，丰田品牌，型号：8A，缸内直喷，直列4缸，水冷，窄气门夹角双顶置凸轮轴，齿带及齿轮驱动，屋脊型燃烧室，电子燃油喷射（EFI）发动机。

大众发动机目前常见的型号有 EA111、EA211 和 EA888 等。EA111 发动机融合了缸内直喷、涡轮增压等先进技术，具有小排量、高功率、低油耗等性能优势，目前搭载 1.4TSI 发动机的车型有高尔夫、速腾、迈腾、朗逸等车型。EA211 发动机系列包括了 3 缸和 4 缸产品，搭载 EA211 发动机的车型有宝来、速腾、迈腾和朗逸等。EA888 发动机的普及率非常高，包括大众、奥迪、斯柯达、西雅特等大众集团旗下各个品牌几乎所有的 1.8TSI 和 2.0TSI 车型搭载的都是这款发动机。

## 四、汽车发动机分类

汽车发动机根据不同特点有不同分类，见表 2-2。

表 2-2　汽车发动机分类

| 分类方法 | 类别 | 含义 |
| --- | --- | --- |
| 按冲程数分 | 二冲程内燃机 | 活塞经过两个行程完成一个工作循环的内燃机 |
| | 四冲程内燃机 | 活塞经过四个行程完成一个工作循环的内燃机 |
| 按着火方式分 | 点燃式内燃机 | 压缩气缸内的可燃混合气，并用外源点火燃烧的内燃机 |
| | 压燃式内燃机 | 压缩气缸内的空气或可燃混合气，产生高温，引起燃料着火的内燃机 |
| 按使用燃料种类分 | 液体燃料内燃机 | 燃烧液体燃料（汽油、柴油、醇类等）的内燃机 |
| | 气体燃料内燃机 | 燃烧气体燃料（液化石油气、天然气等）的内燃机 |
| | 多种燃料内燃机 | 能够使用着火性能差异较大的两种或两种以上燃料的内燃机 |
| 按进气状态分 | 非增压内燃机 | 进入气缸前的空气或可燃混合气未经压缩的内燃机。对于四冲程内燃机，也称为自吸式内燃机 |
| | 增压内燃机 | 进入气缸前的空气或可燃混合气先经过压气机压缩，借以增大充量密度的内燃机 |
| 按冷却方式分 | 水冷式内燃机 | 用水或冷却液冷却气缸和气缸盖等零件的内燃机 |
| | 风冷式内燃机 | 用空气冷却气缸和气缸盖等零件的内燃机 |
| 按气缸数及布置分 | 单缸内燃机 | 只有一个气缸的内燃机 |
| | 多缸内燃机 | 具有两个或两个以上气缸的内燃机 |
| | 立式内燃机 | 气缸布置于曲轴上方且气缸中心线垂直于水平面的内燃机 |
| | 卧式内燃机 | 气缸中心线平行于水平面的内燃机 |
| | 直列式内燃机 | 具有两个或两个以上直立气缸，并呈一列布置的内燃机 |
| | 对置气缸式内燃机 | 两个或两列气缸分别排列在同一曲轴的两边成 180°夹角的内燃机 |
| | 斜置式内燃机 | 气缸中心线与水平面呈一定角度（不是直角）的内燃机 |
| | V 形内燃机 | 具有两个或两列气缸，其中心线夹角呈 V 形，并共用一根曲轴输出功率的内燃机 |
| | W 形发动机 | W 形发动机是德国大众专属发动机技术，它将 V 形发动机的每侧气缸进行小角度的错开 |
| | 转子发动机 | 转子发动机是一种三角活塞旋转式发动机，它采用三角转子旋转运动来控制压缩和排放 |
| 按用途分类 | 汽车用、机车用、拖拉机用、船用、坦克用、摩托车用、发电用、农用、工程机械用等内燃机 | |

## 五、发动机性能指标

发动机的性能指标通常指的是有效性能指标，是以发动机输出轴上输出的净功率为基础建立起来的指标体系，可用来评定发动机性能的好坏，主要包括有效转矩、有效功率、有效燃油消耗率和有效热效率等。

### 1. 发动机有效性能指标

有效转矩：发动机通过飞轮对外输出的转矩称为有效转矩，一般用 $M_e$ 表示，单位为 N · m。

有效功率：发动机通过飞轮对外输出的功率称为有效功率，一般用 $P_e$ 表示，单位为 kW。

功率表示发动机单位时间内所做的功，它等于有效转矩与曲轴角速度的乘积。

$$P_e = M_e n / 9550$$

式中 $n$——发动机转速（r/min）。

有效转矩的最大值称为最大转矩，有效功率的最大值称为最大功率。

发动机制造厂按国家规定标定的发动机有效功率称为标定功率，发动机铭牌上标明的功率就是标定功率。标定功率时的发动机转速称为标定转速。标定功率是根据发动机用途、使用特点以及连续运转时间来确定的，各个国家有所不同。

有效燃油消耗率：单位有效功的耗油量，一般用 $g_e$ 表示，单位为 g/kW · h，汽油机的 $g_e$ 约为 250g/kW · h。

有效热效率：指发动机的有效功与消耗燃料热量的比，即燃料的所有能量有百分之多少做了有效功。汽油机的热效率最高达到 40%左右，柴油机的热效率最高达到约 48%。

**2. 发动机负荷**

负荷是指在某一转速下，发动机实际输出的功率与该转速下发动机能够输出的最大功率之比（图 2-5）。

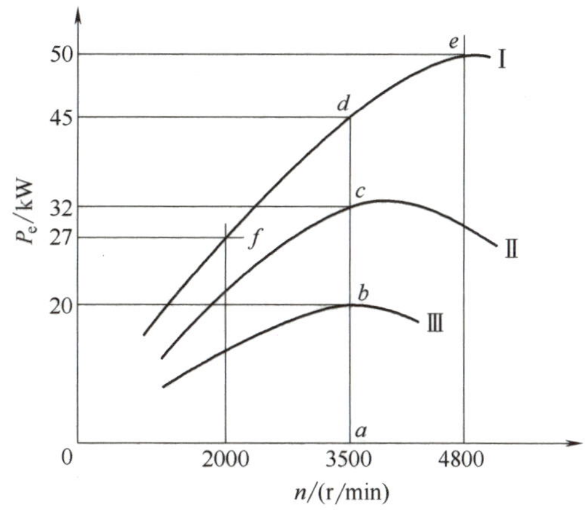


图 2-5 发动机的负荷

## 思考题

1. 发动机通常由哪些机构与系统组成？它们各有什么功能？
2. 什么是发动机的压缩比？汽油机与柴油机的压缩比为什么不一样？
3. 四冲程柴油机和四冲程汽油机在总体构造上有哪些不一样的地方？
4. 简述四冲程汽油机和柴油机的工作原理各有什么优缺点。
5. 发动机的主要性能指标有哪些？

## 测试题

测试题

# 项目三 曲柄连杆机构

## 学习目标

| 知识目标 | 能力目标 | 素养目标 |
| --- | --- | --- |
| 1. 掌握曲柄连杆机构的作用与组成<br>2. 掌握机体组、活塞连杆组、曲轴飞轮组的主要零部件 | 1. 能更换气缸垫<br>2. 能更换活塞环<br>3. 能测量气缸和曲轴<br>4. 能列出曲柄连杆机构的常见故障,并分析故障原因 | 1. 通过查询资料,学会使用汽车维修手册的自主学习能力<br>2. 通过小组内成员互查养成责任意识和团队意识 |

## 情景导入

一辆大众速腾汽车行驶了20km后出现发动机动力明显下降、噪声增大、油耗大幅增加等故障现象，经检查后确认发动机需要大修。假设你是维修技师，请和小组同事完成大修任务后，向车主解释故障原因并回答车主的疑问。

## 知识提升

## 学习模块一 机 体 组

### 一、机体组的作用与组成

曲柄连杆机构是内燃机实现工作循环，完成能量转换的传动机构，用来传递力和改变运动方式。在做功行程中，它把活塞的往复运动转变成曲轴的旋转运动，对外输出动力，而在其他三个行程（即进气、压缩、排气行程）中，把曲轴的旋转运动转变成活塞的往复直线运动。曲柄连杆机构是发动机借以产生并传递动力的机构，通过它把燃料燃烧后发出的热能转变为机械能。其整体结构如图3-1所示。

发动机工作时，曲柄连杆机构直接与高温高压气体接触，曲轴的旋转速度很大，活塞往复运动的线速度相当大，同时与可燃混合气和燃烧废气接触，曲柄连杆机构还受到化学腐蚀作用，并且润滑困难。可见，曲柄连杆机构的工作条件相当恶劣，要承受高温、高压、高速和化学腐蚀的作用。

曲柄连杆机构由机体零件组、活塞连杆组和曲轴飞轮组等组成（图 3-2）。

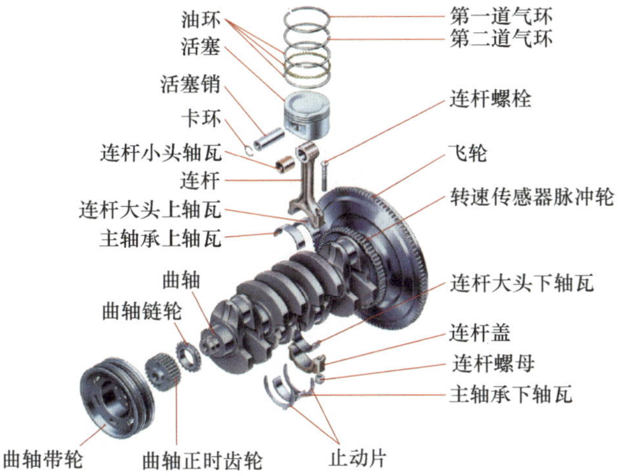


图 3-1 曲柄连杆机构的结构

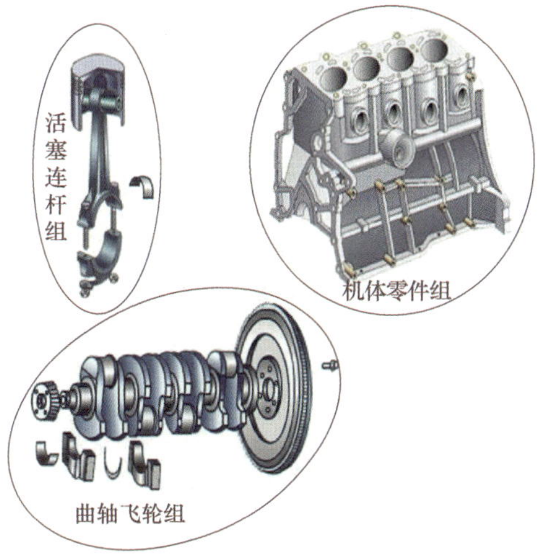


图 3-2 曲柄连杆机构的组成

机体组件是发动机的骨架，安装着发动机的所有零部件和附件。它主要由缸体、缸盖和缸盖罩等零部件组成。

## 二、缸体

缸体是由气缸（或气缸套）与曲轴箱形成一体的零件，一般由铝合金或灰铸铁等铸成。图 3-3 所示为大众 EA211 铝合金缸体，图 3-4 所示为奥迪第 3 代 EA888 发动机灰铸铁缸体。

气缸是发动机燃烧做功的场所，活塞在其间高速往复运动，表面精度要求极高。

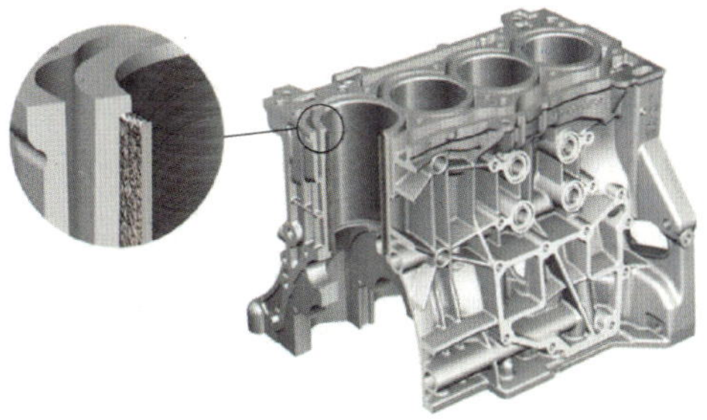

图 3-3 大众 EA211 铝合金缸体

1）铝合金缸体。德国大众公司的 EA211 发动机缸体（图 3-3）是铝压铸而成的，是敞顶式气缸体。其优缺点是：铸造容易，因为没有砂芯（成本低）；与闭顶式缸体结构相比，气缸在较热时的冷却效果更佳；刚度要差一些，但是可以通过使用金属缸盖密封垫来进行补偿；缸盖和缸体之间拧紧螺栓连接时，缸套的变形很小，对活塞环的受力很有好处，且可降低机油消耗；缸体内浇铸有压力机油供应通道、机油回流通道和曲轴箱排气通道。这就减少了附加部件的数目，也降低了加工费用。

灰铸铁缸套是单独浇铸在缸体内的。这种缸套的外表面是很粗糙的，这就使其表面面积增大了，把热量传递给缸体的能力就提高了。另外，这能使气缸体和缸套之间产生良好的形状配合连接。

图 3-4 奥迪第 3 代 EA888 发动机灰铸铁缸体

2）铸铁缸体。德国奥迪公司的第 3 代 EA888 发动机（图 3-4）是灰铸铁缸体，热负荷能力较强，技术较成熟，缸体强度较大，可调校的极限较大，潜力较大。与第 2 代 EA888 发动机相比，缸体做了根本性的改动，主要目标是减小质量，总共可减小 2.4kg。采用薄壁式缸体，壁厚从约 3.5mm 减至 3.0mm。取消了单独的机油粗滤清器，功能整合到缸体内。内部摩擦消耗的功率有所降低。其减重用到的最重要的措施是：减小主轴承直径和改进平衡轴的轴承。缸体的质量减小很多，还在其冷的一侧开出了一个压力机油通道，用于电控活塞冷却喷嘴。冷却液回流和机油回流通道的横截面做了修改，爆燃传感器的位置得到了优化。

按缸套是否与冷却液接触分为干式缸套和湿式缸套（图 3-5）两种。干式缸套外壁不直接与冷却液接触，而和机体的壁面直接接触，强度和刚度都较好，但壁厚较薄，一般为 1~3mm，拆装不方便，加工比较复杂，修理时要进行镗缸和磨缸。

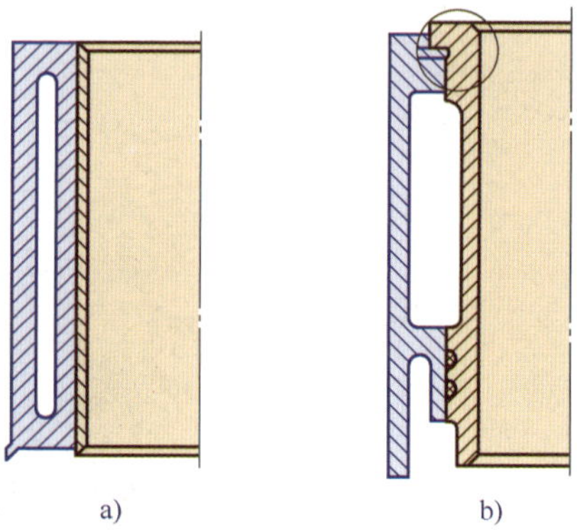


图 3-5 缸套
a）干式缸套 b）湿式缸套

## 三、缸盖

缸盖是密封燃烧室的部件，由铝合金或铸铁制造，用螺栓固定在机体上面。若螺栓紧固方法不正确或拧紧力矩不当，容易造成缸盖变形，与机体结合面漏气。

缸盖内部铸有冷却水套，与缸体的冷却水孔相通。缸盖上装有进、排气门座和气门导管孔，用于安装进、排气门，还有进、排气道等。汽油机的缸盖上加工有安装火花塞和电控喷油器的孔，柴油机的缸盖上加工有安装喷油器的孔。顶置凸轮轴式发动机的缸盖上还加工有凸轮轴轴承孔。燃烧室表面容易产生积炭，维修时应予以清除。

（1）大众 EA211 发动机缸盖 大众 EA211 发动机是铝制缸盖（图 3-6），带有两根复合式凸轮轴，采用四气门技术，缸盖罩是模块组装式的。所有发动机都有进气凸轮轴调节器，调节角为 50°曲轴角，锁止在延迟位置上；排气凸轮轴调节器只在 1.4L 发动机（103kW）上才有，调节角为 40° 曲轴角，锁止在提前位置上。火花塞布置在中央，由进气凸轮轴来驱动高压燃油泵，一体式排气歧管，横流式冷却。

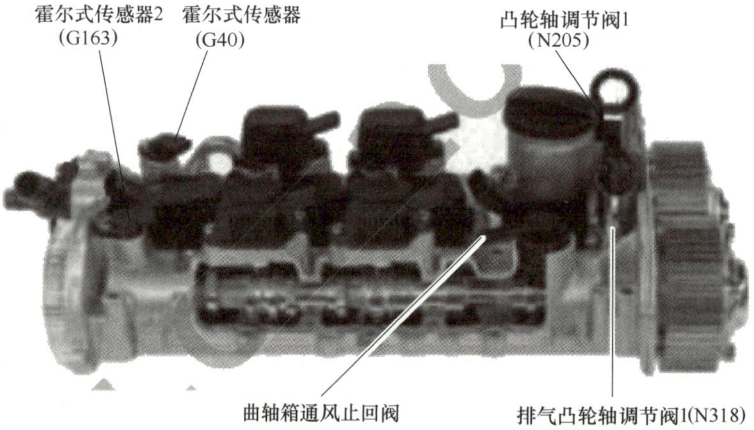


图 3-6 大众 EA211 发动机缸盖

缸盖罩是铝压铸的，与两根凸轮轴构成一个不可分割的模块，拥有四个轴承的凸轮轴是无法拆卸下来的。为了减小摩擦，每个凸轮轴上承受最大负荷的第一道轴承使用的是深沟球轴承。另外，缸盖罩还用于容纳凸轮轴调节阀 1（N205）、排气凸轮轴调节阀 1（N318）、霍尔式传感器（G40）、霍尔式传感器 2（G163）、曲轴箱通风止回阀这些部件。

一体式排气歧管将缸盖内的四个排气通道汇集到一个中央法兰上，催化净化器就直接拧在法兰上，除了具有节省燃油和散热方面的优势，还可减小约 2kg 的质量。

（2）第 3 代 EA888 发动机缸盖 第 3 代 EA888 发动机缸盖如图 3-7 所示。在配有直喷系统的涡轮增压发动机上，在缸盖内集成了废气冷却系统以及废气再循环系统。缸盖罩使用钢制螺栓来固定。缸盖罩的密封采用室温固化型密封剂来实现。缸体和缸盖之间采用的是三层金属制缸盖密封垫。正时侧的密封采用的是塑料链条盒盖，盖内集成有机油加注口盖。

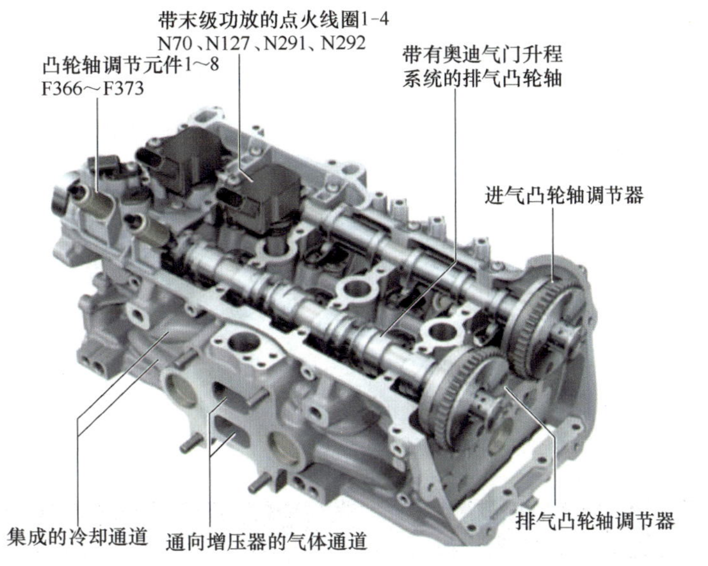


a)

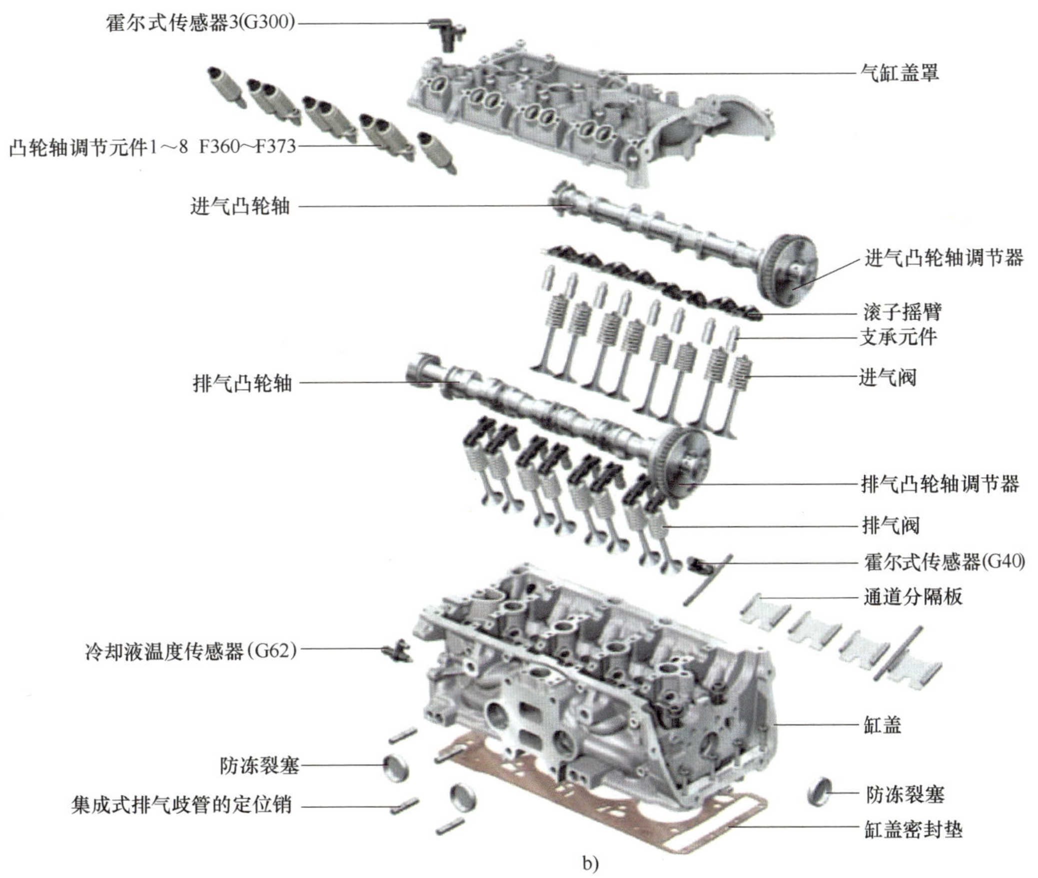


b)

图 3-7 第 3 代 EA888 发动机缸盖

## 四、气缸垫

气缸垫（图 3-8）安装在缸盖和缸体之间，其功用是保证缸盖与缸体接触面的密封，防止高压气体、燃烧气体、冷却液和机油的渗漏。目前，应用较多的是金属气缸垫（图 3-8a），有的气缸垫在石棉中心用编织的钢丝网或有孔钢板作为骨架（图 3-8b），以适应发动机强化要求。

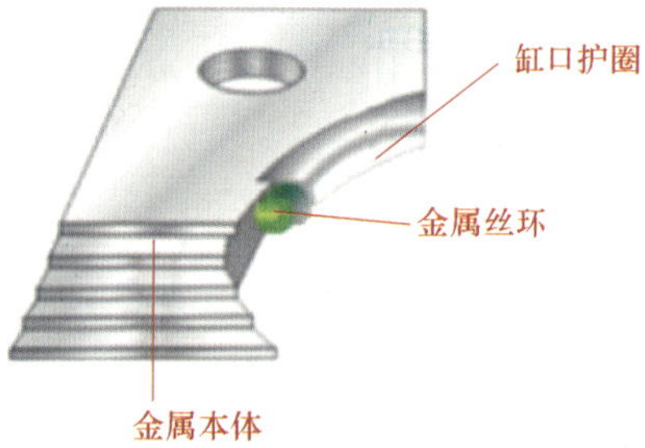


a)

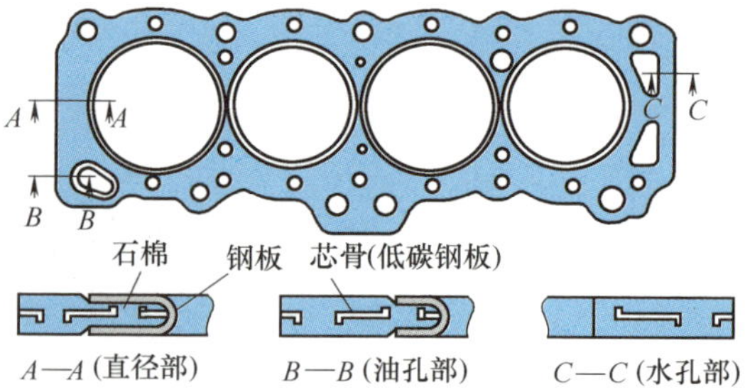


b)

**图 3-8 气缸垫**

a）全金属型气缸垫 b）复合型气缸垫

# 学习模块二 活塞连杆组

## 一、活塞连杆组的作用与组成

活塞连杆组件（图 3-9）由活塞、活塞环、活塞销、连杆和连杆轴承等组成。

## 二、活塞

（1）活塞的功用 活塞承受气缸中的气体压力，并通过活塞销将此力传给连杆驱动曲轴旋转。活塞顶部与气缸盖、气缸壁一起组成燃烧室。

（2）活塞的工作特点 活塞直接与高温气体接触，散热条件差，工作时顶部温度高达 600~700K，且温度分布很不均匀，容易破坏活塞与其相关零件的配合。若温度过高，间隙过小，容易造成活塞拉缸；若间隙过大，会导致压缩不良，功率下降，油耗上升。

（3）活塞的结构特点 活塞由顶部、头部、槽部和裙部四部分组成（图 3-10）。

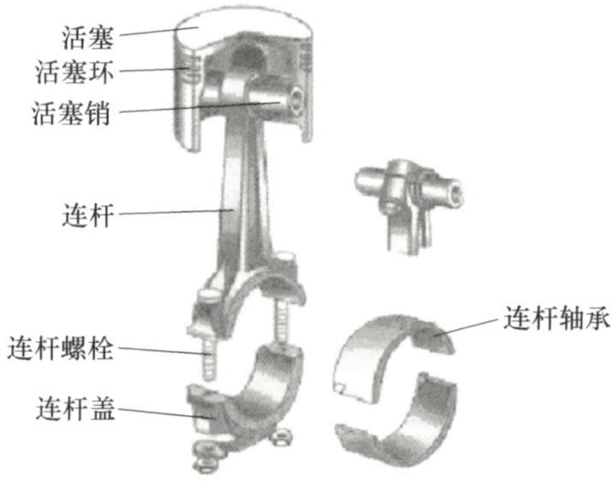


**图 3-9 活塞连杆组件**

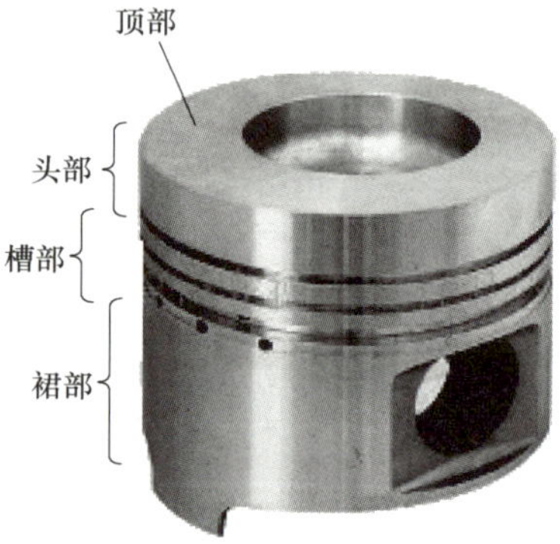


**图 3-10 活塞的结构**

1）活塞顶部。它是燃烧室的组成部分，其形状、位置和大小都是为满足可燃混合气形成和燃烧的要求。其顶部有平顶、凸顶和凹顶三种（图 3-11）。

2）活塞头部。活塞头部指活塞第一道气环槽以上的部分，用来承受气体压力和传递热量。有的活塞在头部加工有隔热槽，起隔热作用，将活塞顶的热量分流，把原来由第一活塞环承担的热量传给第二环和第三环。

3）活塞槽部。活塞槽部也称为防漏部，是指活塞环槽部分，用以安装活塞环，起密封和传热等作用，一般有 2~3 道气环槽和一道油环槽。在油环槽底面上钻有许多径向小孔，使被油环从气缸壁上刮下的机油经过这些小孔流回油底壳。

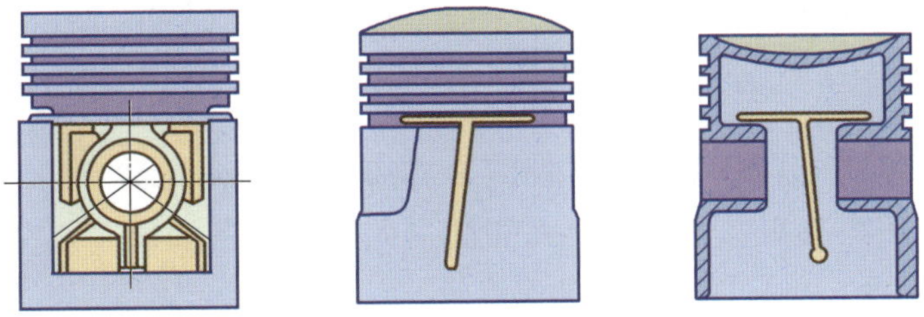

a) b) c)

**图 3-11 活塞顶部形状**

a）平顶 b）凸顶 c）凹顶

4）活塞裙部。活塞裙部指从油环槽下端面起至活塞最下端的部分。活塞裙部对活塞在气缸内的往复运动起导向作用，并承受气体侧压力。

## 三、活塞环

活塞环是具有弹性的开口环，有气环和油环之分。一般一个活塞装有 2～3 道气环和一道油环（图 3-12）。

（1）气环

1）气环的作用。其作用是保证气缸与活塞间的密封性，防止漏气，并且把活塞顶部吸收的大部分热量传给气缸壁，由冷却液带走。

2）气环的工作原理（图 3-13）。气环开有切口，具有弹性，在自由状态下外径大于气缸直径。它与活塞一起装入气缸后，外表面紧贴在气缸壁上，形成第一密封面（图 3-13）；被封闭的气体不能通过环周与气缸之间，便进入了环与环槽的空隙，一方面把环压到环槽端面形成第二密封面。气环密封效果一般与气环数量有关，汽油机一般采用两道气环，柴油机一般采用三道气环。

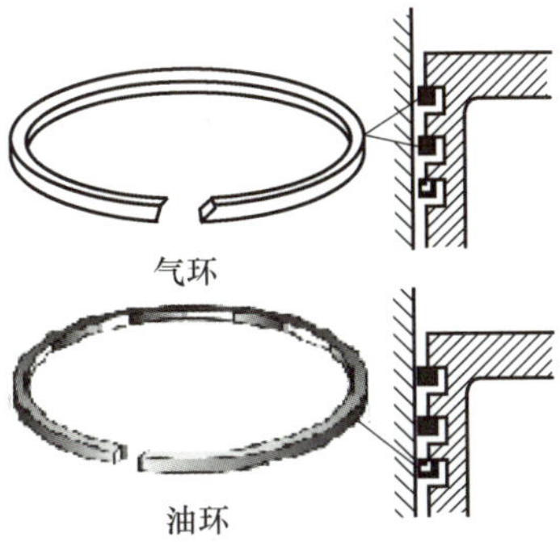


**图 3-12 活塞环**

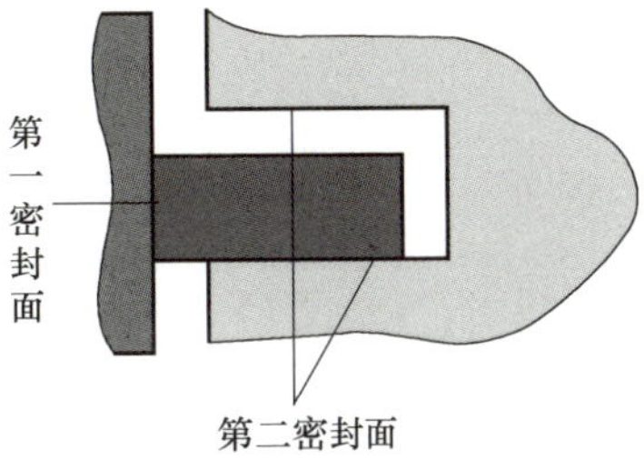


**图 3-13 气环密封原理图**

3）气环种类。按气环的断面形状分，常见的气环有矩形环、锥形环、梯形环、桶面环和扭曲环等（图 3-14）。

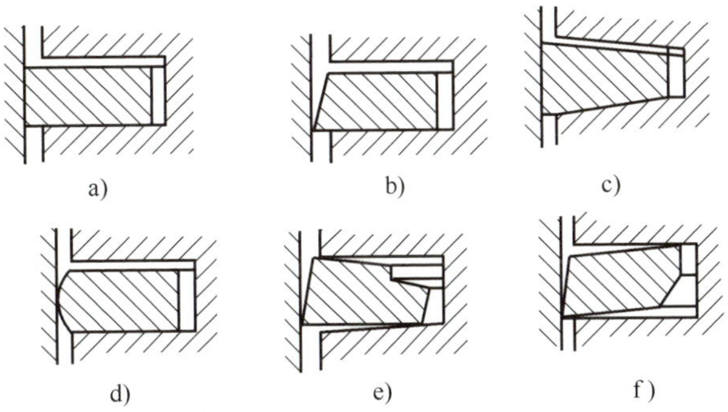


**图 3-14 气环的断面形状**

a）矩形环 b）锥形环 c）梯形环

d）桶面环 e）扭曲环 f）反扭曲锥形环

（2）油环

1）作用。其作用是布油和刮油，活塞下行时刮除气缸壁上多余的机油，上行时在气缸壁上铺涂一层均匀的油膜。这样既可以防止机油窜入气缸燃烧，又可以减小活塞、活塞环与气缸壁的摩擦阻力，还能起到封气的辅助作用。

2）类型。油环有以下两种类型。

① 整体式：环的外圆柱面中间加工有凹槽，

槽中钻有小孔或开切槽，如图 3-15 所示。当活塞向下运动时，将缸壁上多余的机油刮下，通过小孔或切槽流回曲轴箱；当活塞上行时，刮下的机油通过回油孔流回曲轴箱。

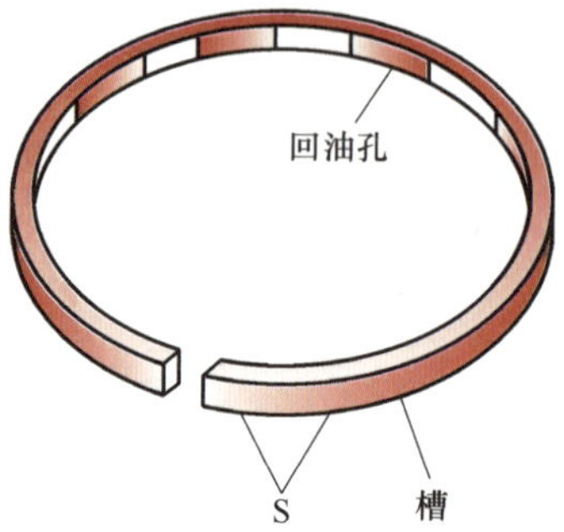

图 3-15　整体式油环

② 组合式：由上下刮油片和产生径向、轴向弹力的衬簧组成，如图 3-16 所示。组合式油环的特点：密封好；无侧隙，无窜油；刮油能力强；上、下片可分别动作，适应性好；回油能力强。

## 四、活塞销

活塞销的作用是连接活塞和连杆小头，将活塞承受的气体作用力传给连杆。

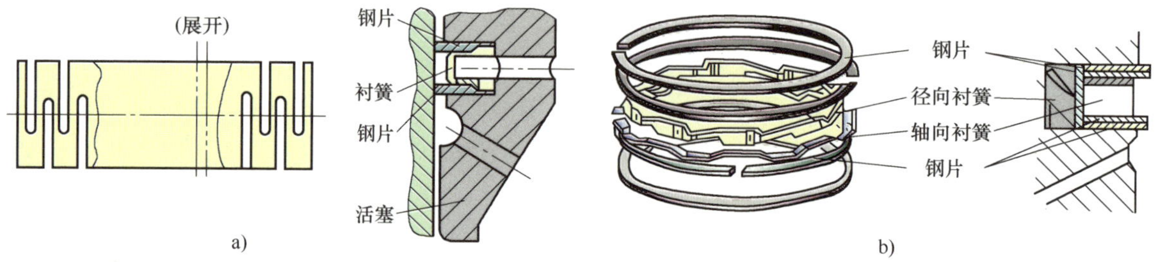

图 3-16　组合式油环

活塞销的内孔有圆柱形、组合形（两段截锥与一段圆柱组合）和两段截锥形三种形状（图 3-17）。

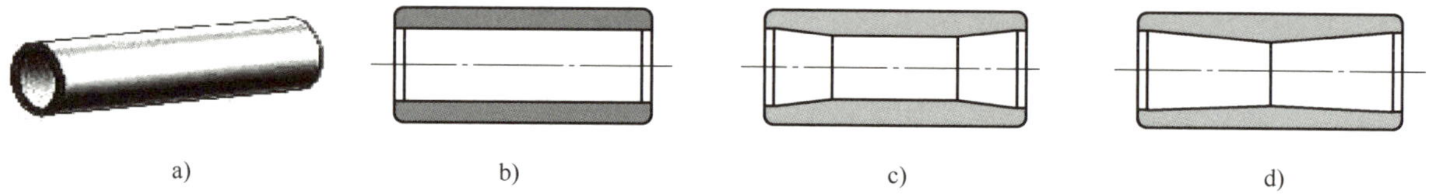

图 3-17　活塞销

a）活塞销　b）圆柱形　c）组合形　d）两段截锥形

活塞销与活塞销座孔及连杆小头衬套孔的连接配合有全浮式和半浮式两种方式（图 3-18）。

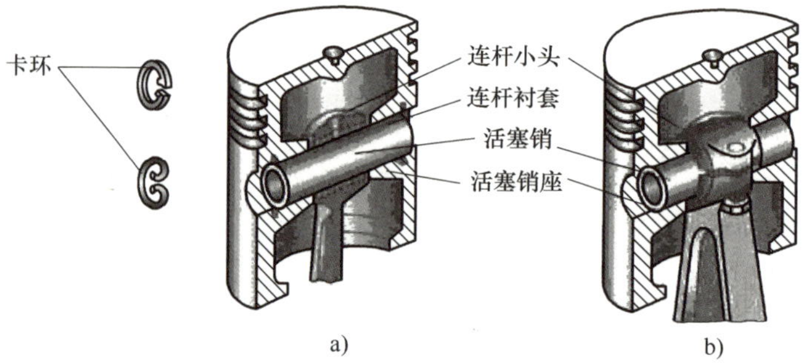

图 3-18　活塞销的连接方式

a）全浮式　b）半浮式

全浮式是指当发动机工作时，活塞销、连杆小头和活塞销座都有相对运动，使磨损均匀。为了防止活塞销轴向窜动刮伤气缸壁，在活塞销两端装有卡环，进行轴向定位。由于铝活塞热膨胀量比钢大，为了保证高温工作时活塞销与活塞销座孔有正常间隙（0.01～0.02mm），在冷态时为过渡配合，装配时，应先把铝活塞加热到一定程度，再把活塞销装入。

半浮式的特点是活塞中部与连杆小头采用紧固螺栓连接，活塞销只能在两端销座内进行自由摆动，而和连杆小头没有相对运动，所以不需要连杆衬套。活塞销不会进行轴向窜动，不需要卡环，乘用车上应用较多。

## 五、连杆

（1）连杆的功用　连杆的作用是连接活塞与曲轴，将活塞的往复运动转变成曲轴的旋转运动。

（2）连杆的结构　连杆的作用是由连杆小头、连杆杆身和连杆大头等部分组成（图 3-19）。

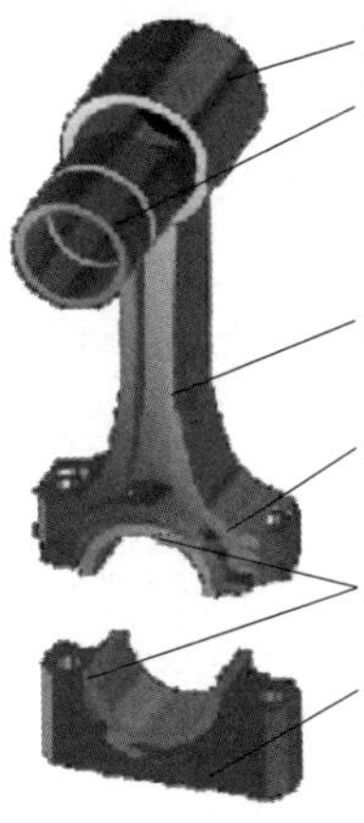


图 3-19　连杆的结构

连杆小头与活塞销相连。对于全浮式活塞销，由于工作时小头孔与活塞销之间有相对运动，所以在连杆小头孔中压入减摩的青铜连杆衬套。为了润滑活塞销与衬套，在小头和衬套上铣有油槽或钻有油孔，以收集发动机运转时飞溅上来的润滑油并用以润滑。有的发动机连杆小头采用压力润滑，在连杆杆身内钻有纵向的压力油通道。采用半浮式活塞销是与连杆小头紧密配合的，所以小头孔内不需要衬套，也不需要润滑。

连杆杆身通常做成“工”字形断面，抗弯强度大，质量小，大圆弧过渡，且上小下大，采用压力法润滑的连杆，杆身中部制有连通大、小头的油道。

连杆大头与曲轴的连杆轴颈相连，大头有整体式和分开式两种，一般都采用分开式，分为平分和斜分两种（图 3-20）。

平分——分面与连杆杆身轴线垂直（图 3-20a），汽油机多采用这种连杆。因为一般汽油机连杆大头横向尺寸都小于气缸直径，可以方便地通过气缸进行拆装。

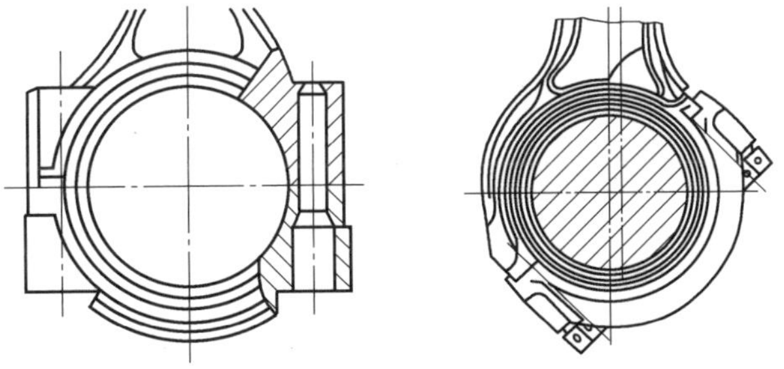

a)　　b)

图 3-20　连杆大头

a）平分式　b）斜分式

斜分——分面与连杆杆身轴线呈 30°～60° 夹角（图 3-20b），柴油机多采用这种连杆。因为，柴油机压缩比大，受力较大，曲轴的连杆轴颈较粗，相应的连杆大头尺寸往往超过了气缸直径，为了使连杆大头能通过气缸，便于拆装，一般都采用斜切口。斜切口的连杆盖在安装时应注意方向。

把连杆大头分开可取下的部分称为连杆盖。连杆与连杆盖配对加工，加工后，在它们同一侧打上配对记号，安装时不得互相调换或变更方向。为此，在结构上采取了定位措施。平切口连杆盖与连杆多采用连杆螺栓定位。斜切口连杆常采用锯齿定位、套筒定位、圆销定位和止口定位（图 3-21）。

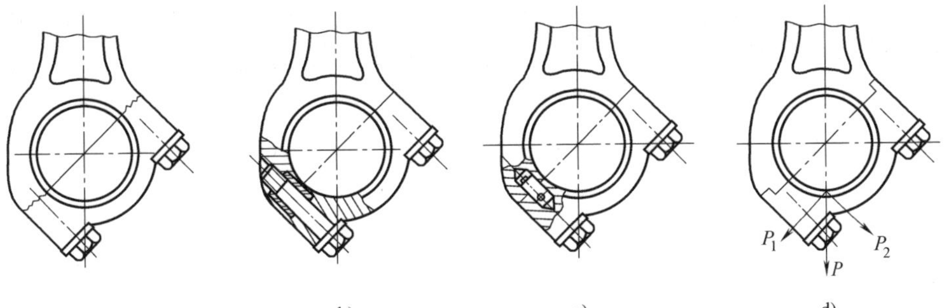


a)　　b)　　c)　　d)

图 3-21　斜切口连杆定位方法

a）锯齿定位　b）套筒定位　c）圆销定位　d）止口定位

连杆盖和连杆大头用连杆螺栓连在一起，连杆螺栓在工作中承受很大的冲击力，若折断或松脱，将造成严重事故。连杆螺栓都采用优质合金钢，经精加工和热处理特制而成，损坏后不能用其他螺栓来代替。安装连杆盖拧紧连杆螺栓螺母时，要用扭力扳手分 2~3 次交替、均匀地拧紧到规定力矩，拧紧后还应可靠地锁紧。

连杆大头孔内装有瓦片式滑动轴承（图 3-22），简称为连杆轴承。

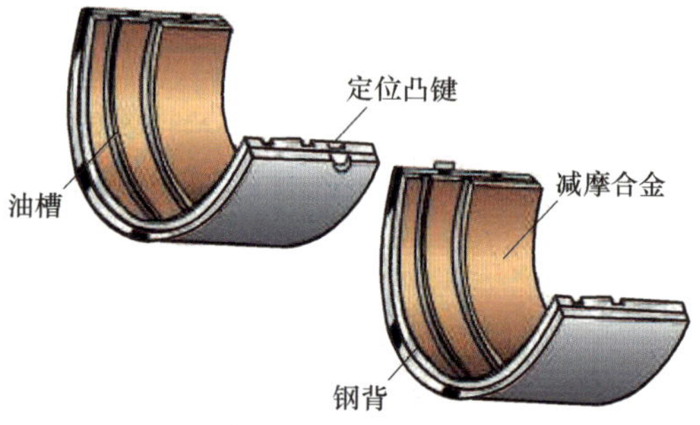

图 3-22 连杆轴承

轴瓦分为上、下两个半片。半个轴瓦在自由状态下不是半圆形，当其被装入连杆大头孔内时有过盈，所以能均匀地紧贴在大头孔壁上，具有很好的承受载荷和导热的能力。轴瓦上制有定位凸键，供安装时嵌入连杆大头和连杆盖的定位槽中，以防轴瓦前后移动或转动。有的轴瓦上还制有油孔，安装时应与连杆上相应的油孔对齐。轴瓦目前多采用 1~3mm 的薄壁钢背轴瓦，在其内表面浇铸有减摩合金层。减摩合金层具有质软，容易保持油膜，磨合性好，摩擦阻力小，不易磨损等特点。耐磨合金常采用的有白合金（巴氏合金）、铜基合金和铝基合金。

V 形发动机左右两侧对应两个气缸的连杆是装在曲轴的一个连杆轴颈上的，称为叉形连杆，它有以下三种形式：

1）并列式（图 3-23a）。相对应的左、右两缸连杆并列安装在同一连杆轴颈上。

2）主副式（图 3-23b）。一列连杆为主连杆，直接安装在连杆轴颈上，另一列连杆为副连杆，铰接在主连杆大头（或连杆盖）上的两个凸耳之间。

3）叉式（图 3-23c）。左、右对应的两列连杆中，一个连杆大头做成叉形，跨于另一个连杆厚度较小的大头两端。

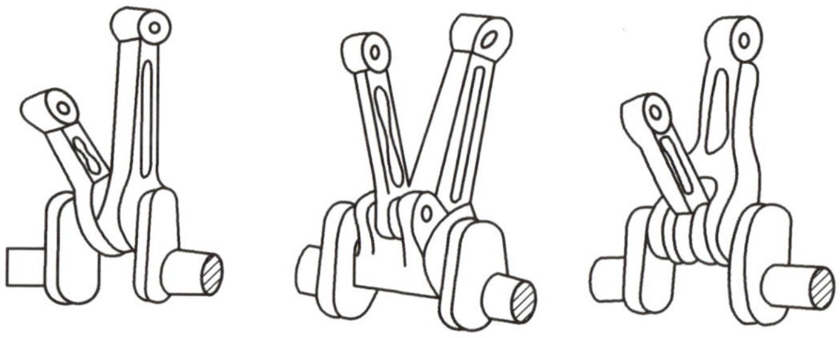
a)　　b)　　c)

图 3-23 叉形连杆

a）并列式　b）主副式　c）叉式

## 学习模块三　曲轴飞轮组

### 一、曲轴飞轮组的作用与组成

曲轴飞轮组件主要由曲轴、飞轮和一些附件组成（图 3-24）。

### 二、曲轴

（1）曲轴的功用　曲轴是发动机最重要的机件之一。它与连杆配合将作用在活塞上的气体压力变为旋转的动力，传给底盘的传动机构。同时，它驱动配气机构和其他辅助装置，如风扇、水泵、发电机等。

曲轴一般用中碳钢或中碳合金钢模锻而成。为提高耐磨性和疲劳强度，其轴颈表面经高频淬火或渗氮处理，并经精磨加工，以达到较高的表面硬度和表面粗糙度的要求。曲轴表面磨损或失圆时，应进行磨修或更换。

（2）曲轴的结构　曲轴一般由主轴颈、曲柄销（连杆轴颈）、曲柄臂等组成。一个主轴颈、一个连杆轴颈和一个曲柄臂组成一个曲柄，曲柄数目等于气缸数（直列式发动机）；V形发动机曲轴的曲柄数等于气缸数的一半。

1）主轴颈。主轴颈是曲轴的支承部分，通过主轴承支承在曲轴箱的主轴承座中。主轴承的数目不仅与发动机气缸数目有关，还取决于曲轴的支承方式。

曲轴的支承方式一般有两种，一种是全支承曲轴，另一种是非全支承曲轴（图3-25）。全支承曲轴：曲轴的主轴颈数比气缸数目多一个，即每一个连杆轴颈两边都有一个主轴颈。这种支承方式，曲轴的强度和刚度都比较好，并且减轻了主轴承载荷，减少了磨损。非全支承曲轴：曲轴的主轴颈数比气缸数目少或与气缸数目相等，主轴承载荷较大，但缩短了曲轴的总长度，使发动机的总体长度有所减小。

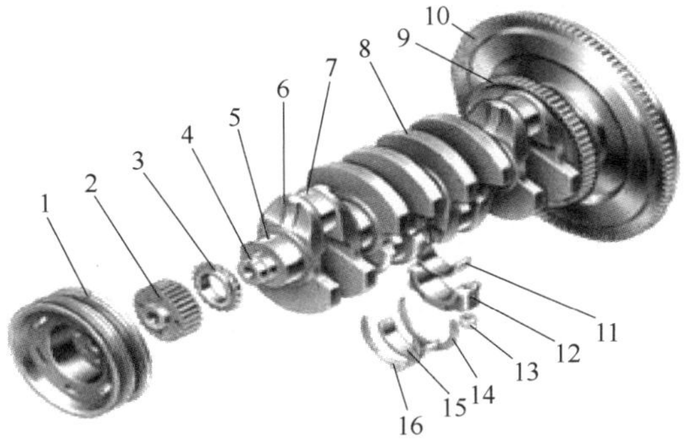


**图 3-24　曲轴飞轮组件**

1—曲轴带轮　2—曲轴正时齿轮　3—曲轴链轮　4—曲轴前端　5—曲轴主轴颈　6—曲柄臂　7—曲柄销（连杆轴颈）　8—平衡重块　9—转速传感器脉冲轮　10—飞轮　11、15—主轴承　12—主轴承盖　13—螺母　14、16—止动垫片

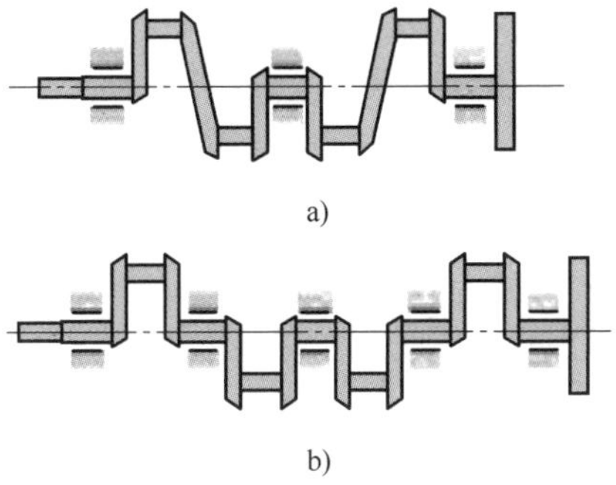


**图 3-25　曲轴的支承方式**

a）非全支承　b）全支承

有的大型发动机曲轴采用组合式，由若干段组合在一起，滚动轴承支承在机体上。

2）曲柄销（连杆轴颈）。它是曲轴与连杆的连接部分，直列发动机的连杆轴颈数目和气缸数相等。V形发动机的连杆轴颈数等于气缸数的一半。

3）曲柄臂。它是主轴颈和连杆轴颈的连接部分。为了平衡惯性力，曲柄臂处铸有（或紧固有）平衡重块。它用来平衡发动机不平衡的离心力矩，有时还用来平衡一部分往复惯性力，使曲轴旋转平稳。在一些高档发动机上，采用加装平衡轴的方法进行惯性力的平衡，使发动机运转更加平稳。

曲轴曲柄的布置不但影响发动机的平衡，还影响发动机的工作顺序。多缸发动机的点火顺序应均匀分布在720°曲轴转角内，并且使连续做功的两缸相距尽可能远，以减小主轴承的载荷，避免可能发生的进气重叠现象。

4缸四冲程发动机的点火间隔角为720°/4=180°，四个曲柄布置在同一平面内（图3-26）。1、4缸与2、3缸互相错开180°，其发火顺序的排列有两种可能，即1-3-4-2或1-2-4-3。1-3-4-2工作循环见表3-1。

6缸四冲程直列发动机的点火间隔角为720°/6=120°，六个曲柄分别布置在三个平面内，有1-5-3-6-2-4和1-4-2-6-3-5两种点火顺序。

8缸四冲程V形发动机的点火间隔角为720°/8=90°，发动机左、右两列对应的一对连杆共用一个曲柄，所以V形八缸发动机只有四个曲柄，其点火顺序为1-8-4-3-6-5-7-2。

4）曲轴前端（图3-27）。曲轴前端装有定时齿轮和水泵的带轮以及起动爪等。为了防止机油沿曲轴轴颈外漏，在曲轴前端装有一个甩油盘，它随曲轴转动，将漏出的机油甩回油底壳。甩油盘外斜面向后，安装时应注意方向，否则会产生相反的效果。在齿轮室盖上装有油封，以防止机油外漏。

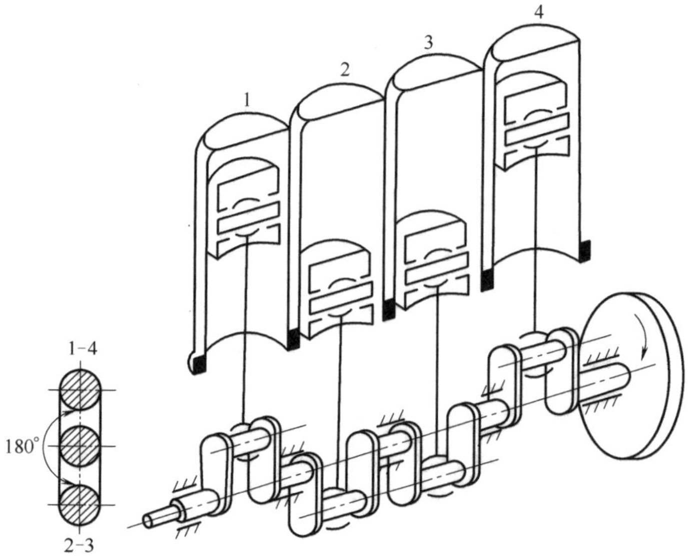


图 3-26　4 缸四冲程发动机曲柄布置

表 3-1　4 缸四冲程发动机工作循环（点火顺序 1-3-4-2）

| 曲柄转角/(°) | 1 缸 | 2 缸 | 3 缸 | 4 缸 |
|---|---|---|---|---|
| 0～180 | 做功 | 排气 | 压缩 | 进气 |
| 180～360 | 排气 | 进气 | 做功 | 压缩 |
| 360～540 | 进气 | 压缩 | 排气 | 做功 |
| 540～720 | 压缩 | 做功 | 进气 | 排气 |

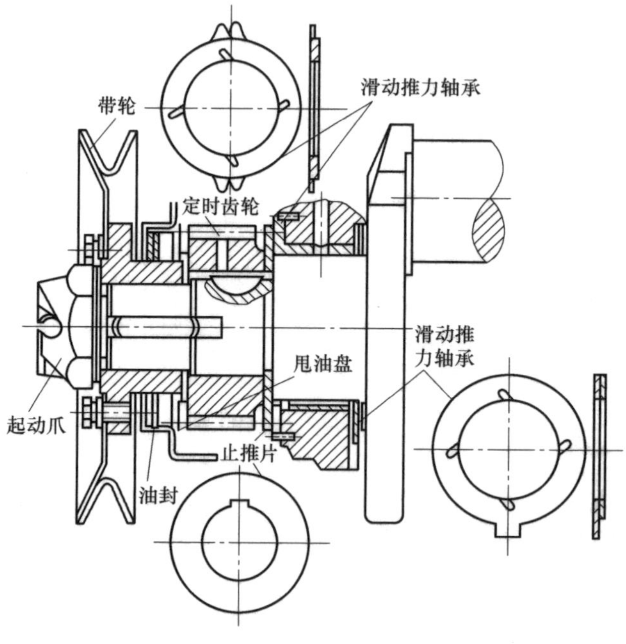


图 3-27　曲轴前端的结构

5）曲轴后端。它用来安装飞轮。在后轴颈与飞轮凸缘之间制成挡油凸缘和回油螺纹，并安装有油封或密封填料等，以阻止机油向后窜漏（图 3-28）。

6）曲轴轴向定位。由于曲轴经常受到离合器施加于飞轮的轴向力作用，有的曲轴前端采用斜齿传动，使曲轴产生前后窜动，影响了曲柄连杆机构各零件的正确位置，增大了发动机磨损、异响和振动，所以必须进行曲轴轴向定位。另外，曲轴工作时会受热膨胀，必须留有膨胀的余地。

曲轴定位一般采用滑动推力轴承，安装在曲轴前端或中后部主轴承上。推力轴承有翻边主轴瓦的翻边部分或具有减摩合金层的半圆环止推片两种形式（图 3-29），磨损后可更换。

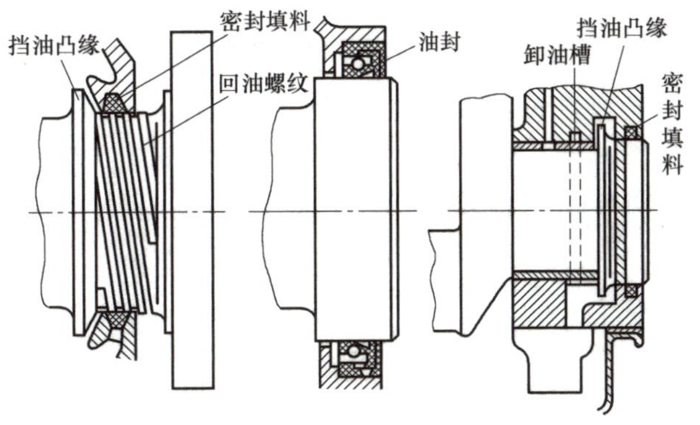


图 3-28 曲轴后端结构

7）曲轴润滑。为了润滑曲轴主轴颈和曲柄销（连杆轴颈），在轴颈上钻有油孔，并有斜油道相通（图 3-30），再与机体的主油道连通。

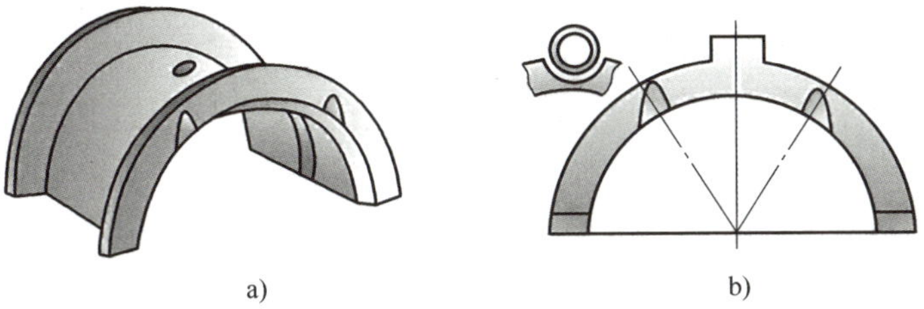


图 3-29 曲轴推力轴承

a）翻边至轴瓦 b）半圆环止推片

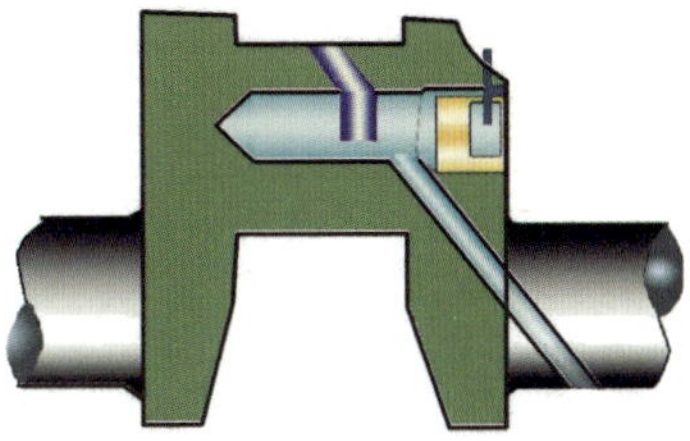

图 3-30 曲轴润滑

## 三、飞轮

飞轮是一个质量很大的铸铁圆盘（图 3-31），用螺栓固定在曲轴后端的接盘上，具有很大的转动惯量。其主要功用是用来储存做功行程的能量，用于克服进气、压缩和排气行程的阻力和其他阻力，使曲轴能均匀地旋转。

飞轮外缘压有齿圈与起电机的驱动齿轮啮合，供起动发动机使用；汽车离合器装在飞轮上，利用飞轮后端面作为驱动件的摩擦面，用来对外传递动力。

在飞轮轮缘上做有记号（刻线或销孔）供找上止点用。当飞轮上的记号与外壳上的记号对正时，正好是上止点（图 3-32）。有的飞轮做有进排气相位记号、供油（柴油机）或点火（汽油机）记号供安装和修理用。

图 3-31 飞轮

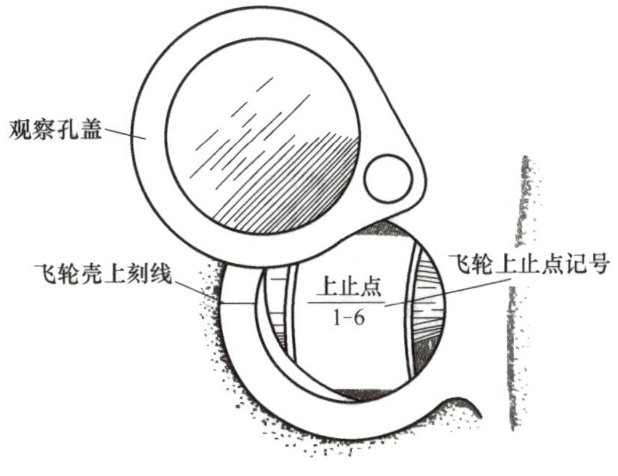


图 3-32 飞轮记号

飞轮与曲轴在制造时一起进行过动平衡试验，在拆装时应严格按相对位置安装。飞轮紧固螺钉承受作用力大，应按规定力矩和正确方法拧紧。

## 四、曲轴的常见故障与曲轴测量

### 1. 曲轴常见故障（表 3-2）

表 3-2　曲轴的常见故障

| 故障现象 | 故障原因 | 排除方法 |
| --- | --- | --- |
| 排气冒蓝烟，起动困难，功率下降 | 活塞环磨损严重 | 更换 |
| | 活塞磨损严重 | 更换 |
| | 连杆弯、扭曲 | 更换或修复 |
| 声响异常 | 曲轴径向间隙过大，转速变化时发出“哐哐”声 | 更换主轴瓦 |
| | 曲轴轴向间隙过大，转速变化时发出“咯噔”声 | 调整 |
| | 活塞销间隙过大，怠速与低速变速时发出“嗒嗒”声 | 更换连杆铜套 |
| | 连杆径向间隙过大，转速变化时发出“当当”声 | 更换连杆瓦 |
| | 连杆弯、扭曲，产生“嗒嗒”敲缸声 | 校正连杆或更换 |
| | 活塞环折断，产生钝哑的“啪啪”声 | 更换 |
| | 活塞环磨损严重，产生“呲呲”的漏气声 | 更换 |
| 曲轴箱窜气，气缸压力下降，起动困难，功率下降 | 活塞环磨损严重 | 更换 |
| | 连杆弯、扭曲 | 校正连杆或更换 |
| | 活塞偏缸 | 调整安装 |
| 冷却液温度过高 | 活塞磨损严重 | 更换 |
| | 活塞环磨损严重 | 更换 |
| | 活塞环间隙过小 | 修复或更换 |

### 2. 气缸测量

气缸的磨损规律如图 3-33 所示，气缸轴向磨损呈上大、下小的锥形，但气缸上口因与活塞环无摩擦而形成明显台肩，手感明显。气缸径向磨损在气缸上部呈不规则椭圆形。第一缸前壁与最后一缸后壁磨损大于其他气缸。测量部位选择：紧挨缸口下面台肩处的横断面（上止点时第一道活塞环气缸壁处，约距气缸上端 15mm）；活塞下行至最下端时，最下边一道油环所接触处的横断面（气缸套下端以上约 10mm 处）；在活塞行程中间部位的横断面。

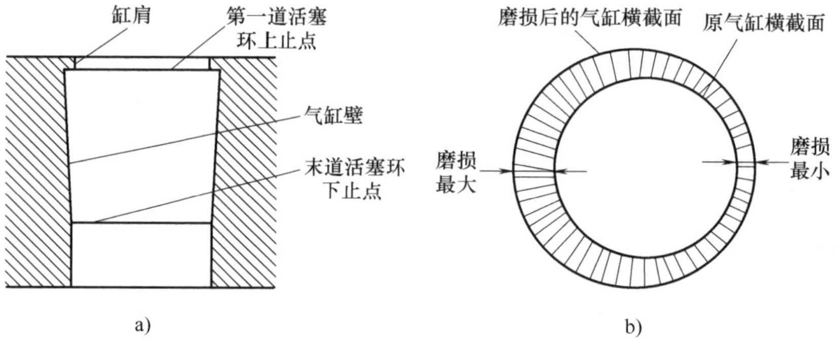


图 3-33　气缸的磨损规律

a）轴向　b）径向

一般磨损极限要求、磨损超限后是否可修及怎么修，都要查维修手册。例如，某汽油机的圆度误差超过 0.05mm，圆柱度误差超过 0.175mm，应对发动机进行大修。某柴油机的圆度误差超过 0.063mm，圆柱度误差超过 0.25mm，应对发动机进行大修。某气缸的最大磨损量在 0.18~0.22mm 时，可以更换活塞环后继续使用；达到 0.37mm 时，应对发动机进行大修。

**3. 曲轴测量**

奥迪 1.8L-TFSI-第 3 代发动机曲轴与第 2 代发动机相比，主轴承直径从 52mm 减小至 48mm，平衡重块的数量从 8 个减少至 4 个，可以使质量减小 1.6kg。主轴承的上轴瓦和下轴瓦都是双层无铅轴承。曲轴裂纹部位一般在轴颈两端过渡圆角处或油孔处。裂纹检测可用磁粉探伤法、浸油法，检查方法有观察、锤敲和磁力检验。

（1）曲轴轴颈磨损的检测　连杆轴颈磨成椭圆的原因：发动机工作时，气体压力与惯性力的合力沿连杆方向的分力和连杆大头的离心力合力，作用在轴颈的内侧面上，合力使连杆轴颈的内侧面与轴承接触作用的时间最长，连杆轴颈的内侧面上磨损最严重。连杆轴颈沿轴线方向磨损的最大部位一般在机械杂质偏积一侧和各个轴颈受力大的部位。连杆轴颈径向椭圆磨损最大部位在各轴颈的内侧面上，即靠曲轴中心线一侧。

主轴颈磨损后主要呈椭圆形，它的最大磨损部位是在靠近连杆轴颈的一侧，主要是由于主轴颈受到连杆、连杆轴颈及曲轴臂离心力的作用，使靠近连杆轴颈一侧与轴承发生相对的磨损较大。一般直列式发动机连杆轴颈的磨损比主轴颈的磨损大，这是由于连杆轴颈的负荷比主轴颈大，润滑条件差造成的。

用外径千分尺测量曲轴主轴颈和连杆轴颈的圆度误差、圆柱度误差、最大磨损量（图 3-34），其标准应为 0.01mm，磨损极限值为 0.02mm。超过标准要求时，可用曲轴磨床按修理尺寸法对轴承颈进行修磨。

（2）曲轴弯曲的检测　曲轴弯曲变形的主要原因：曲轴主轴颈各轴承孔不同轴或曲轴轴承松紧程度不一，造成主轴颈线不在一条直线上；曲轴主轴承和连杆轴承间隙过大，工作时受到冲击载荷；活塞质量不一致或发动机工作不平稳，使曲轴各轴颈受力不均衡；汽油机经常发生爆燃或超负荷严重；曲轴轴向间隙失调，增大后未调整，工作时前后窜动；点火提前角过大；行驶过程中常用紧急制动或上坡时换档不及时，使曲轴受到较大的转矩；曲轴存放不合理，长时间横放而无支撑。曲轴弯曲检查设备有 V 形架和百分表（图 3-35），检测位置是中间轴颈，检查项目是径向圆跳动误差，要求一般为 0.04～0.06mm，修理方法是冷压校正。

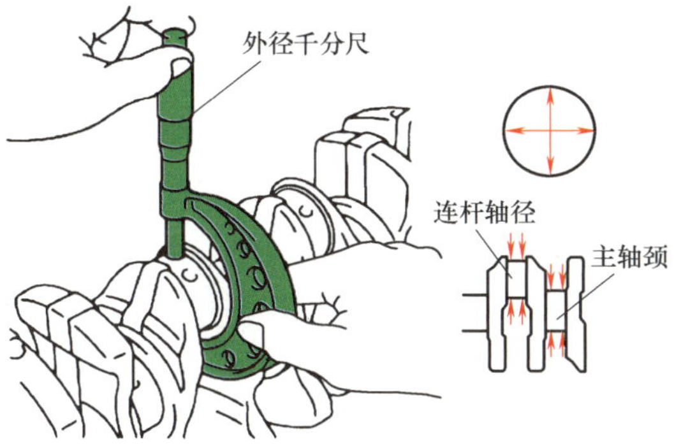

**图 3-34　曲轴轴径磨损的检测**

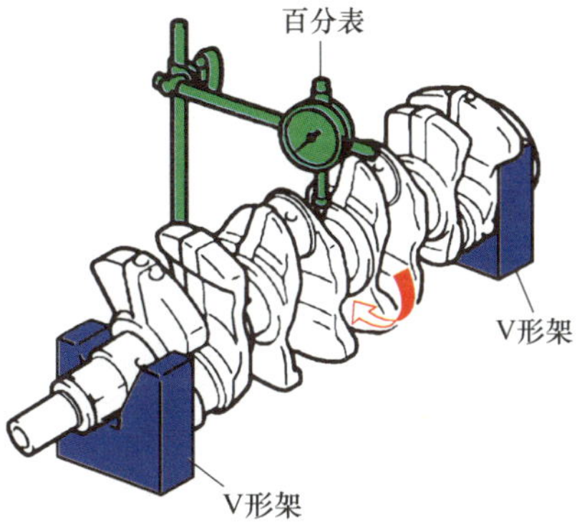

**图 3-35　曲轴弯曲的检测**

曲轴轴向间隙的检查设备有塞尺或百分表、撬杠，塞尺测量止推片与曲轴轴承止动面之间的间隙，百分表测量曲轴的轴向窜动量。要求一般正常值为 0.07～0.17mm，允许极限为 0.25mm。一般磨损极限要求、达到磨损超限后是否可修、怎么修，需要查看手册。其调整方法是更换止推片或翻边轴承。

**4. 缸盖测量**

缸盖的裂纹常出现在气门座及火花塞螺孔之间。缸盖出现裂纹一般应予以更换。缸盖变形主要指与缸体结合的下平面的平面度误差超限。其检查方法如图 3-36 所示，将缸盖翻过来，把刀形钢直尺放到缸盖下表面，用塞尺检查缸盖的平面度。铝合金缸盖用压力校正，铸铁缸盖用磨削或铣削。

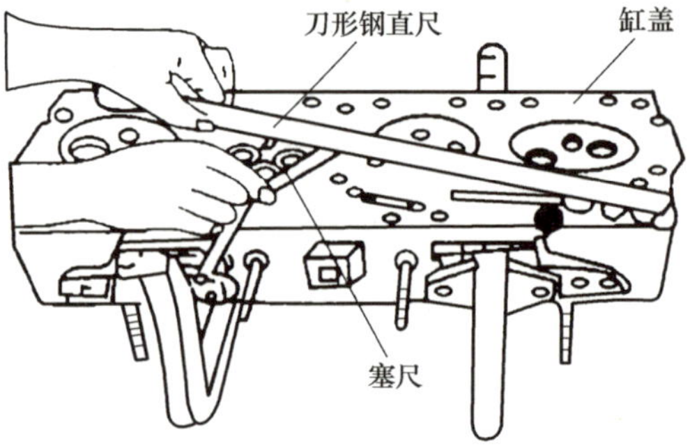


图 3-36 缸盖变形的检验

## 思考题

1. 曲柄连杆机构的功用是什么？由哪些主要零部件组成？

2. 为什么要把活塞的横断面制成椭圆形，而将其纵断面制成上小下大的锥形或桶形？

3. 无气缸套式机体有何利弊？为什么许多乘用车发动机采用无气缸套式机体？

4. 曲轴布置形式与发动机工作顺序有何关系？

5. 有一台四缸内燃机，工作顺序为 1-3-4-2，请分析 3 缸处于排气下止点时各缸活塞的工作状况。

6. 已知某直列 6 缸发动机的点火顺序是 1-5-3-6-2-4，当曲轴从 0°旋转到 180°时，1 缸处于做功行程。请分析判断当曲轴从 360°旋转到 540°时，6 缸处于什么行程？

## 测试题

测试题

# 项目四 配气机构

## 学习目标

| 知识目标 | 能力目标 | 素养目标 |
|---|---|---|
| 1. 掌握配气机构的作用、类型、组成与工作原理<br>2. 掌握配气定时、充气效率的概念及作用<br>3. 掌握可变气门控制系统、可变进气管控制系统、废气涡轮增压的结构与工作原理 | 1. 能测量气缸压力<br>2. 能测量气缸是否泄漏<br>3. 能更换正时带<br>4. 能拆装配气机构及调整气门间隙 | 1. 培养自主学习意识与严谨认真、实事求是的工作作风<br>2. 通过完成实训工作任务，养成规范操作意识和安全生产意识 |

## 情景导入

一辆大众奥迪汽车发动机怠速运转时发出明显的“嗒嗒”响声。车主要求检修车辆，还希望维修技师解释车辆配气机构的结构、工作原理以及常见故障。假设你是维修技师，请完成检修任务并回答客户提出的问题。

## 知识提升

## 学习模块一 配气机构的组成与工作原理

### 一、配气机构的作用与组成

**1. 配气机构的作用**

配气机构的作用是根据发动机工作循环和点火次序，适时地开启和关闭各缸的进、排气门，使纯净空气或空气与燃油的混合气及时地进入气缸，使废气及时地排出。

**2. 配气机构的组成**

（1）配气机构总体组成　以顶置双凸轮轴同步带传动的配气机构（图 4-1）为例，它主要由气门组件、气门驱动机构（液压挺柱）、凸轮轴及凸轮轴传动机构组成。

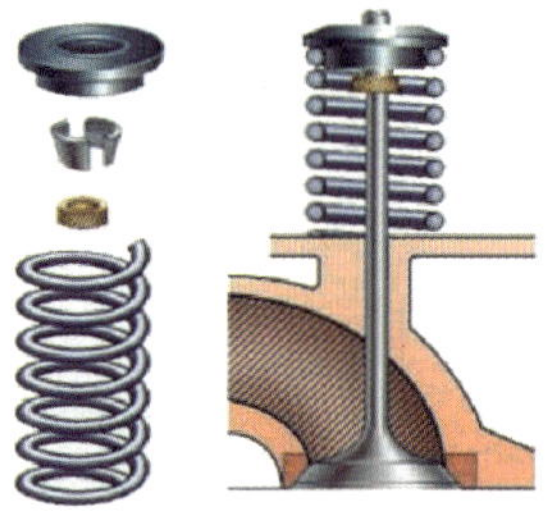

图 4-1　配气机构的组成

（2）配气机构的工作原理　发动机工作时，通过同步带带动进、排气凸轮轴旋转。当进气凸轮轴某缸的进气凸轮克服气门弹簧力作用压下进气门时，进气门开启，开始进气；当进气凸轮轴转到凸轮的基圆段时，该进气门在气门弹簧的作用下回位，关闭进气门，进气停止。排气门的开闭原理与进气门类似。各缸进、排气门开闭的时刻取决于各进、排气凸轮的相对位置及进、排气凸轮轴与曲轴的相对位置，前者由设计制造保证，后者要求正确安装，可调整配气机构来达到。

**3. 配气机构的类型**

（1）按气门的布置位置分　按气门的布置位置分，配气机构分为侧置气门式和顶置气门式。侧置气门式的气门布置在气缸的一侧，燃烧室结构不紧凑，热量损失大，气道比较曲折，进气流通阻力大，使发动机的经济性和动力性变差，这种布置形式已被淘汰。现代汽车发动机均采用气门布置在气缸盖上的顶置气门式结构。

（2）按凸轮轴布置位置分　按凸轮轴布置位置分，配气机构分为下置凸轮轴式、中置凸轮轴式、上置凸轮轴式三种。

1）下置凸轮轴式配气机构（图 4-2a）。将凸轮轴布置在曲轴箱上，由曲轴正时齿轮带动凸轮轴旋转。这种结构布置的主要优点是凸轮轴离曲轴较近，可用齿轮驱动，传动简单，但存在零件较多、传动链长、系统弹性变形大、影响配气准确性等缺点，在现代轿车高速发动机中已趋于淘汰。目前，国产轻、中型汽车上还有应用。

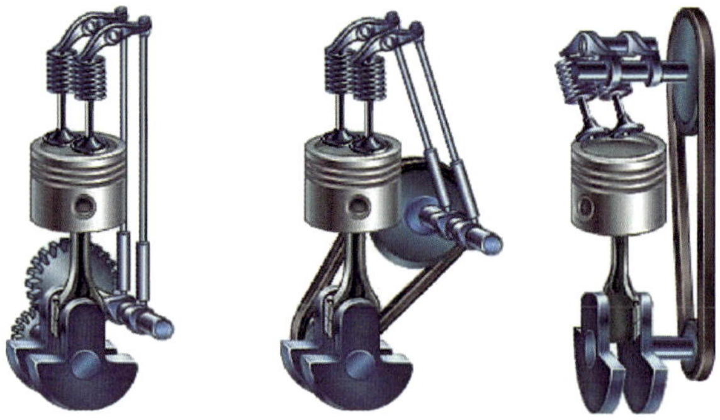

a)　　b)　　c)

图 4-2　下置、中置、上置凸轮轴配气机构

a）下置凸轮轴式　b）中置凸轮轴式　c）上置凸轮轴式

2）中置凸轮轴式配气机构（图 4-2b）。其凸轮轴布置在曲轴箱上。与下置凸轮轴式相比，省去了推杆，由凸轮轴经过挺柱直接驱动摇臂，减小了气门传动机构的往复运动质量，适应高速的发动机。

3）上置凸轮轴式配气机构（图 4-2c）。其凸轮轴直接布置在气缸盖上，直接通过摇臂或凸轮来推动气门的开启和关闭。这种传动机构没有推杆等运动件，系统往复运动质量大大减小，非常适合现代高速发动机，尤其是轿车发动机。

根据顶置气门凸轮轴的个数，可分为单顶置凸轮轴（SOHC）和双顶置凸轮轴（DOHC）两种。单顶置凸轮轴（图 4-3）仅用一根凸轮轴同时驱动进、排气门，结构简单，布置紧凑。双顶置凸轮轴由两根凸轮轴分别驱动进、排气门。它有两种布置形式，一种是凸轮通过摇臂驱动气门（图 4-4）；另一种是凸轮直接驱动气门（图 4-1），这种双凸轮轴布置有利于增加气门数目，提高进、排气效率，提高发动机转速，是现代高速发动机配气机构的主要形式。

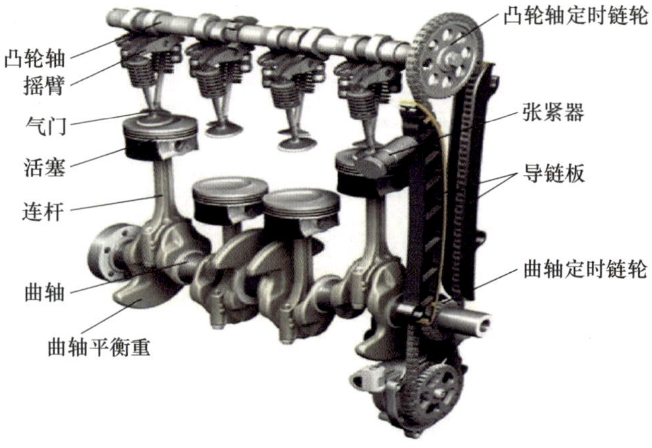


图 4-3　单顶置凸轮轴

（3）按曲轴和配气凸轮轴的传动方式分　按曲轴和配气凸轮轴的传动方式分，配气机构分为齿轮传动、链条传动和同步带传动三种。

1）齿轮传动式（图 4-5）。凸轮轴下置、中置的配气机构大多采用齿轮传动。一般从曲轴到凸轮轴间的传动只需一对正时齿轮，必要时可加装中间齿轮。为了啮合平稳、减小噪声，正时齿轮多用斜齿轮，也有采用夹布胶木制造，以减小噪声。为了装配时保证配气相位正确，齿轮上都有正时记号，装配时必须按要求对齐。

2）链传动式（图 4-6）。链传动多用在凸轮轴顶置的配气机构中。德国奥迪公司的第 3 代 EA888 发动机链传动机构由于摩擦减小且机油需求量很小，所以耗费的驱动功率减小。在拆装了链条机构后，必须用车辆诊断仪进行适配。

图 4-4　双顶置凸轮轴

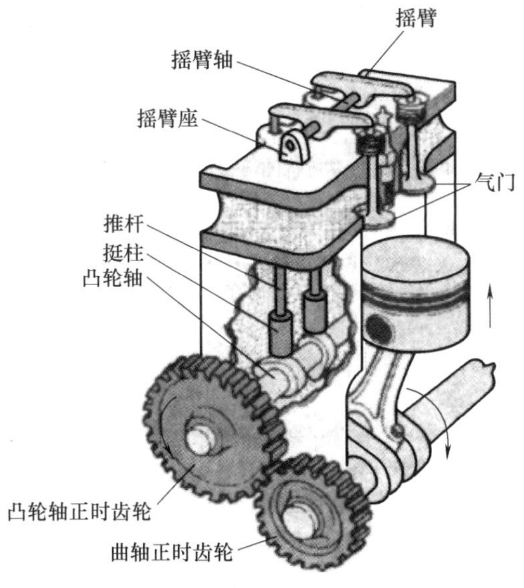


图 4-5　凸轮轴的齿轮传动

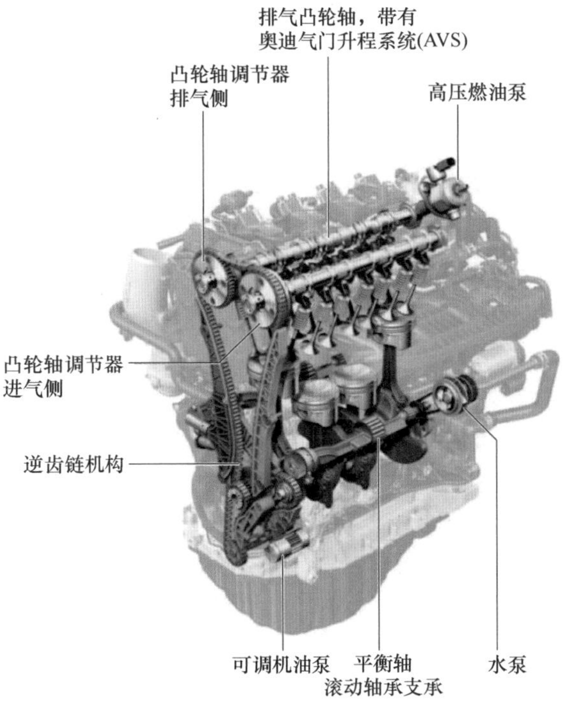


图 4-6　EA888 发动机凸轮轴的链传动

为了使链条在工作时具有一定的张力而不至于脱落，一般装有导链板和张紧轮等。这种传动的优点是布置容易，若传动距离较远时，还可用两级链传动；缺点是结构质量及噪声较大，链的可靠性和耐久性不易得到保证。

3）同步带传动式。现代高速发动机广泛采用同步带传动（图 4-1）。德国奥迪公司的 EA211 发动机凸轮轴采用同步带来驱动，同步带张紧是通过自动张紧轮实现的，这个张紧轮同时通过止动台肩来为同步带导向。由于同步带力小，所以张紧轮的张紧力就减小了，这使整个同步带机构的摩擦和机械负荷都很小。振动减小了，同步带运行声音就很小，运行也就安静了。这种同步带使用了一种耐磨的聚四氟乙烯（特氟龙）的涂层，因此，同步带的使用寿命很长。

（4）按每缸气门的数目分　按每缸气门的数目分，配气机构分为 2 气门式、3 气门式、4 气门式和 5 气门式四种。

传统发动机都采用每缸两气门。为了改善发动机的充气性能，应尽量加大气门的直径，但由于气缸的限制，气门的直径不能超过气缸直径的一半。因此，在现代汽车发动机中，普遍采用多气门结构（3～5 气门），使发动机的进排气流通截面面积增大，提高了充气效率，改善了发动机的动力性能、经济性能和排放性能。

## 二、配气相位

### 1. 气门间隙

气门间隙是指发动机冷态下，气门关闭时，气门与摇臂之间的间隙（图4-7）。其作用是为气门及驱动组件工作时留有受热膨胀的间隙。

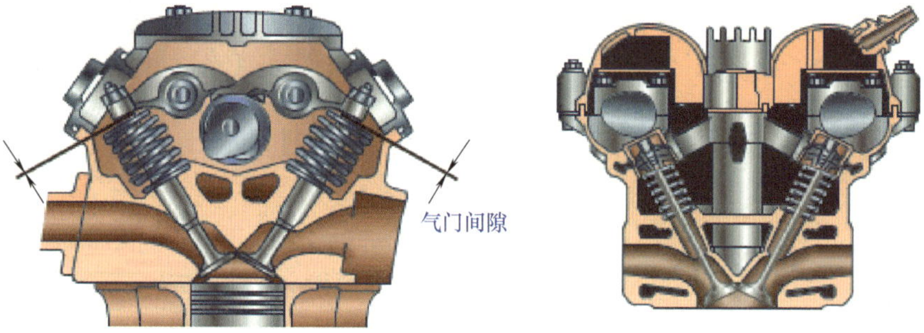


图4-7　气门间隙

气门间隙的大小由发动机制造厂根据试验确定。一般在冷态时，进气门的间隙为0.25~0.3mm，排气门的间隙为0.30~0.35mm。如果气门间隙过小，发动机在热态下可能关闭不严而发生漏气，导致功率下降，甚至烧坏气门。如果气门间隙过大，则使传动零件之间以及气门与气门座之间撞击声增大，并加速磨损。同时，会使气门开启的延续角度变小，气缸的充气及排气情况变坏。

在发动机工作中，由于气门、驱动机构及传动机构零件磨损，会导致气门间隙发生变化，应注意检查调整。气门间隙的调整可以通过摇臂一端的气门间隙调整螺钉进行，旋入间隙变小，旋出间隙变大。

### 2. 液压挺柱

气门间隙的存在导致发动机工作时产生敲击噪声。由于气门传动组件的磨损，导致气门间隙变大，使进、排气相位改变，增加了检查调整气门间隙的工作量。现代高级轿车多采用液压挺柱，无须调整气门间隙。图4-8所示为桑塔纳和捷达轿车发动机采用的液压挺柱。挺柱体由上盖和圆筒焊接成一体，可以在缸盖的挺柱体孔中上下运动。液压缸的内孔和外圆都经过精加工研磨，外圆与挺柱内导向孔相配合，内孔则与柱塞配合，两者都可以相对运动。液压缸底部装有一个补偿弹簧，把球阀压靠在柱塞的阀座上。它还可以使挺柱顶面和凸轮表面保持紧密接触，以消除气门间隙。当球阀关闭柱塞中间孔时，可将挺柱分成两个油腔，即上部的低压油腔和下部的高压油腔；球阀开启后，则形成一个通腔。在气门受热膨胀时，柱塞和液压缸进行轴向相对运动，高压油腔中的油液可经过液压缸与柱塞间的缝隙挤入低压油腔。因此，使用液压挺柱时，可以不预留气门间隙。

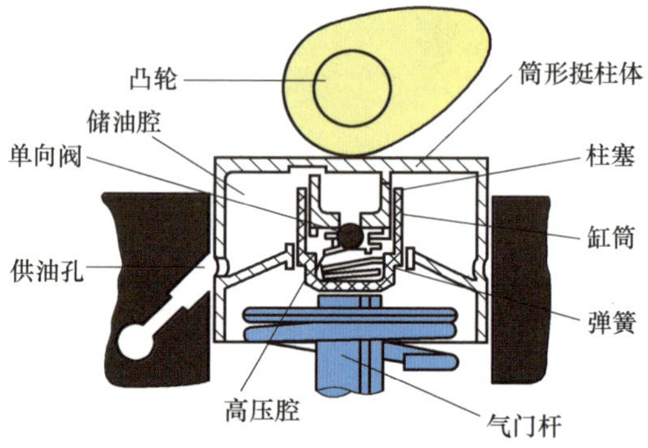


图4-8　桑塔纳和捷达轿车发动机采用的液压挺柱

采用液压挺柱可消除配气机构中的间隙，减小各零件的冲击和噪声。同时，凸轮轮廓可设计得陡一些，以便气门开启和关闭得更快，减小进、排气阻力，改善发动机的换气，提高发动机的性能，特别是高速性能。但液压挺柱结构复杂，加工精度要求较高。

### 3. 配气相位分析

由发动机换气过程分析可知，为了使进气充分、排气彻底，进气门应在上止点前打开、下止点后关闭；排气门应在下止点前打开、上止点后关闭。进、排气门实际开启和关闭的时刻以曲轴转角表示为配气定时，也称为配气相位。用环形图表示配气相位称为配气相位图（图4-9）。

（1）进气提前角　进气提前角是指发动机从进气门打开时刻到活塞行至上止点曲轴转过的转角。其作用是保证进气开始时，进气门已开启较大，增加进入气缸的新鲜气体或可燃混合气。非增压发动机的进气提前角一般为 0°~40°CA。该角度过小，进气充量增加少；该角度过大，会导致废气流入进气管。

（2）进气迟后角　进气迟后角是指活塞从下止点行至进气门完全关闭曲轴转过的转角。其作用是利用进气气流惯性和压力差继续进气。非增压发动机的进气迟后角一般为 40°~70°CA。若该角度过小，则进气气流惯性未能得到充分利用，减少了进气充量；若该角度过大，则进气气流惯性已用完，会导致已经进入气缸的新鲜充量被排出。

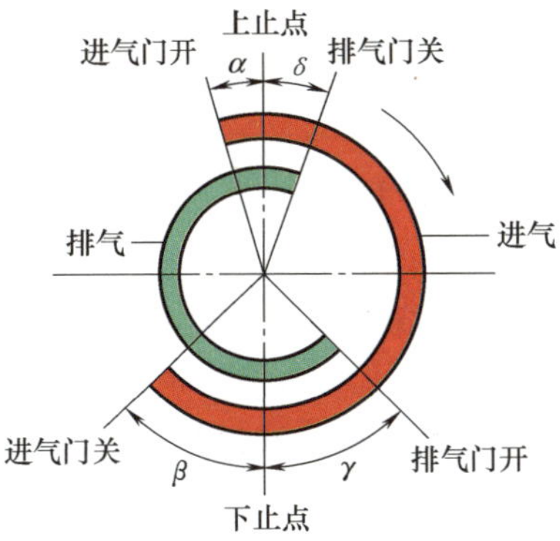


图 4-9　配气相位图

（3）排气提前角　排气提前角是指从排气门打开到活塞行至下止点曲轴转过的转角。其作用是利用废气压力，使气缸内废气排得更干净。但排气提前角也不宜过大，否则将造成做功能力损失。非增压发动机的排气提前角一般为 45°~55°CA。

（4）排气迟后角　排气迟后角是指活塞从上止点到排气门完全关闭曲轴转过的转角。其作用是利用排气气流性惯性使废气排除更干净。非增压发动机的排气迟后角一般为 10°~35°CA。过大会造成排出的废气又被吸入气缸。

（5）气门重叠角　由于进、排气门的早开和迟闭，就会有一段时间内进、排气门同时开启的现象，称为气门重叠，重叠的曲轴转角称为气门重叠角。适宜的气门重叠角可以利用气流压差和惯性清除残余废气，增加新鲜充量，称为燃烧室扫气。非增压发动机的气门重叠角一般为 20°~80°CA，增压发动机的气门重叠角一般为 80°~160°CA，可以有效提高充气量。发动机的结构不同，转速不同，配气相位也就不同。最佳的配气相位角是根据发动机性能要求，通过反复试验确定的。在使用中，由于配气机构零部件磨损、变形或安装调整不当，会使配气相位发生变化，应定期进行检查、调整。

## 学习模块二　气门组及其传动组件

### 一、气门组的组成

配气机构主要由气门组件和气门传动组件组成。气门组件（图 4-10）由气门、气门导管、气门弹簧和气门锁片等零件组成。

### 二、气门

气门由头部、杆身和带密封锥面的气门盘组成。气门盘顶面的形状有凸顶、平顶和凹顶（图 4-11）。平顶气门结构简单，制造方便，吸热面积小，质量也小，应用最多；凸顶气门的刚度大，受热面积也大，用于某些排气门；凹顶气门质量小，惯性小，与杆部的过渡有一定的流线型，可以减小进气阻力，常用作进气门。

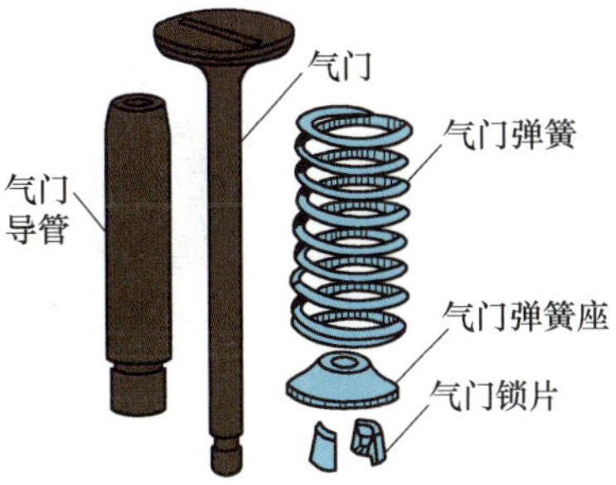


图 4-10　气门组件

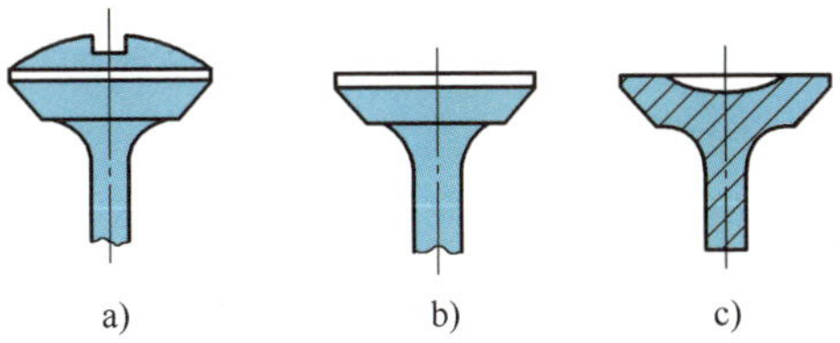


图 4-11　气门顶形状

a）凸顶　b）平顶　c）凹顶

气门盘有一个密封锥面，其锥角 $\alpha$ 一般为 30°~45°，工作中由于气门与气门座之间的撞击及高温气体作用，使密封锥面产生磨损和凹陷，应注意修磨或更换。

气门杆与弹簧连接有两种方式，一种是锁夹式，另一种是锁销式。

**1. 气门座**

气缸盖的进、排气道与气门锥面相贴合的部位称为气门座。它与气门锥面紧密贴合，以密封气缸。气门座可在气缸盖上直接镗出，但大多数发动机的气门座是用耐热合金钢单独制成座圈的（称为气门座圈），压入气缸盖（体）中，以延长使用寿命和便于维修更换。

**2. 气门导管和油封**

气门导管（图 4-10）的作用是在气门做往复直线运动时进行导向，以保证气门与气门座之间的正确配合与开闭。当凸轮直接作用于气门杆端时，承受侧向作用力并起传热作用。气门导管内、外圆柱面经加工后压入气缸盖中，然后精铰内孔。为防止气门导管在工作中脱落，有的采用卡环定位。气门与气门导管间留有 0.05~0.12mm 的微量间隙，使气门能在导管中自由运动，适量的润滑油由此间隙对气门杆和气门导管进行润滑。

**3. 气门弹簧**

气门弹簧的作用是保证气门复位。在气门关闭时，气门弹簧保证气门及时关闭和紧密贴合，同时，防止气门在发动机振动时因跳动而破坏密封；在气门开启时，保证气门不因运动惯性而脱离凸轮。气门弹簧多为圆柱形螺旋弹簧。发动机装一根气门弹簧时，采用不等距弹簧，以防止共振；装两根弹簧时，弹簧内、外直径不同，旋向不同，它们同心安装在气门导管的外面，不仅可以提高弹簧的工作可靠性，防止共振的产生，还可以降低发动机的高度。

## 三、凸轮轴组件

气门传动组主要为凸轮轴组件。

凸轮轴组件由凸轮轴、凸轮轴衬套和止动凸缘等组成（图 4-12）。

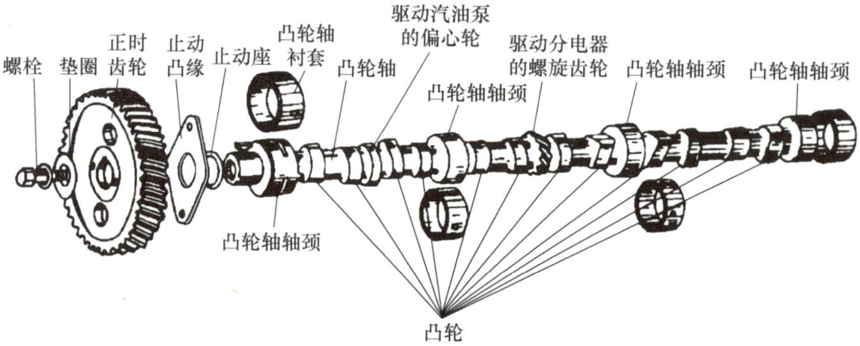


图 4-12 凸轮轴组件

凸轮轴上加工有进、排气凸轮，用以保证各缸进、排气门按一定的工作次序和配气相位及时开闭。凸轮的轮廓决定了气门升程、气门开闭的持续时间和运动规律。凸轮磨损，直接影响气门开闭特性和发动机的动力经济等性能。

从各缸进、排凸轮的排列，可以判断出发动机的工作顺序。若上述 4 缸发动机凸轮轴各缸的进（或排）气凸轮排列如图 4-13 所示（从凸轮轴前端看），转动方向为逆时针，则可判断出该发动机的工作顺序为 1-2-4-3。

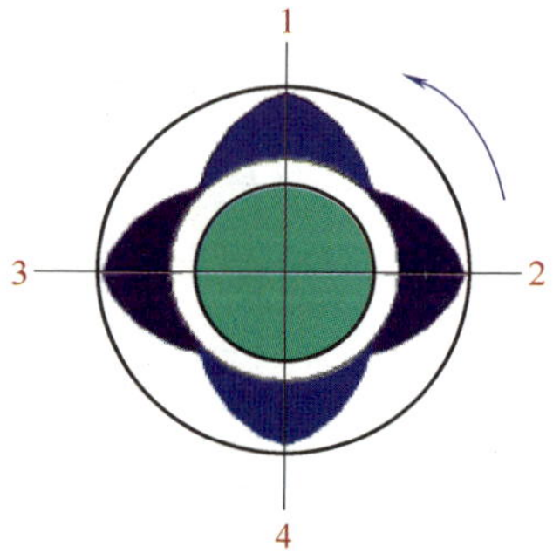


图 4-13 4 缸发动机工作顺序判断

对于下置凸轮轴的汽油机，还加工有驱动机油泵、分电器的螺旋齿轮和驱动汽油泵的偏心轮。

凸轮轴通过衬套支撑在发动机机体上，由正时齿轮驱动，曲轴每旋转两圈，凸轮轴转一圈，每个气缸进行一次进气和排气，且各缸进气或排气间隔相等。

为了防止凸轮轴轴向窜动，需要进行轴向定位。常见的定位装置如图 4-14 所示，止动片安装在正时齿轮和凸轮第一轴颈之间，且留有一定间隙。调整止动片的厚度，可控制其轴向间隙大小。

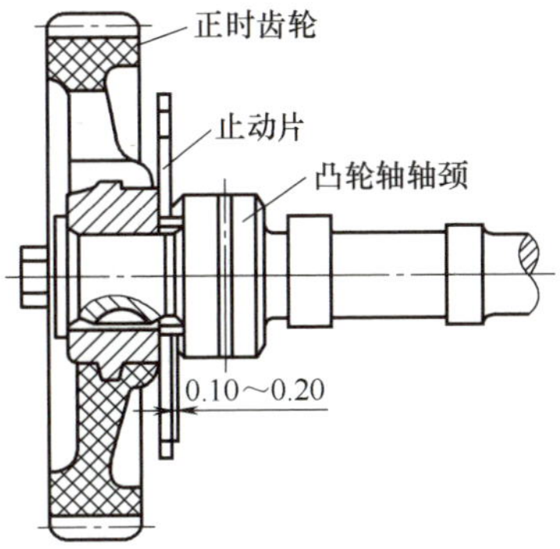

图 4-14 凸轮轴的轴向定位

## 四、凸轮轴传动机构

凸轮轴驱动机构是指驱动凸轮轴转动的机构，有齿轮传动、链传动和同步带传动。传动机构安装时应特别注意曲轴正时齿轮（或链轮、带轮）与凸轮轴正时齿轮（或链轮、带轮）的相互位置关系。若安装不当，将严重影响发动机的动力经济性能，甚至无法进行工作。一般制造厂在其出厂时都打有配对记号，应严格按要求安装。如图 4-15 所示，齿轮上的点 *A* 应与点 *B* 相互对齐。

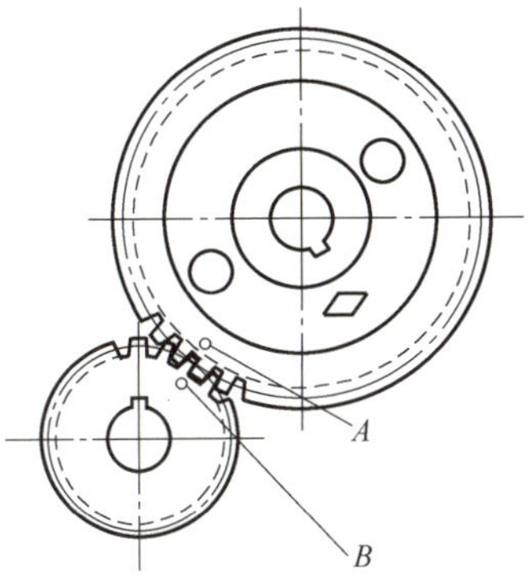

图 4-15 正时齿轮安装记号

## 五、气门驱动机构

气门驱动机构是将凸轮轴的旋转运动变为气门往复运动的机构，主要由气门挺柱、推杆、摇臂和摇臂轴等组成（图 4-5）。

（1）挺柱 挺柱的作用是将凸轮的推力传给推杆或气门，承受凸轮旋转时传来的侧向力并传给发动机机体。

挺柱工作时，由于受凸轮侧向推力的作用，会引起挺柱与导管间的单面摩擦。为了减少单面摩擦及磨损，一般采用菌形挺柱、平面挺柱和桶形挺柱（图 4-16）。

（2）推杆（图 4-17） 推杆位于挺柱与摇臂之间，其作用是将挺柱传来的推力传给摇臂。其上端的凹槽与摇臂上的球头相接触，下端的凸头与挺柱的凹槽相接触。

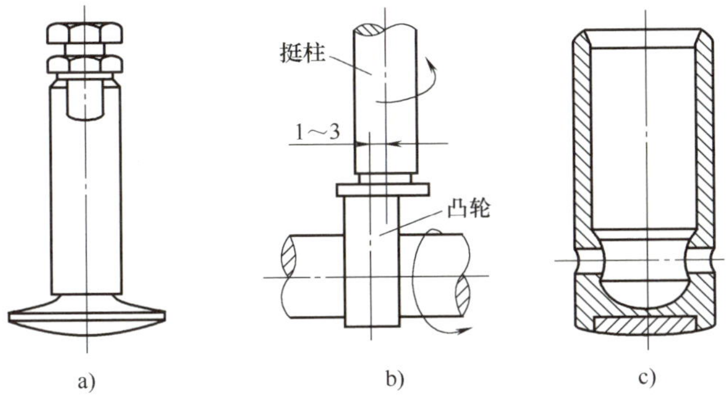

图 4-16 气门挺柱的形状

a）菌形挺柱 b）平面挺柱 c）桶形挺柱

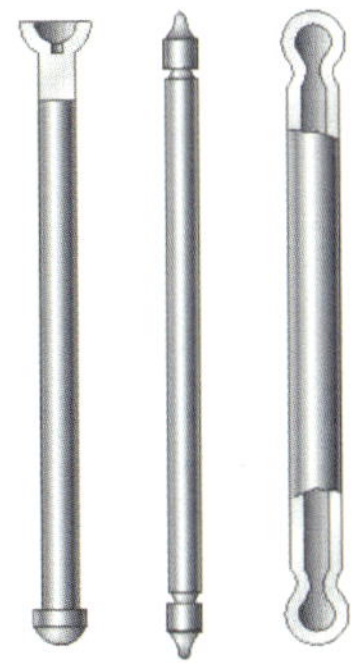
图 4-17 推杆

（3）摇臂（图 4-18） 摇臂实际上是一个双臂杠杆，其作用是将挺柱传来的运动和作用力改变方向，作用到气门杆端，开、闭气门。同时利用两边臂的比值（称为摇臂比）来改变气门的升程。

摇臂与气门杆端接触部分接触应力高，且有相对滑移，磨损严重，因此在该部分常堆焊有硬质合金。摇臂通过青铜衬套或滚针轴承支承在空心的摇臂轴上，再一起固定在

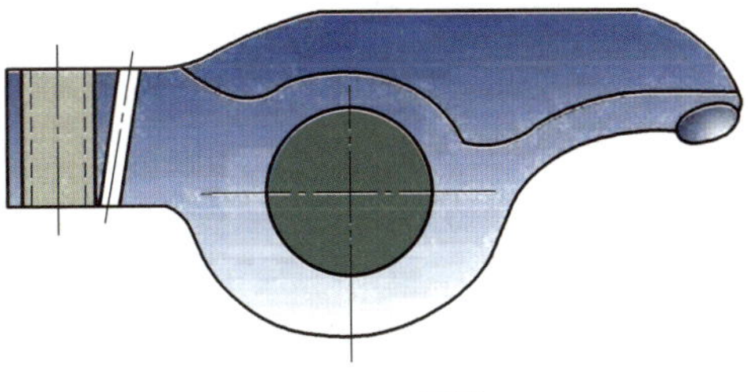
图 4-18 摇臂

摇臂轴支座上，与气缸盖相连。为了防止摇臂窜动，相邻两摇臂之间装有弹簧。摇臂内一般钻有油道，与摇臂轴中心相通。压力机油充满摇臂轴中心，并从摇臂油孔流出，润滑挺杆及气门杆端等零件。

## 六、可变配气机构

传统的发动机配气定时在发动机制造装配好之后便无法改变。但理想的配气定时应随着发动机的转速、负荷及其他工况而改变。例如发动机低速时，在气门重叠角范围内，由于气流惯性的减弱，可能造成废气倒流，转矩不足，尤其当转速在 1000r/min 以下时，更为明显；而在高转速时，由于进气行程的时间非常短促，造成进气不足、排气不净、功率下降。

现代轿车发动机转速已达 6000~9000r/min，为了使发动机在高转速时能提供较大的功率，在低转速时能产生足够的转矩，已有不少采用可变进气控制系统，能根据发动机的运行状况改变气门升程和配气定时。可变配气控制系统种类较多，归纳起来可以分为两种：一种是气门正时和气门升程均可改变的可变配气控制系统，如本田的 VTEC 系统和丰田的 VTTL 系统等；另一种是只改变气门正时的可变配气控制系统，如丰田的 VVT-i 系统和现代的 CVVT 系统等。

### 1. 本田 VTEC 系统的结构与工作原理

日本本田汽车公司于 1989 年推出了“可变气门配气相位和气门升程电子控制系统”（VTEC 系统），是世界上第一个能同时控制气门正时和气门升程两个参数的气门控制系统，i-VTEC（intelligent-VTEC）系统是 VTEC 系统的改进型。

（1）VTEC 系统的基本结构　图 4-19 所示为本田 ACCORD（雅阁）F23A 和 F20B1 发动机的 VTEC 机构。其主要由气门、凸轮、摇臂和同步活塞等组成。

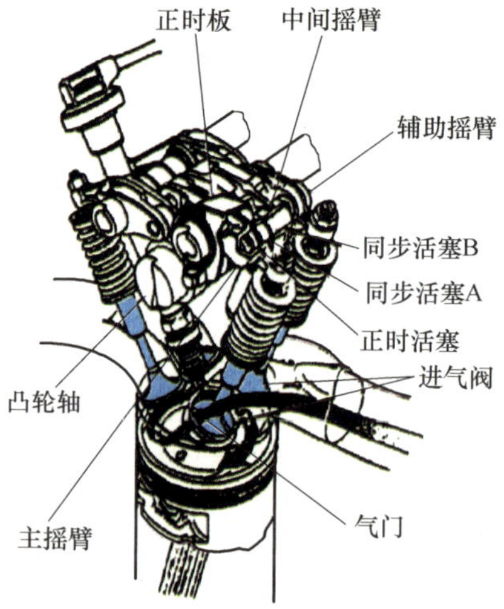

图 4-19　VTEC 系统的结构

凸轮轴对应于每一缸有 5 段凸轮参加工作（图 4-20），其中，排气凸轮与常规排气凸轮相同。进气有三个凸轮，主进气凸轮有较大的进气提前角和较大的气门升程，辅助进气凸轮有较小的进气提前角和气门升程，还增加了一个中间进气凸轮，其具有最大的进气提前角和最大的气门升程。

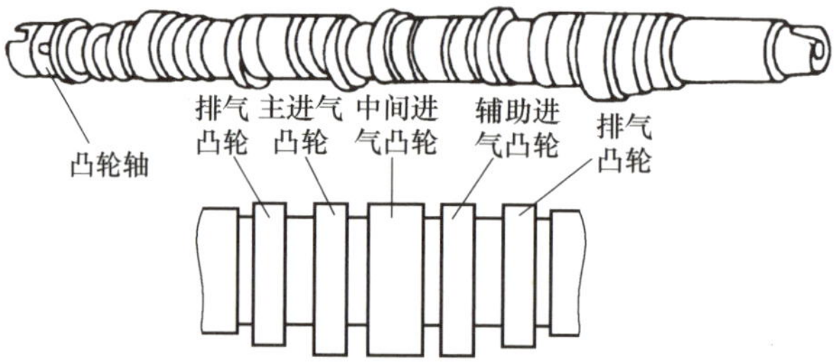

图 4-20　5 段工作凸轮

三个进气凸轮分别驱动三根摇臂（图 4-21），与主凸轮、辅助凸轮和中间凸轮相对应的摇臂分别为主摇臂、辅助摇臂和中间摇臂。三根摇臂内部装有由液压控制移动的同步活塞和正时活塞等。

（2）VTEC 系统的工作原理

1）工作过程。发动机低速时，VTEC 机构的油道内没有机油压力，正时活塞、同步活塞和定位活塞在回位弹簧的作用下都处于左端（图 4-22），正时板卡入正时活塞，使其不能移动，此时正时活塞和同步活塞 A 正好处在主摇臂内，同步活塞 B 处在中间摇臂内，定位活塞处在辅助摇臂内，使三根摇臂分离，彼此独立工作。主凸轮和辅助凸轮分别推动主摇臂和辅助摇臂，控制两个进气门的开闭。主凸轮升程较大，驱动的气门开度较大；辅助凸轮升程较小，驱动的气门开度较小。这时中间摇臂虽然也被凸轮驱动，但因为三个摇臂彼此分离独立，中间摇臂并不参与工作，对气门动作无影响。发动机低速时，VTEC 系统工作和普通发动机相似。

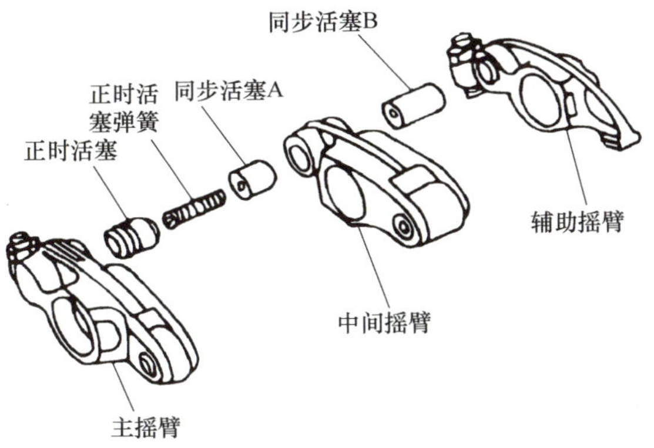


图 4-21 摇臂组件

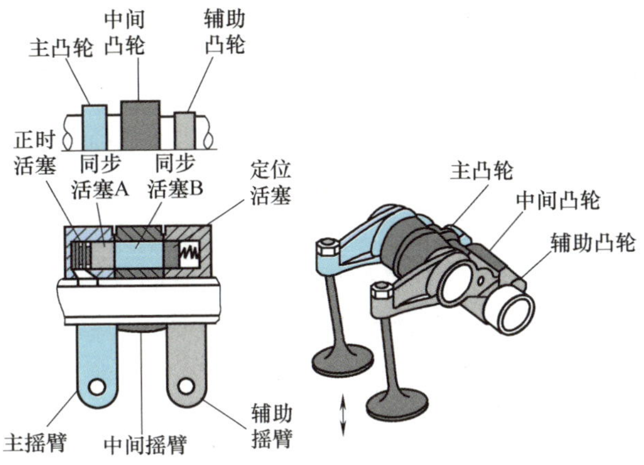


图 4-22 发动机低速运转

发动机达到某一个设定的高转速（如 3000r/min）时，由 ECU 传来的信号打开 VTEC 系统电磁阀，压力机油通过摇臂轴上的油孔（图 4-23）进入正时活塞，正时板移出，推动摇臂内的正时活塞，使三根摇臂锁成一体。由于中间凸轮升程最高，摇臂锁成一体后由它驱动，进气门开启时间延长，升程增加。所以发动机高速运转时，VTEC 系统改变气门正时和气门升程，使发动机功率和转矩增大。

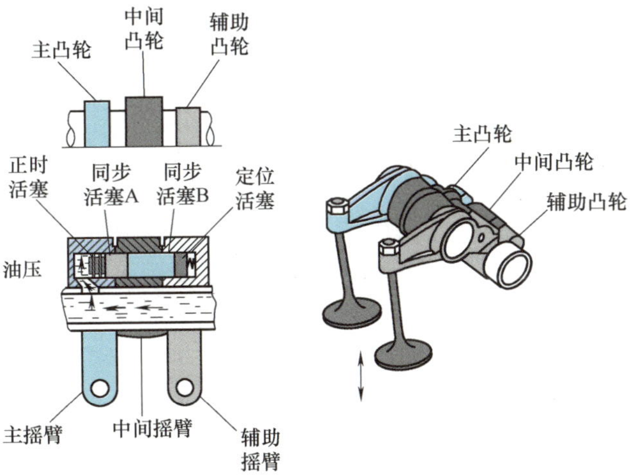


图 4-23 发动机高速运转

当发动机转速再次降低到某一个设定的低转速时，VTEC 系统电磁阀断电，切断油路，摇臂内的液压随之减小，活塞在回位弹簧的作用下退回原位，三根摇臂再次分离，独立工作。

2）工作过程控制。VTEC 系统的气门工作状态的切换由控制系统控制（图 4-24），其主要由传感器、控制单元和执行器组成。发动机控制单元（ECM/PCM）根据转速传感器、车速传感器、冷却液温度传感器、负荷传感器等信号进行判断，输出相应的控制信号，通过电磁阀调节摇臂内活塞液压系统，使发动机在不同的工况下由不同的凸轮控制，从而使进气门的开度和正时处于较佳状态。VTEC 电磁阀开启后，控制系统通过压力开关反馈一个信号给 ECU，以监控系统工作。

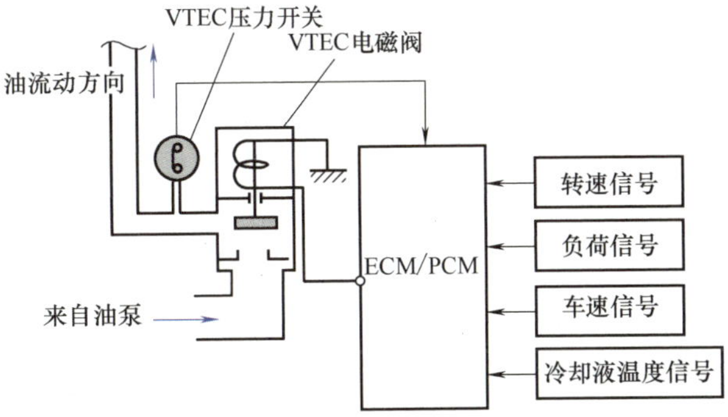


图 4-24 VTEC 控制系统

（3）i-VTEC 系统 i-VTEC 系统是在 VTEC 系统的基础上，增加了一个“可变正时控制”（Variable Timing Control，VTC），即一组进气门凸轮轴正时可变控制机构，通过 ECU 控制程序，控制进气门的开启和关闭。其工作原理是当发动机低转速时，令每缸其中一只进气门关闭，让燃烧室内形成一道稀薄的混合气涡流，聚集在火花塞周围点燃做功。发动机高转速时，在原有基础上增大进气门的开度、延长开启时间，以获取最大的充气量。VTEC 令气门重叠时间更加精确，达到最佳的进、排气门重叠时间，并将发动机功率提高 20%。由于发动机一起动后 i-VTEC 系统就进入工作状态，不论低转速或高转速 VTEC 都在工作，也就消除了原来 VTEC 系统非连续控制配气正时的缺陷。

**2. 丰田 VVT 系统的结构与工作原理**

VVT 系统是丰田汽车公司的可变气门正时系统的英文缩写，丰田汽车的发动机已普遍安装了 VVT 系统。丰田的 VVT 系统可连续调节气门正时，但不能调节气门升程。其工作原理是当发动机由低速向高速转换时，电子计算机自动将机油压向进气凸轮轴驱动齿轮内的小涡轮，这样在压力的作用下，小涡轮就相对于齿轮壳旋转一定的角度，从而使凸轮轴在60°的范围内向前或向后旋转，从而改变进气门开启的时刻，达到连续调节气门正时的目的。涡旋角度可大幅提升进气的速度与产生涡旋增加雾化效果，达到提升发动机效能。

VVT-i（智能可变气门正时）系统（图 4-25）是一种控制进气凸轮轴气门正时的机构，在进气凸轮轴与传动链轮之间装有油压离合装置。VVT-i 系统根据发动机状态使用计算机来最优地控制进气门的开启和关闭正时。此系统使用液压来改变进气门的开启和关闭正时，使进气效率、转矩、功率输出和燃油经济性得到提高且排气更为清洁。除 VVT-i 系统外，还有 VVTL-i 系统（智能型可变气门正时和升程），在高速转动时可增加气门升程量和提高进气效率。

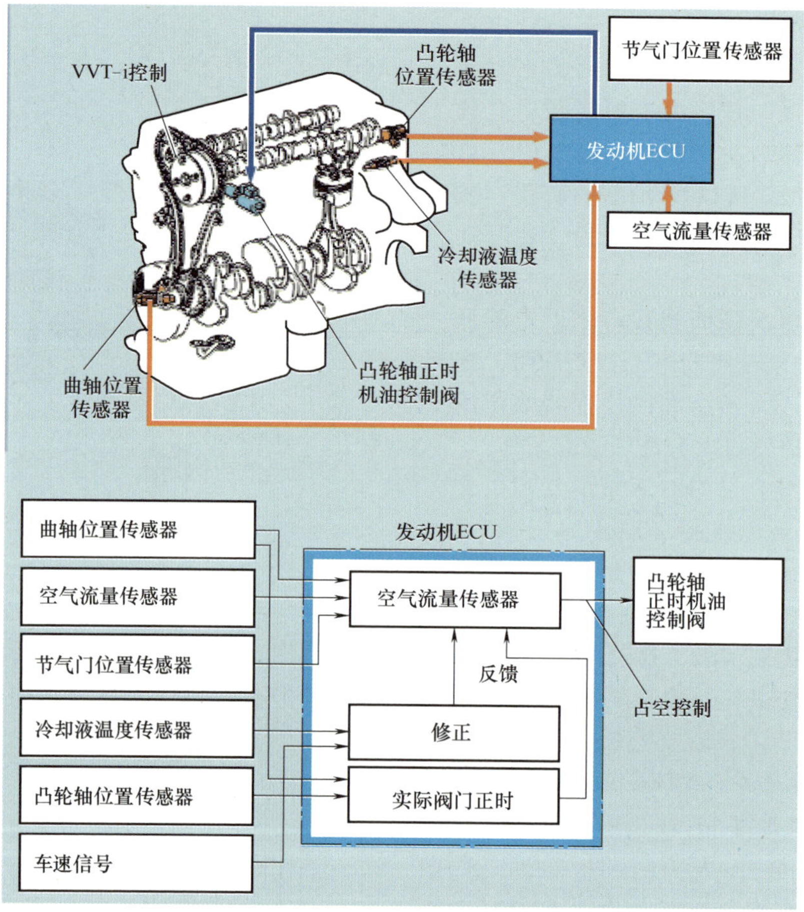


图 4-25 VVT-i（智能可变气门正时）系统

通常，气门正时（配气正时）是固定的，而 VVT-i 系统利用油压来调整进气凸轮轴转角，对气门正时进行优化，从而提高功率输出、改善燃料消耗率和减少废气排放。该系统设计用于在曲轴角约 40°范围内对进气凸轮轴进行变动，从而对气门正时进行控制，以获得最适合发动机状态的气门正时。

## 七、配气机构常见故障

配气机构常见故障的现象、原因及诊断与排除方法见表 4-1。

**表 4-1 配气机构常见故障的现象、原因及诊断与排除方法**

| 故障 | 故障现象 | 故障原因 | 诊断与排除方法 |
| --- | --- | --- | --- |
| 凸轮轴响 | 在发动机上部发出有节奏较钝重的“嗒嗒”声；中速时响声明显，高速时响声杂乱或消失 | 凸轮轴轴向间隙过大，产生轴向窜动；凸轮轴有弯、扭变形；凸轮工作表面磨损；凸轮轴轴颈磨损，径向间隙过大 | 1）按上节有关内容检查凸轮轴轴向间隙。如果其轴向间隙过大，则更换止动板；严重时，应更换凸轮轴<br>2）如果凸轮轴轴向间隙正常，则表明有凸轮轴弯扭变形、凸轮磨损或凸轮轴轴颈磨损等不良现象。此时，应分解配气机构，查明具体原因，酌情更换凸轮轴 |
| 气门脚响 | 发动机怠速时，气缸盖罩内发出有节奏的“嗒嗒”声；发动机转速升高，响声增大；发动机温度变化或做断火试验，响声不变 | 气门间隙调整不当，气门杆尾端与气门间隙调整螺钉磨损，气门间隙调整螺钉的锁紧螺母松动，凸轮磨损或摇臂圆弧工作面磨损 | 1）拆下气缸盖罩，检查气门间隙调整螺钉的锁紧螺母是否松动；检查气门间隙值，并视情重新调整<br>2）检查气门杆尾部端面和调整螺钉的磨损情况，必要时更换气门或调整螺钉<br>3）检查凸轮与摇臂圆弧工作面的磨损情况，视情况更换凸轮轴或摇臂 |
| 气门弹簧响 | 发动机怠速时有明显的“嚓嚓”的响声；各转速下均有清脆的响声，多根气门弹簧不良，机体有抖动现象 | 气门弹簧过软或折断 | 1）拆下气缸盖罩，用旋具撬住气门弹簧，若弹簧折断可明显地看出。若弹簧折断，应予以更换<br>2）仍用旋具撬住气门弹簧，怠速运转发动机，若响声消失，为该弹簧过软。若弹簧过软，必须更换 |
| 气门座圈响 | 有节奏的类似气门脚响，但比气门脚响的声音大很多；发动机转速一定时，响声时大时小，并伴有破碎声；发动机中低速运转时，响声较清脆，高速时响声增大且变得杂乱 | 气门座圈和气缸盖气门座圈座孔配合过盈量不足；气门座圈镶入气缸盖气门座圈座孔后，滚边时没有将座圈压牢；气门座圈粉末冶金质量不佳，受热变形以致松动 | 拆下气缸盖罩，经检查不是气门脚响和气门弹簧响，即可断定为气门座圈响。分解配气机构后进一步检查，必要时，铰削气门座圈座孔，更换松动的气门座圈，并保证其压入后有足够的过盈量 |

## 思考题

1. 确定 1 缸压缩上止点位置的方法有哪些？
2. 气门间隙如何检查与调整？
3. 如何正确检查调整一台发动机的配气定时？
4. 双顶置凸轮轴配气机构的基本组成和工作原理是什么？
5. 本田 VTEC 系统的基本组成和工作原理是什么？

## 测试题

测试题

# 项目五 进排气系统

## 学习目标

| 知识目标 | 能力目标 | 素养目标 |
|---|---|---|
| 1. 掌握进、排气系统的作用与组成、主要零部件<br>2. 掌握增压系统的控制原理<br>3. 掌握电子节气门的组成和控制原理 | 1. 能清洗电子节气门<br>2. 能读取进气系统相关数据流<br>3. 能列出进、排气系统的常见故障，并分析故障原因 | 1. 通过查询资料，养成使用汽车维修手册的自主学习习惯<br>2. 培养安全意识、劳动意识和创新意识 |

## 情景导入

一辆奥迪 A4（B9）到店维修，车主抱怨车辆出现发动机动力不足、加速不良故障，不仅要求检修车辆，还希望维修技师解释进气系统、排气系统的结构、工作原理以及常见故障。假设你是维修技师，请完成检修任务并回答客户提出的问题。

## 知识提升

## 学习模块一 发动机进气系统

### 一、进气系统的作用与组成

#### 1. 进气系统

进气系统的作用是使新鲜空气清洁、顺畅、安静地进入气缸，并且能计量进气量、控制进气量及进气状态。发动机进气系统包括从进气口到进气门之间的所有零部件，如图 5-1 所示。进气系统由进气导流管、空气滤清器、进气总管、节气门、稳压腔和进气歧管等组成。在进气管路里设有进气管绝对压力传感器或空气流量传感器，某些车型还带可变进气系统及增压系统。

发动机进气控制系统主要对进气量和进气状态进行控制。进入气缸的空气量越多，发动机的功率越大，所以提高气缸的充气效率是在不改变排量的前提下提高功率的主要途径。空气进入气缸的流速及方向等状态会影响混合气的燃烧效率。

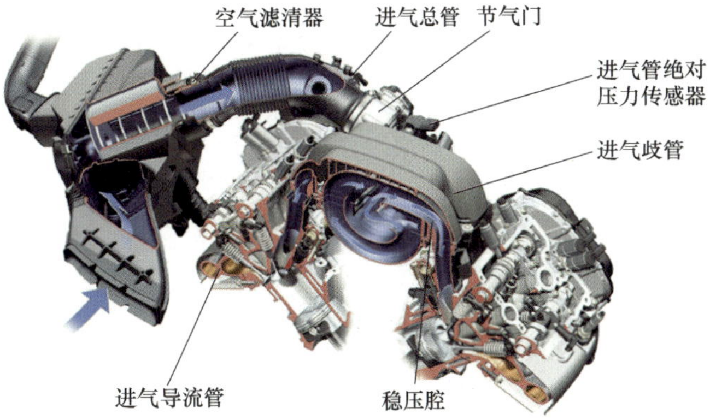

图 5-1 进气系统

### 2. 充气效率

充气效率即充量系数，是指内燃机每个工作循环内，发动机气缸内实际吸入气缸的新鲜空气质量与充满气缸工作容积的理论空气质量的比值。它反映了进气过程的完善程度，是衡量不同发动机性能和进气过程完善程度的重要指标。影响充气效率的因素包括进气门关闭时缸内的压力，进气门关闭时缸内的气体温度，残余废气量，进、排气相位角，发动机压缩比和进气状态。

提高充气效率的技术措施有降低进、排气过程中的阻力损失，采用可变配气技术，合理利用进气谐振，采用增压中冷技术。

## 二、进气系统的主要零部件

### 1. 空气滤清器

（1）空气滤清器的作用　空气滤清器是去除新鲜空气中尘埃和油雾的装置。实验证明，空气尘埃中 75%以上是高硬度的 $SiO_2$，若发动机不装空气滤清器，将使活塞磨损量增加 3 倍，活塞环磨损量增加 9 倍，发动机使用寿命缩短 2/3。

（2）空气滤清器的基本结构　以现代轿车常用的干式纸滤芯空气滤清器为例，在滤清器壳体内装有纸滤芯。它是用经过树脂处理的微孔滤纸做成的，滤芯的上、下两端由塑料密封圈密封，如图 5-2 所示。发动机工作时，空气由盖与外壳间的空隙进入，经纸滤芯过滤，进入进气总管。

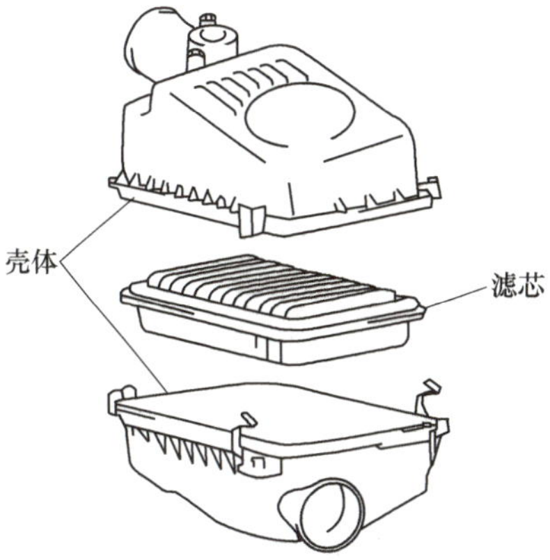

图 5-2 干式纸滤芯空气滤清器

（3）空气滤清器的分类　空气滤清器按工作原理分有惯性式和过滤式两大类。惯性式空气滤清器利用气流高速旋转的离心力作用，将空气中的尘埃和杂质分离；过滤式空气滤清器利用滤芯材料滤除空气中的尘埃和杂质。根据发动机使用环境的不同，可以采用其中的一种或两种（也称为综合式）过滤方式。

其按滤芯材料分有纸滤芯式和钢丝网滤芯式等。纸滤芯具有重量轻、成本低、滤清效果好等优点。纸滤芯有干式和湿式两种。湿式滤芯经油浸处理，使用寿命长，滤清效果好，但不能反复使用，需定期更换，如图 5-3a 所示。干式滤芯可以反复使用，广泛应用于汽车发动机上，如图 5-3b 所示。

### 2. 进气管系

进气管系由进气总管和进气歧管组成，如图 5-4 所示。

（1）进气总管　进气总管指空气滤清器至进气歧管之间的管道。为了提高发动机的充气效率，通常按有效利用进气压力波的原理设计进气管的长度、形状和结构。进气总管上常附有各种形状的气室，以减小节气门开度频繁变化时的进气脉动。在电控燃油喷射发动机中，进气总管装有空气流量传感器或进气压力传感器，以便对进入气缸的空气量进行计量。

（2）进气歧管　进气歧管指进气总管后向各气缸分配空气的歧管。进气歧管的温度很重要，因为若温度太低，汽油将凝结在管壁上，混合气雾化不良，应进行适当的加热，以利于燃油的蒸发；但若加热过度，将减少进入气缸的气体，使发动机的功率下降。通常的加热方式有陶瓷热敏电加热、排气加热及循环冷却液加热等。

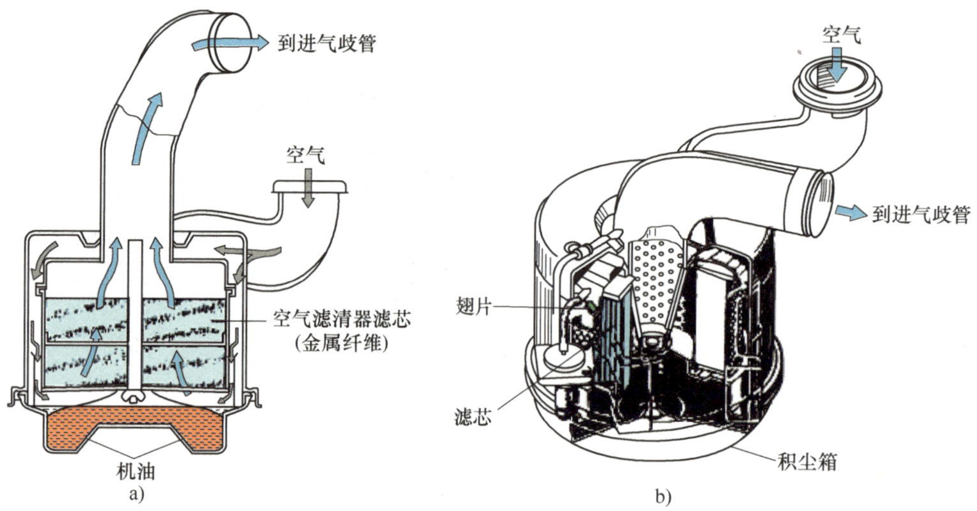


图 5-3 空气滤清器

a）湿式滤芯 b）干式滤芯

（3）可变进气管控制系统　发动机工作时，由于进气过程具有间歇性和周期性，空气在进气管内流动时会产生一种压力波，对发动机的进气量会产生一定影响。例如在进气门关闭前，传到进气门处的是正压波，以较高压力将空气送入气缸内，起到增压的作用，提高进气量。进气管长度、直径等进气系统参数都会改变进气压力波，因而适当调整和控制这些参数，可有效地利用进气压力波提高充气效率。

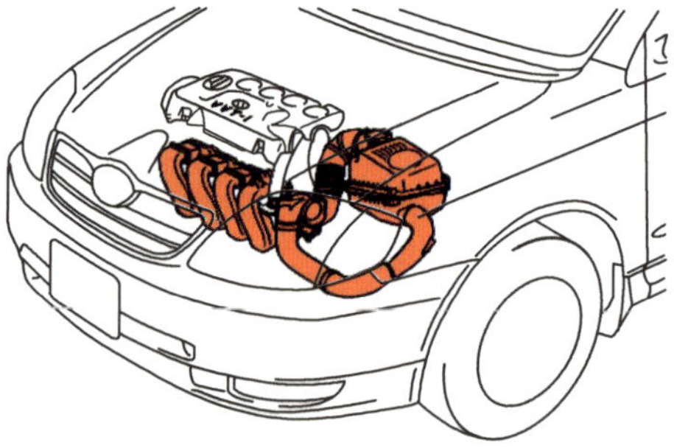

图 5-4 发动机进气管系

对于由一定长度和直径的进气支管、进气总管和气室组成的进气系统，在一定的转速范围内，可以增加进气量和发动机转矩，但不能同时兼顾高、低转速时的进气量和转矩。为了充分利用进气波动效应，现代电控发动机采用了谐波进气控制系统（ACIS），即可变进气管系统。在中低转速时，较细长的进气管充气效果较好；在高转速时，粗短的进气管充气效果较好。因此，对于采用多点燃油喷射系统的汽油机来说，可以按照气体压力波传播的特点设计进气道，使进气道的长度和形状都改变，利用进气动态效应来提高充气效率。

进气管长度可变结构（图 5-5）为一种能根据发动机转速变化而自动改变进气管有效长度的进气控制系统。当发动机中低速时，发动机控制 ECU 指令转换阀关闭，空气沿弯曲而细长的进气歧管进入气缸。细长的进气歧管增强了气流的惯性，提高了进气速度，进气增多。当发动机高速运转时，转换阀开启，空气直接进入短粗的进气歧管。短粗的进气歧管阻力小，使进气增多。

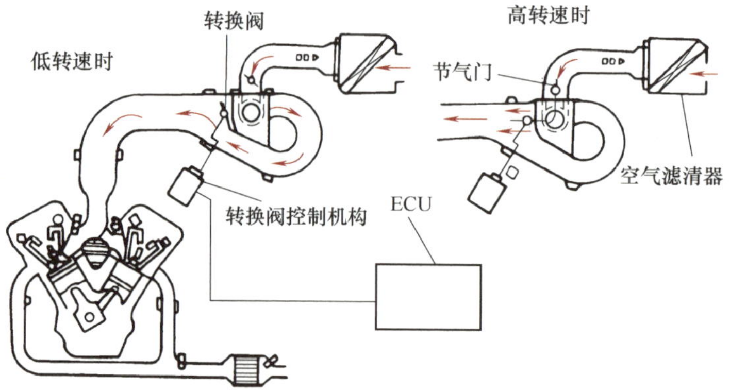


图 5-5 进气管长度可变结构

进气管截面可变结构（图 5-6）为一种能根据发动机转速变化而自动改变进气管有效截面的进气控制系统。图 5-6 中显示每个气缸有四个气门，两个进气门各配有一个进气管道，其中，一个进气通道中装有进气转换阀。在发动机低速中、小负荷时，转换阀关闭，只利用一个进气通道，即发动机进气通道的有效截面变小，此时进气流速提高，进气惯性大，可提高发动机转矩。当发动机高转速大负荷工作时，发动机控制 ECU 指令转换阀开启，两条进气通道同时工作，此时进气截面增大，进气阻力减小，充气量增加，可提高发动机高速时动力性。

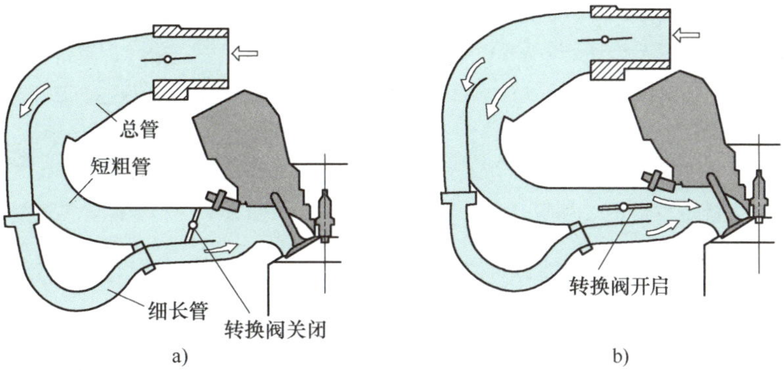


图 5-6 进气管截面可变结构

a）中、低转速工作时 b）高转速工作时

有一些进气可变系统可以同时控制进气管道的长度与直径（有效截面）。

### 3. 空气流量传感器

进气量是电控汽油发动机的一个关键参数，精确计量空气量对准确控制喷油量和点火正时十分重要。空气量的计量方法有进气管绝对压力传感器式间接测量法和空气流量传感器式直接测量法两种，后者可分为体积流量型和质量流量型，体积流量型有叶片式和卡门旋涡式，质量流量型有热线式和热膜式（目前常用）。

（1）热线式空气流量传感器 热线式空气流量传感器（图 5-7）主要由感知空气流量的铂金热线、温度补偿电阻（也称为冷线）、精密电阻、混合电路板、采样管、保护网和接线座等组成。

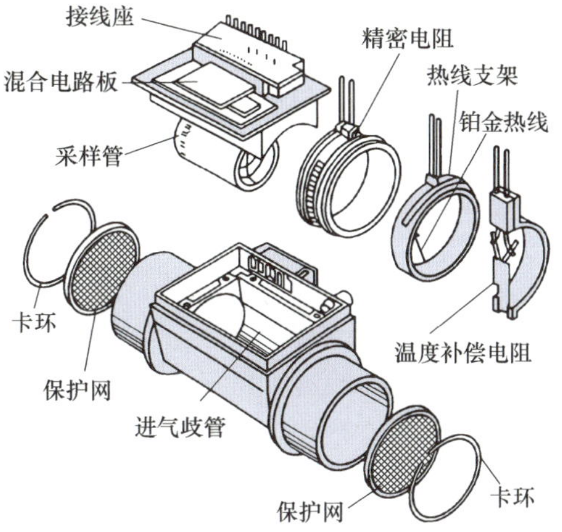


图 5-7 热线式空气流量传感器的结构

热线式空气流量传感器的工作原理图如图 5-8 所示，由设置在进气管道中的铂金热线电阻 $R_H$、温度补偿电阻 $R_K$ 和精密电阻 $R_A$、电桥电阻 $R_B$ 组成惠斯顿电桥。控制电路 A 使热线温度与进气温度之差保持在大约 100℃，当流经热线的空气质量流量越大，被带走的热量就越多，要保持热线温度与进气温度之间的温差恒定，必须增加通过热线的电流，利用热线与空气之间的这种热交换传递现象进行空气流量测量。它所测量的是空气质量，不需要进行温度和压力修正。为了清除铂金热线上的污物，提高进气量测量的准确度，热线式空气流量传感器还具有自洁功能，在每次停机后，发动机 ECU 给铂金热线加高温（约为 1000℃）1~2s。热线式空气流量传感器结构简单、进气阻力小、温度响应快，无须进行进气温度和压力修正。

（2）热膜式空气流量传感器 热膜式空气流量传感器的结构如图 5-9 所示，其结构和工作原理与热线式空气流量传感器基本相同，它将热线改成了热膜。热膜是由发热金属铂固定在薄的树脂膜上制成的，其工作可靠性和使用寿命比热线式空气流量传感器更高。

### 4. 进气管绝对压力传感器

进气管绝对压力与节气门开度和发动机转速有关，节气门开度越大，进气管压力越高（真空度越

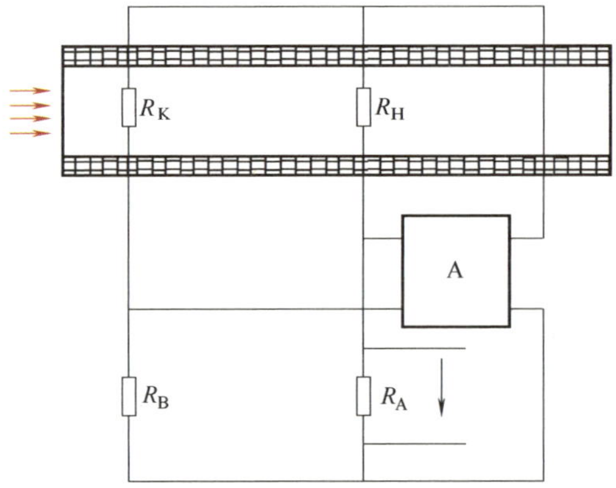


图 5-8　热线式空气流量传感器的工作原理图

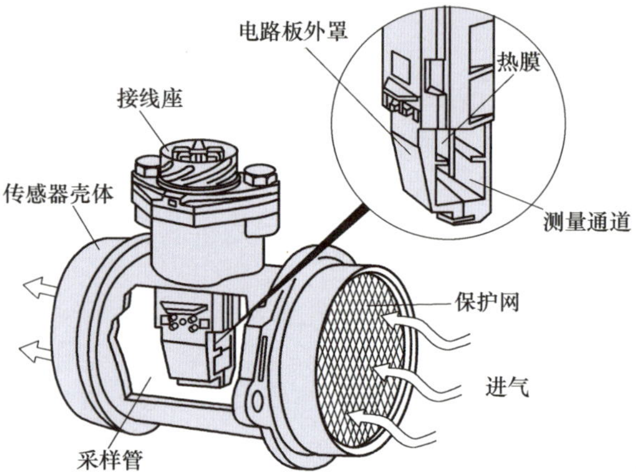


图 5-9　热膜式空气流量传感器的结构

低），当节气门全开时，进气管压力接近大气压力，因此进气管绝对压力反映了发动机负荷。通过测量进气管绝对压力和发动机转速信号，可以间接确定进入气缸的空气量。

当进气管中空气的压力发生变化时，利用集成电路的压电原理产生变化的感应电压，进而转化成压力信号，也就是把进气管绝对压力变化转化成电信号频率的变化，输入发动机 ECU 进行处理，可以确定进气量，如图 5-10 所示。

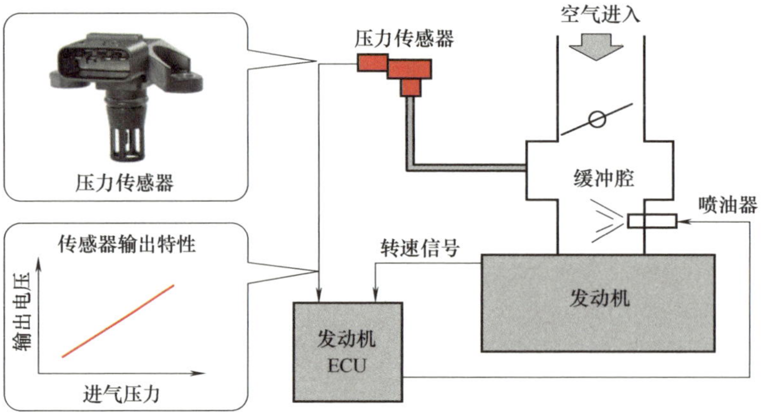


图 5-10　压力传感器的工作原理图

**5. 进气温度传感器**

进气温度传感器常采用高灵敏度的热敏电阻，安装在进气歧管处，其外形及安装位置如图 5-11 所示。进气温度传感器是一个 NTC 负温度系数的热敏电阻，进气温度上升时其电阻值下降。发动机 ECU 通过电阻信号识别温度，从而修正喷油量和点火提前角。

## 三、电子节气门控制

发动机通过节气门直接控制进气量。传统的机械式节气门开度由驾驶人踩动加速踏板控制，发动机控制单元无法控制节气门的开度。如果想调节发动机转矩，只能借助调节点火正时和喷油时间等参数来实现。如果采用电子节气门（图 5-12）调节，发动机控制单元可以根据驾驶人意愿、尾气排放状况、油耗、安全、舒适等要求来确定节气门应处的位置，并结合增压压力、喷油时间、关闭某缸以及点火提前角控制来实现对发动机转矩的最优化处理。

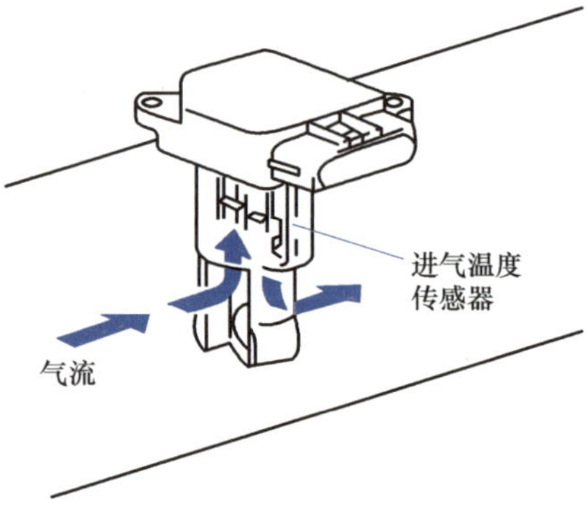


图 5-11　进气温度传感器的外形与安装位置

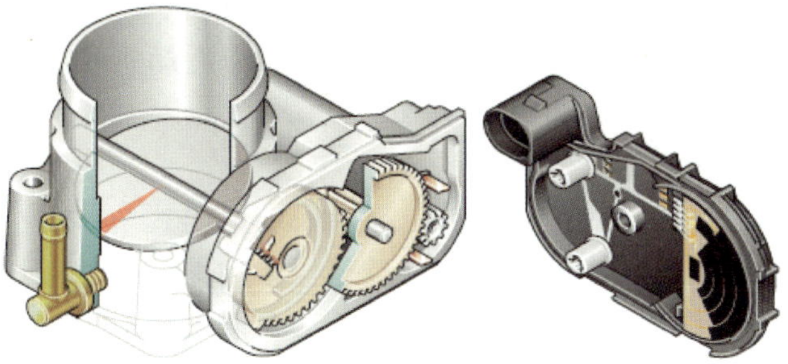

图 5-12 电子节气门

电子节气门的主要功能包括：

1）怠速控制：能够根据各种负荷变化，保持怠速的稳定性。

2）部分负荷与全负荷的进气量控制：能够根据驾驶人的需求完成对应的进气量控制。

3）失效模式：当电子节气门失效后，能够保证一定的行驶能力。

4）安全机制：当电子节气门的信号出现问题后，能保证不出现意外的节气门动作。

### 1. 电子节气门

电子节气门控制系统的组成包括发动机控制单元、加速踏板、节气门体电动机、节气门位置传感器、制动开关、离合器踏板开关、EPC故障指示灯、诊断接口、其他传感器（传递档位、车速、空调等信息）等，如图5-13所示。

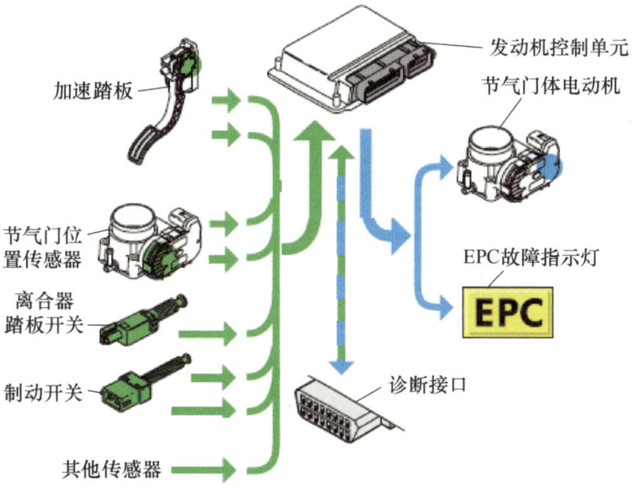


图 5-13 电子节气门控制系统的组成

节气门体里包含直流电动机、减速机构、节气门轴齿轮、节气门翻板、节气门位置传感器、电子节气门插头、弹簧等，如图5-14所示。在部分节气门体上，有冷却水路，用于防止在冬季节气门轴冻住。由于电动机技术的发展，部分车型已取消冷却水路，采用电动机直接破冰的方式。

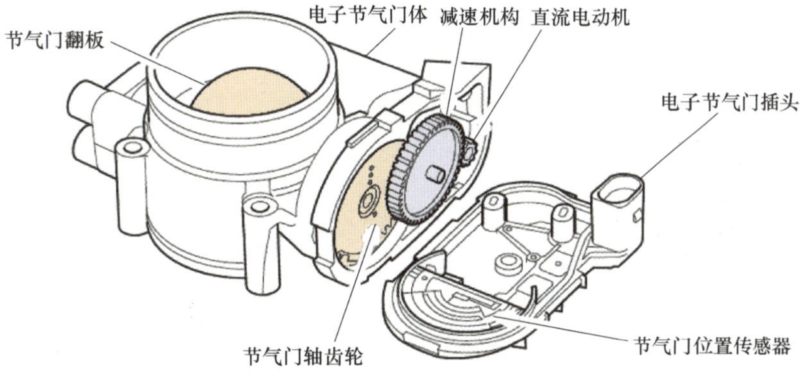


图 5-14 节气门体

发动机控制单元驱动直流电动机，电动机通过减速机构带动节气门轴齿轮旋转，节气门翻板绕节气门轴转动，从而实现打开与关闭。节气门位置传感器实时监测节气门翻板的位置，并将位置信息反馈给发动机控制单元。为了安全，节气门位置传感器采用双位置传感器，实现冗余控制。节气门体内部有两个弹簧，一个用于回位，另一个用于在节气门不工作时，保持节气门一定的开度，实现跛行功能。直流电动机使用占空比控制，可实现不同的旋转力。

节气门体的电路如图 5-15 所示：两个位置传感器共有四条线，一条共用的 5V 电源线（红色），另一条共用的搭铁线（棕色），两条信号线；右侧两条蓝色的为电动机控制线。供给电压不同可以实现不同的方向运动。

**2. 节气门位置传感器**

发动机节气门位置传感器一般有两种类型，一种为滑动电阻式节气门位置传感器，另一种为磁阻效应式节气门位置传感器。磁阻效应式节气门位置传感器采用非接触式传感器，优点是无磨损、使用寿命长，被越来越多汽车厂家采用。磁阻效应式节气门位置传感器由传感器元件（涂有铁磁性材料）和一块基准磁铁构成，如图 5-16 所示。其中，基准磁铁与节气门轴相连，如果节气门轴转动，那么磁铁的磁力线相对于传感器元件就发生改变，于是传感器元件的电阻就发生变化，传感器电子装置根据这个电阻值就可以计算出节气门轴相对于传感器的绝对转角。

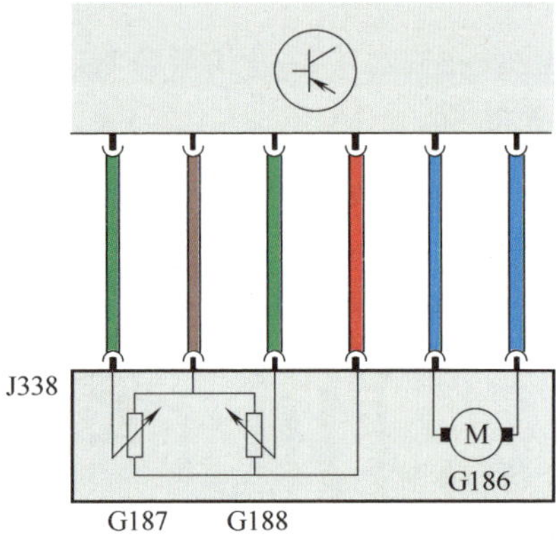

图 5-15　节气门体的电路

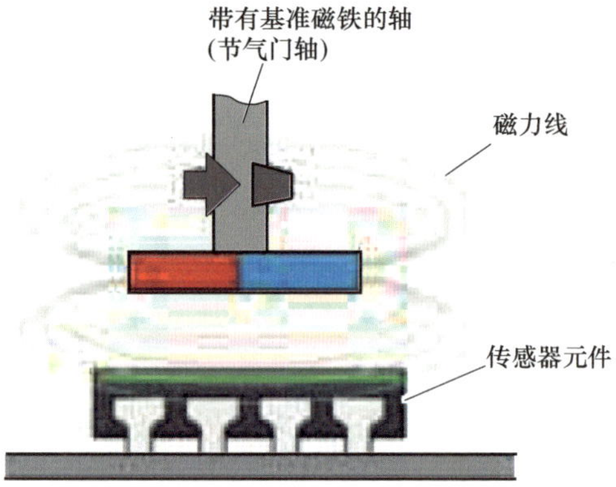

图 5-16　磁阻效应式节气门位置传感器的结构

这个传感器元件由传感器 A 和传感器 B 两个传感器构成，这两个传感器相互差 45°，每个传感器由四个电阻构成测量电桥，如图 5-17 所示。如果轴相对于某个传感器转动了，那么该传感器的电阻（$R$）就按正弦曲线变化，两个传感器就产生两个 45°相位差的正弦曲线。传感器电子装置根据这两条曲线计算出明确的角度值，并把该值发送给发动机控制单元。

为保证信号的有效性，节气门位置传感器采用双信号输出的冗余设计，如图 5-18 所示。两个传感器信号相位是相反的，在任何时刻两个信号电压相加总等于电源电压，发动机控制单元利用此关系进行传感器信号功能验证。节气门开度信息保存在发动机控制单元内部，0%认定为节气门处于最小电子开度，100%认定为节气门处于最大电子开度。两个信号中任何一个信号出现错误，节气门处于紧急运行模式，同时 EPC 警告灯亮，发动机转数限制在最高 1500r，巡航控制失效。

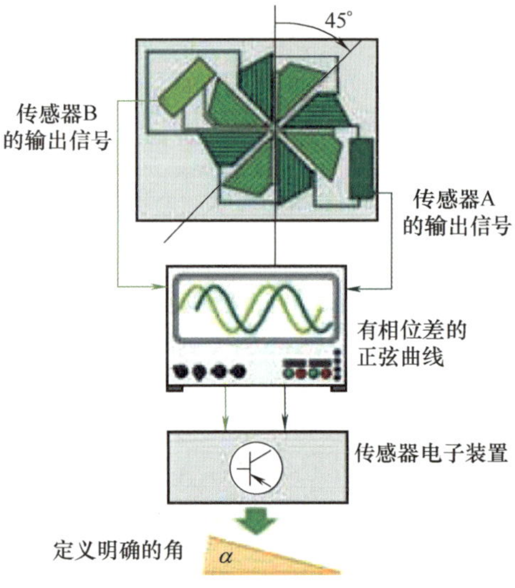

图 5-17　双信号获取

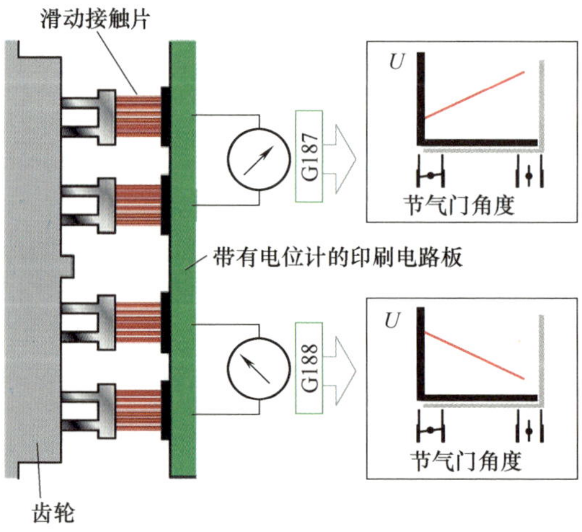

图 5-18　双信号输出

### 3. 加速踏板位置传感器

图 5-19 所示为采用滑动电阻类型的加速踏板位置传感器。当加速踏板位置变化时，内部的滑动片发生变化，输出电阻变化，传给控制单元的电压发生相应变化。如果其中一个传感器损坏，当第二个传感器在怠速位置时，车辆运行恢复，但当急加速时，会出现加速缓慢的问题，此时怠速信号通过制动开关进行确认，发动机 EPC 灯亮。如果两个传感器信号都不可靠，节气门进入紧急模式，最高发动机转速限制在 1500r/min。

加速踏板位置传感器共有六条线，每个传感器有信号线、独立的 5V 电源及搭铁线，如图 5-20 所示。

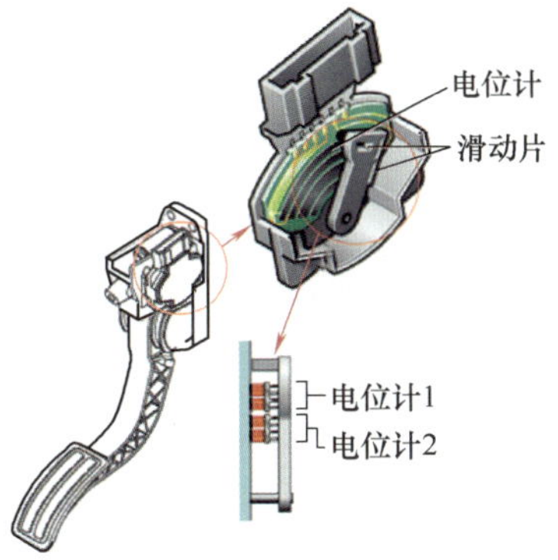


图 5-19 采用滑动电阻类型的加速踏板位置传感器

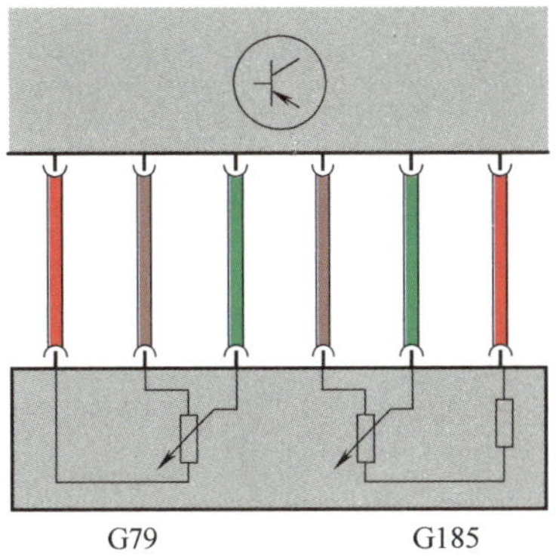


图 5-20 加速踏板位置传感器电路图

大众系列车型加速踏板位置传感器的两个信号电压具有倍数关系，即一个信号电压始终保持另一个信号电压的两倍，如图 5-21 所示。发动机控制单元利用此关系，可以判断两个信号的有效性。

EPC（Electronic Power Control）指示灯为仪表上一个黄色的故障指示灯，如图 5-22 所示。当打开点火开关后，EPC 指示灯会亮 3s，如果没有故障，指示灯会熄灭；如果系统故障，指示灯会亮；当指示出现故障时，并不会影响节气门操作，但会在发动机控制单元内存有故障码。

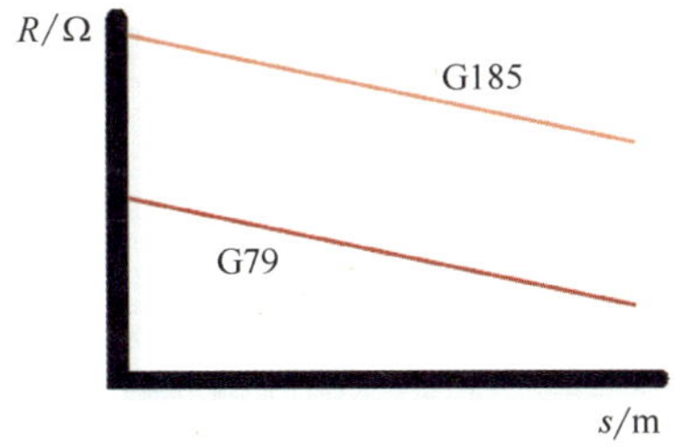


图 5-21 加速踏板位置传感器两个信号关系

图 5-22 EPC 指示灯

### 4. 制动开关

制动开关如图 5-23 所示。信号实现下列功能：当踩下制动踏板时，巡航功能解除；当加速踏板位置传感器中的一个信号失效时，它可以用于确认怠速信号。制动开关的电路如图 5-24 所示。其包括两个信号：一个常开信号，一个常闭信号，常闭信号用于制动开关的备份信号。当踩下制动踏板时，常开信号闭合，常闭信号打开；当释放制动踏板时，常开信号打开，常闭信号闭合。如果制动开关中的一个信号失效或信号不可靠，则巡航功能失效；如果加速踏板中的一个信号同时失效，发动机进入限制高怠速模式。

### 5. 离合器踏板开关

带手动变速器的汽车具有离合器踏板开关（图 5-25）。发动机控制单元利用离合器踏板开关信号实现以下功能：当踩下离合器踏板时，发动机控制单元接收一个减负荷信号，防止怠速突然升高；解除巡航操作功能。

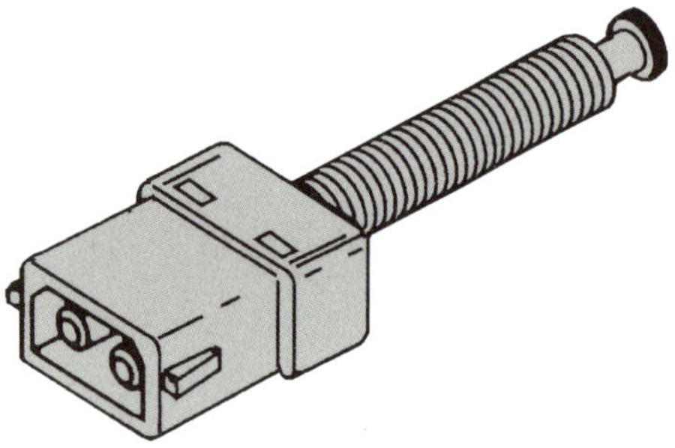

图 5-23 制动开关

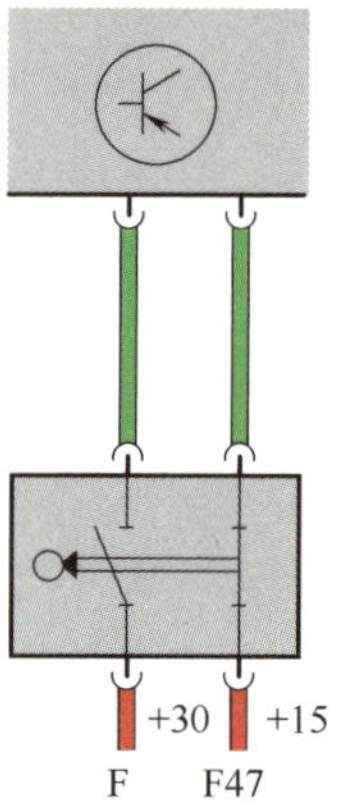


图 5-24 制动开关的电路

图 5-26 所示为离合器踏板开关的电路。当离合器踏板释放时，发动机控制单元接收一个高电位信号；当离合器踏板被踩下时，发动机控制单元接收一个低电位信号；离合器踏板没有自检功能，没有替代信号。

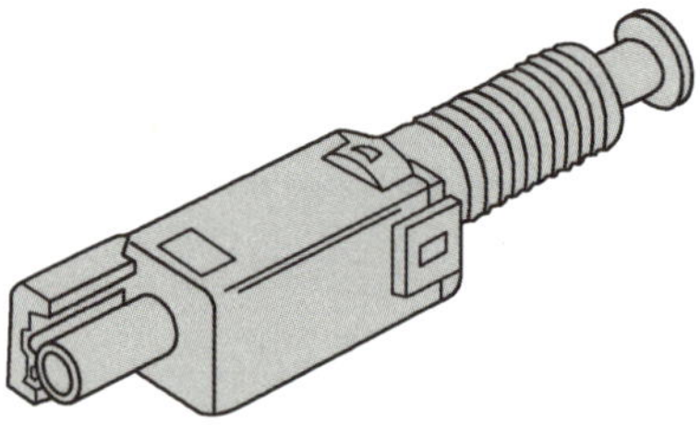

图 5-25 离合器踏板开关

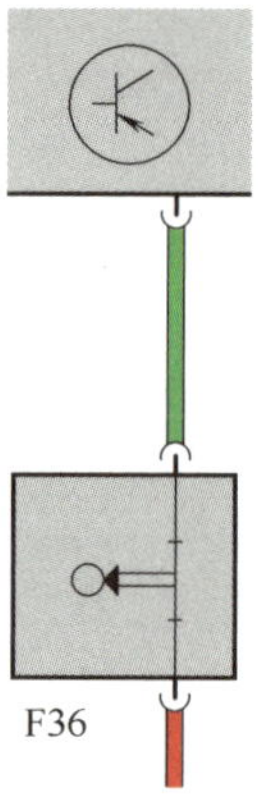


图 5-26 离合器踏板开关的电路

## 四、进气增压系统

发动机增压是将空气预先压缩后再送入气缸，可以提高进气密度、增加进气量，从而增大发动机功率，提高发动机热效率，降低排放，如图 5-27 所示。

通常，发动机的输出功率是由单位时间内烧掉的混合气量来决定的，进气量增加，功率就增大。为了增大发动机的输出功率，要么增大发动机的排量，要么提高发动机的转速。如果发动机的排气量增大，其质量也会增大。此外，运动零件的摩擦损失、振动和噪音等因素也限制了发动机转速的提高。增压技术是在不改变发动机排气量的情况下，通过增大进气量解决了提高输出功率和它与发动机轻量化、紧凑化之间的矛盾。

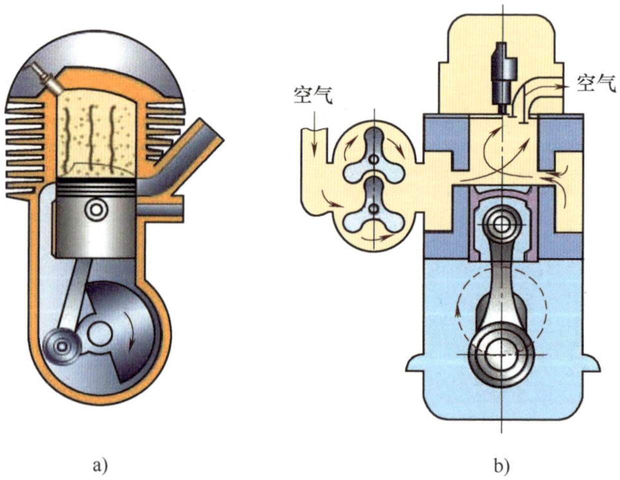


图 5-27 自然吸气与增压系统

a）自然吸气 b）增压

增压的优点：一般可增大功率 10%～60%，高的可增大两三倍，即相同功率下发动机体积更小、重量更轻；能消除大气压力变化对进气量的影响；节省燃油，加速扭矩更大。在高速、长距离路况使用时，其节油效果明显。

增压的缺点：爆燃倾向增加；发动机热负荷增大；购置成本、使用成本较高，在城市较拥堵路况油耗稍高；废气涡轮增压有“加速迟滞”现象。

与同样排量的自然进气发动机相比，带有增压的发动机，由于气体的压力增大，使进入燃烧室内的空气质量增大，发动机功率得到大幅提高。在发动机功率与燃油经济性兼顾的市场需求下，增压发动机得到了快速的发展。汽油缸内直喷技术使发动机增压的潜力更大。因为缸内直喷降低了爆燃的敏感度，也就可能使增压发动机可以选择更高的压缩比。增压一般有废气涡轮增压和机械增压两种。

### 1. 废气涡轮增压系统

废气涡轮增压是指利用排气能量推动涡轮机叶轮旋转，并带动与其同轴安装的压气机工作，将新鲜空气进行增压。废气涡轮增压不消耗发动机有效功率，具有一定的消声作用，并进一步减少排气中的有害成分。废气涡轮增压系统主要由以下部件（图 5-28）组成。

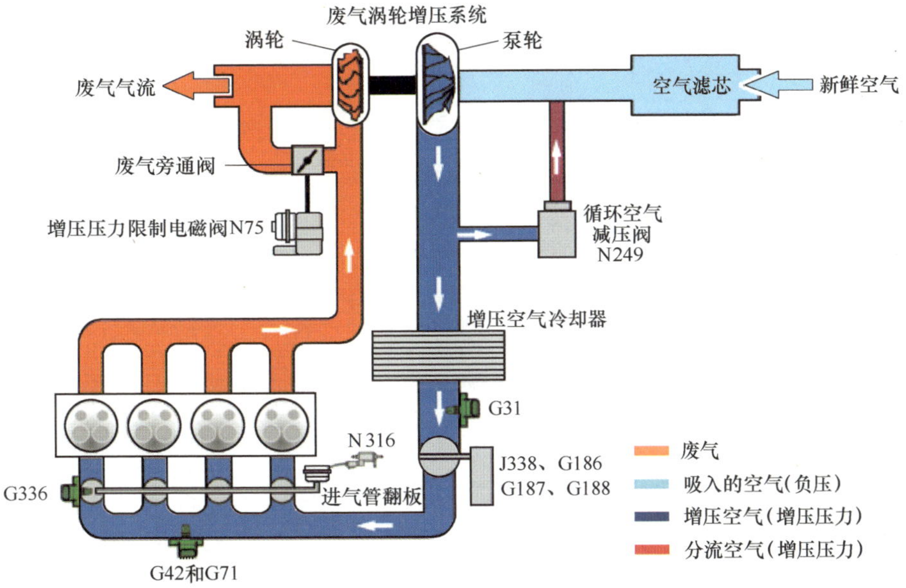


图 5-28 废气涡轮增压系统的组成

废气旁通阀：控制废气流过废气泵轮的废气量。当增压压力过大时，打开废气旁通阀，一部分废气不经过涡轮直接流入排气管，减少了增压量。

增压压力限制电磁阀：用于控制废气旁通阀的打开与关闭。气动执行器与真空执行器不同，它是通过增压后的气压工作的，而不是真空。在奥迪 1.2TFSI 发动机上，采用电动机代替真空执行器。

循环空气减压阀：用于控制泵轮进口侧与出口侧的旁通空气量。

泵轮：泵轮从中间吸气，沿圆周方向甩出气体。

涡轮：涡轮从圆周处进气冲击，排出气体从中间流出。

增压空气冷却器：又称为中冷器，当空气经过增压器被压缩后，温度会升高。发动机转速越高，增压压力越大，温度上升幅度就越大，一般能够上升 40～60℃，加上空气本来的温度，增压后的气体就会变得很烫。高温气体对发动机的影响一是降低了充气效率，二是不利于发动机燃烧，进而使功率减小、排放恶化。在相同的燃烧条件下，增压空气的温度每上升 10℃，发动机功率就会下降约 3%～5%，因而需要中冷器将增压后的空气冷却后再送入发动机。其冷却方式有水冷和风冷两种，如图 5-29 所示。

增压器的增压压力取决于其转速，而在发动机转速和负荷一定时，废气涡轮增压器的转速与废气流经涡轮的速度有关。因此，改变废气流经涡轮的速度即可实现对增压压力的控制。旁通阀式增压控制为当前广泛采用的控制增压压力的方法，它利用旁通阀控制流经涡轮的废气量，节流阀式增压控制利用节流阀控制涡轮进气口流通截面，可调叶片式增压控制利用可调叶片控制涡轮受力的有效截面，

a)

b)

图 5-29 增压空气冷却器

a）水冷 b）风冷

它们都是通过改变废气流经涡轮的速度实现对增压压力的控制，如图 5-30 所示。

要获得较高的增压压力，压缩机叶轮的转速就必须升高，这样泵气量、压力才会增大。压缩机叶轮和涡轮机叶轮安装在同一根轴上，涡轮机叶轮的转速也必须升高。只要控制涡轮机叶轮的转速就可以达到调节增压压力的目的。如果排气歧管中的废气全都经过涡轮机叶轮，则叶轮获得的排气压力就越大，转速就越高。如果需要降低涡轮机叶轮的转速，只需要将排气歧管中的废气旁通掉，不让它经过涡轮机叶轮，直接排出到催化净化器即可，此时废气旁通阀呈打开状态。废气旁通阀开度越大，增压压力越小；废气旁通阀开度越小，增压压力越大。废气旁通阀通过增压压力调节器电磁阀 N75 控制的真空来控制。

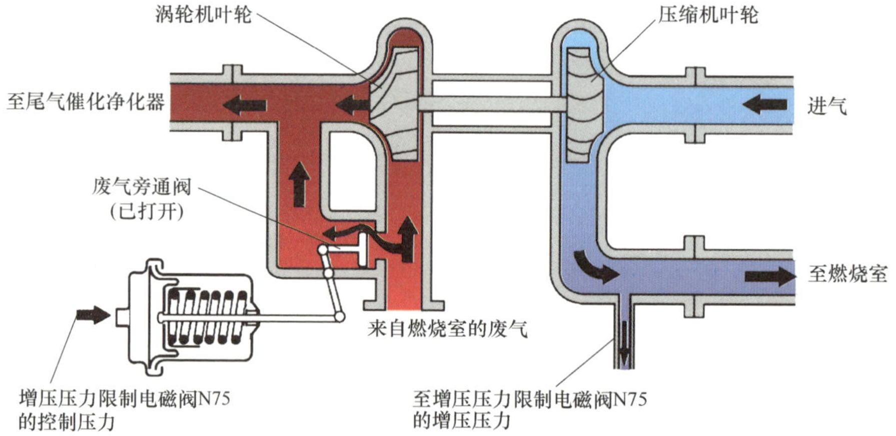


图 5-30 增压压力调节原理图

增压压力限制电磁阀安装在增压器附近，其结构如图 5-31 所示。电磁阀断电时，阀被弹簧推至下端，低压空气侧管口被关闭，高压空气侧管口与通压力调节器管口连接；电磁阀通电时，阀被电磁力吸起，高压空气侧管口被关闭，低压空气侧管口与通压力调节器管口连接。

增压控制电磁阀的作用：当增压压力超过限压后，打开废气旁通阀。压力过高，可能导致爆震。当随着发动机转速的上升，发动机的排气阻力会越来越大，当增压产生的效果小于背压产生的影响时，发动机的功率就会下降，此时打开废气旁通阀，可增大发动机的功率。

### 2. 机械增压系统

机械增压是指压气机由内燃机曲轴通过传动装置直接驱动的增压方式。机械增压不增加发动机排气背压，但消耗其有效功率。过多地增大增压压力，会使驱动压气机耗功过大，机械效率下降。机械

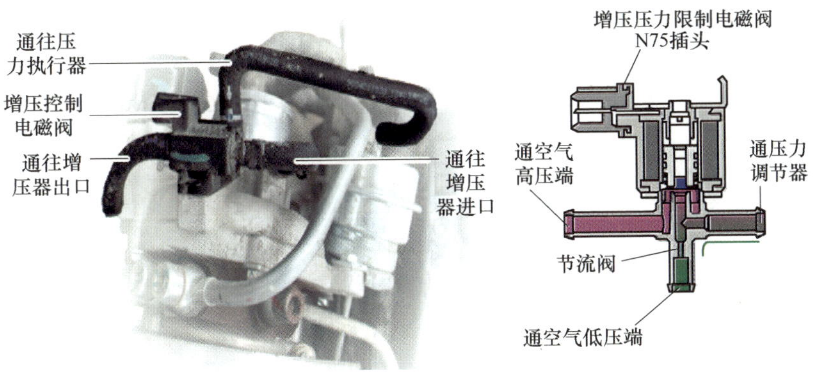


图 5-31 增压压力限制电磁阀的结构

增压器由曲轴连接的皮带驱动。控制系统根据需要决定是否接合电磁离合器，驱动机械增压器；机械增压器的转速远高于曲轴的转速，最高可达 17500r/min。

与废气涡轮增压器相比较，机械增压器有以下优点：需要时可立即获得增压压力，且是连续供给的，随转速升高而增大；使用寿命长，维护方便，结构紧凑；转矩增大快，提前可达到最大转矩值，因此起步性能好；废气特性好，使催化净化器可以更快地达到工作温度。

机械增压器的缺点：加工精度高（转子-壳体），质量大，生产成本高；对纯净空气管道内混入的异物敏感性过高；驱动增压器需要消耗部分发动机功率。

增压模块安装在发动机的内 V 形中，如图 5-32 所示，它包括罗茨式增压器、旁通调节装置和增压空气冷却器。

现在机械增压器一般采用罗茨式增压器，多数配备的是三叶片的螺旋形转子，如图 5-33 所示。某些车型使用的是四叶片式转子，两个转子的每个叶片与纵轴成 160°布置，它能产生较高的增压压力，最重要的是供气更连续、波动更小，产生恒定的增压压力。罗茨式增压器是一种旋转活塞式结构的装置，采用挤压原理工作，内部并无压缩过程。该增压器有一个壳体，壳体内有两个轴（转子）在转动。这两个转子采用机械方式来驱动，例如采用曲轴驱动。这两个转子是由壳体外的齿轮来传动的（传动比相同），两个转子同步转动，但旋向相反。

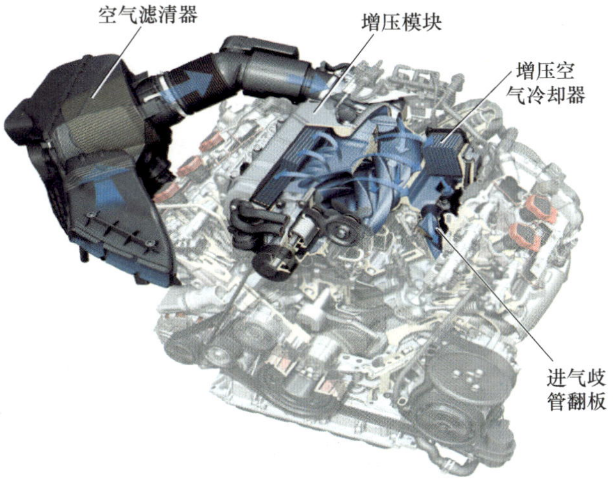


图 5-32 机械增压模块

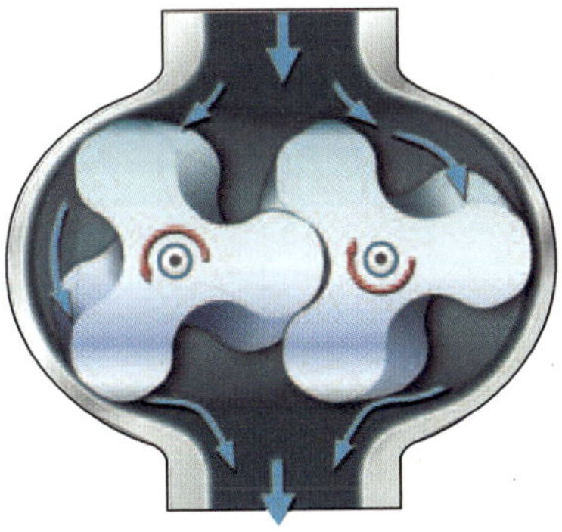

图 5-33 罗茨式增压器三叶片螺旋形转子

结构重要之处：两个转子彼此之间以及其与壳体之间是密封的。困难之处：只许产生非常小的摩擦。在工作时（转子转动），叶片和外壁之间的空气就被从空气入口（吸气侧）输送到空气出口（压力侧）。输送空气的压力是因回流而产生的。

## 五、进气系统常见故障

### 1. 故障现象

一辆奥迪 A4L 轿车，生产日期：2013 年；发动机型号：CDZA；该车低速工况下正常行驶，当踩下加速踏板时，车辆未能第一时间做出反应，出现了加速迟滞的现象，且能听到发动机舱传出口哨声，并伴随有发动机轻微抖动。

### 2. 故障原因分析

根据故障现象分析故障原因，如图 5-34 所示：增压空气循环阀损坏，增压空气循环阀供电电路故障，增压空气循环阀控制电路故障，发动机控制单元局部故障，涡轮增压器损坏，进气管路漏气或堵塞，增压压力控制电磁阀及相关电路故障，增压压力控制相关管路故障。

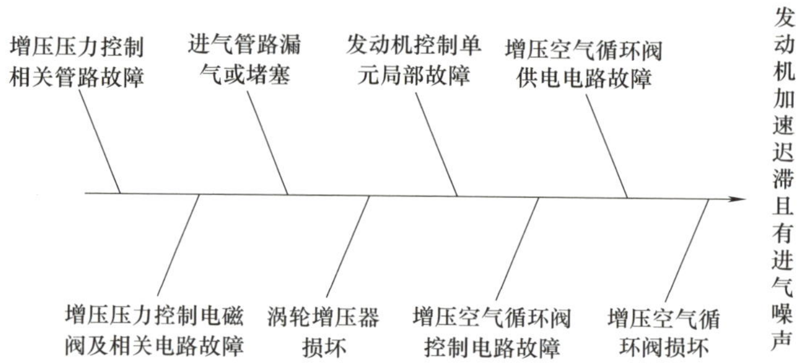


图 5-34　故障列表显示

# 学习模块二　发动机排气系统

## 一、排气系统的作用与组成

排气系统的作用是汇集发动机各缸的废气，使之安全、安静、洁净地排入大气中。发动机排气系统包括从排气门到排气尾管之间的所有零部件，如图 5-35 所示。其由排气歧管、排气总管、三元催化转化器和消声器等组成。

## 二、排气系统的主要零部件

### 1. 三元催化转化器

三元催化转化器的作用是利用其中的催化剂，将发动机排出废气中的有害气体转变成无害的气体。其结构如图 5-36 所示。

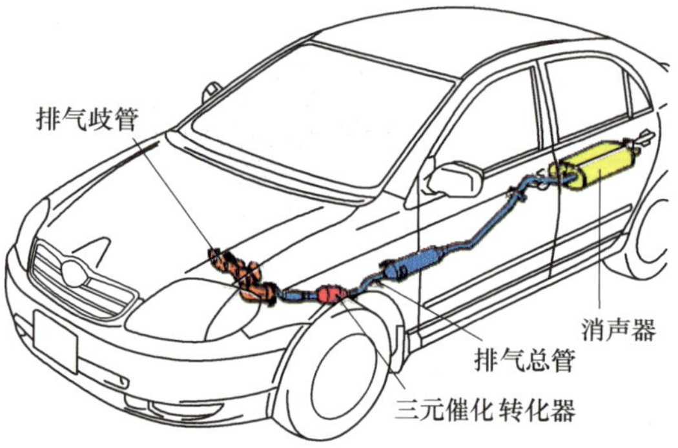


图 5-35　排气系统

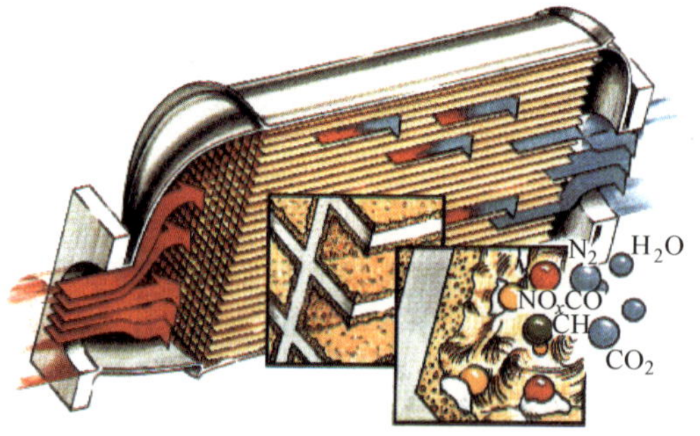


图 5-36　三元催化转化器的结构

三元催化转化器大都以蜂窝状的陶瓷结构作为催化剂的载体，通过在陶瓷载体上浸渍铂、钯、铑的混合物作为催化剂。当 HC 和催化剂的热表面接触时，就会和氧发生化学反应分别生成 $H_2O$ 和 $CO_2$；当 CO 和催化剂的热表面接触时，就会和氧发生化学反应分别生成 $CO_2$；当 $NO_x$ 和催化剂的热表面接触时，就会发生化学反应分别生成 $N_2$ 和 $O_2$。

### 2. 排气消声器

发动机工作，排气门刚打开时，排气压力达 0.3~0.5MPa，温度约为 600~800℃。同时，由于排气的间歇性，使气流呈脉动形式，如果让废气直接排入大气，必然产生强烈的气流脉动噪声，并且高温气体排入大气，有时还带有未燃烧完全的火焰或火星，会对环境造成危害。因此，必须在汽车上安装消声器，以减小排气噪声和消除废气中的火焰或火星，使废气安全地排入大气。

消声器的基本工作原理是通过多次地变动排气气流方向或重复地使气流通过收缩又扩大的断面，或将气流分割为许多小的支流并沿着不平滑的平面流动等方法，以消耗废气中的能量，衰减排气气流的压力波，降低噪声。

典型的排气消声器的结构如图 5-37 所示。其外壳用薄钢板制造，有的还在消声器内充填吸声材料。消声器两端各有一个入口和出口，中间有隔板，将其分隔成几个尺寸不同的消声室，各消声室间用多孔管连接。废气进入多孔管和消声室后，膨胀冷却，不断改变流动方向，逐渐降低和衰减其压力和压力波动，消耗了能量，最终使排气噪声得到消减。

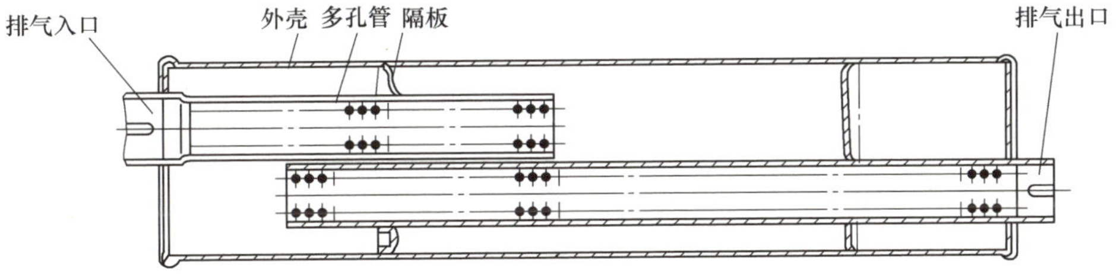


图 5-37 典型的排气消声器的结构

### 3. 氧传感器

电控燃油喷射发动机上广泛采用三元催化转化器对发动机尾气进行净化处理。三元催化转化器的转化效率与混合气的空燃比有关，只有当空燃比在理论空燃比的附近区域时，三种有害气体的转化效率才同时较高。所以，在装有三元催化转化器的发动机上，普遍采用氧传感器进行空燃比闭环控制。氧传感器一般安装在排气管内三元催化转化器之前，用来检测排气中的氧气含量，以确定空燃比是浓还是稀，向发动机 ECU 发出反馈信号，发动机根据此信号调节喷油量，把空燃比控制在目标范围内。现代发动机大都有两个氧传感器，另一个安装在三元催化转化器后，用以检测其催化转化效率。其安装结构如图 5-38 所示。

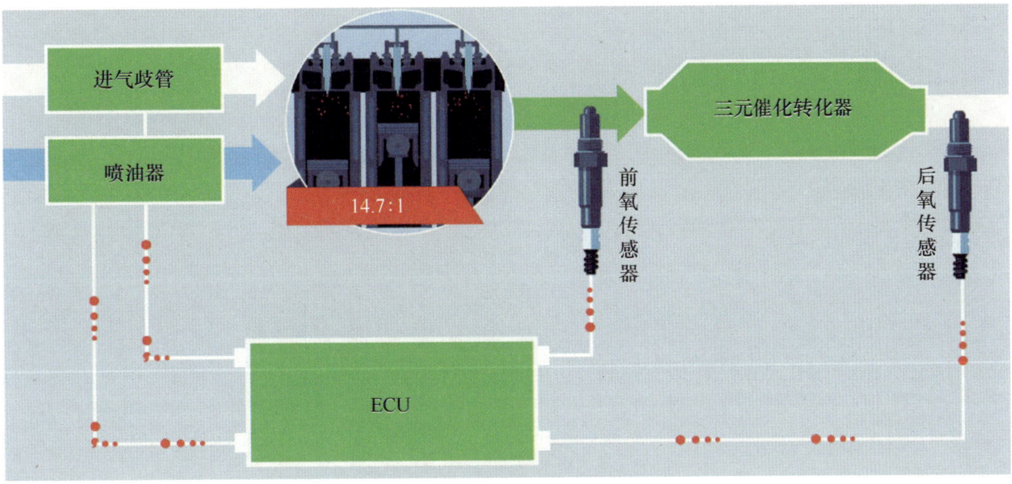


图 5-38 氧传感器的安装结构

传统的氧传感器有氧化锆式和氧化钛式两种氧传感器。当 ECU 通过氧传感器输入的电信号判定混合气过浓时，则控制喷油器逐渐减少喷油量；当 ECU 通过氧传感器输入的电信号判定混合气过稀时，则控制喷油器逐渐增大喷油量。通过反馈控制，使混合气的浓度保持在理论空燃比附近的狭小范围内。两种氧传感器的区别在于氧化锆式氧传感器是利用传感器内、外侧氧含量存在着浓度差时，在固体电解质内部氧离子从大气一侧向排气一侧扩散，使锆管元件成了一个微电池，在锆管两极间产生电压；而氧化钛式氧传感器是根据排气中氧含量的变化，其电阻值随之改变，使与 ECU 连接的氧传感器负极上的电压降也产生变化。两种氧传感器均能够反映出废气中氧气的浓稀，但只能是定性而不能定量。目前，博世采用的空燃比式氧传感器能够线性反映出废气中氧气的多少，进而使输入 ECU 的信号更为精确，更加准确控制空燃比。其工作原理图如图 5-39 所示。

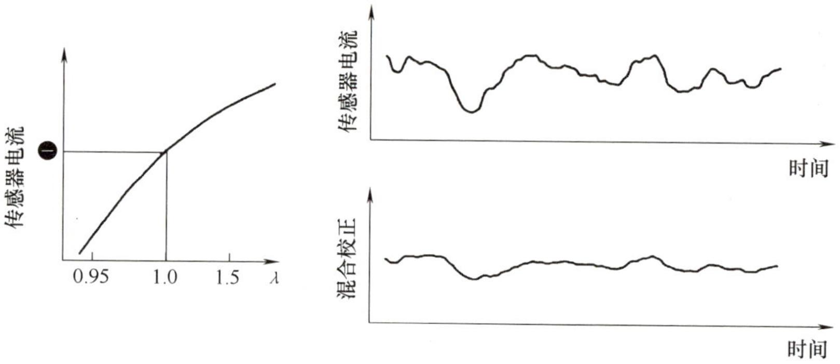


图 5-39　博世氧传感器的工作原理图

## 思考题

1. 汽油机进、排气系统的基本组成包括什么？各有哪些作用？
2. 增压系统包括哪几类？
3. 废气涡轮增压系统是如何工作的？
4. 增压系统如何调节工作压力？
5. 电子节气门有哪些优势？是如何控制的？

## 测试题

测试题

# 项目六 润滑系统

## 学习目标

| 知识目标 | 能力目标 | 素养目标 |
| --- | --- | --- |
| 1. 掌握润滑系统的作用、分类、基本组成与工作原理。<br>2. 掌握机油的循环路线。<br>3. 掌握润滑油的主要性能、分类与选用原则 | 1. 能选择并更换机油。<br>2. 能测量机油压力和温度。<br>3. 能根据维修手册的要求拆装润滑系统主要部件。<br>4. 能列出润滑系统的常见故障,并分析其故障原因 | 培养规范操作的良好工作习惯 |

## 情景导入

一辆奥迪 A6（C8）高配车辆进店维修，车主抱怨发动机在转速为 5000r/min 时，机油压力只有 100kPa，要求诊断其故障原因。假设你是维修技师，请完成检修任务并回答客户提出的问题。

## 知识提升

### 一、润滑系统的作用与组成

**1. 润滑系统的作用**

润滑系统的主要作用是减少运动件之间的摩擦，以减轻机件磨损，延长其使用寿命，降低功率消耗。例如曲轴以 7000r/min 的高速旋转，一旦缺少润滑，马上烧熔“抱轴”；活塞与活塞环在气缸中高速往复运动，其线速度高达 17~23m/s，也容易造成发热而“拉缸”。

润滑系统还有冷却、清洁、密封、防氧化锈蚀、减小噪声等功能。

冷却：机油在润滑系统内循环带走摩擦产生的热量，可以起到冷却的作用。

清洁：机油在润滑系统内不断循环，清洗摩擦表面，可以带走磨屑和其他异物。

密封：在运动零件之间形成油膜，提高密封性，有利于防止漏气或漏油。

防氧化锈蚀：在零件表面形成油膜，对零件表面起保护作用，防止腐蚀生锈。

减小噪声：在运动零件表面形成油膜，吸收冲击并减小振动，可以起到减振缓冲的作用。

**2. 润滑方式**

根据汽车发动机不同运动表面的特点，常采用以下三种润滑方式：

（1）压力润滑　压力润滑是指以一定的压力把润滑油供入摩擦表面的润滑方式。其润滑可靠，但结构较为复杂，主要用于曲轴主轴承、连杆轴承及凸轮轴轴承等负荷较大的摩擦表面的润滑。

（2）飞溅润滑　飞溅润滑是指利用发动机工作时运转零件撞击机油溅起来的油滴或油雾润滑摩擦表面的润滑方式。该方式工作简单，但可靠性较差，主要用于负荷较轻的气缸壁面和配气机构的凸轮、挺柱、气门杆、摇臂等零件的工作表面。

（3）润滑脂润滑　润滑脂润滑是指通过定期加注润滑脂来润滑零件工作表面的方式。

对于负荷较小的发动机辅助装置，需定期、定量加注润滑脂进行润滑，例如水泵及发电机轴承等。它不属于润滑系统的工作范畴。近年来，在发动机上采用含有耐磨润滑材料（如尼龙、二硫化钼等）的轴承来代替加注润滑脂的轴承。

### 3. 润滑系统的组成

润滑系统一般由油底壳、集滤器、机油泵、机油滤清器等组成。图 6-1 所示为轿车发动机润滑系统的组成。

### 4. 润滑油路

不同发动机润滑油路不同，但基本原则相同，对于负荷较大的曲轴主轴颈、连杆轴颈、凸轮轴轴颈等采用压力润滑，而气缸、活塞、齿轮等采用飞溅润滑。其一般油路示意图如图 6-2 所示。

当发动机工作时，机油泵运转，油底壳的机油被吸上来，经过机油滤清器过滤，进入主油道再分为多路。

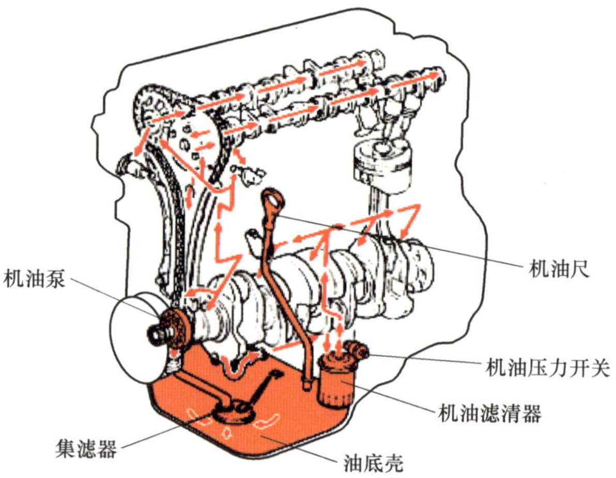


图 6-1　轿车发动机润滑系统的组成

第一路经主油道将机油分配到各曲轴主轴承，再由曲轴上的斜油孔通往各连杆轴承，由连杆体上的油孔通往连杆小头衬套，流出的机油喷向活塞销、气缸壁润滑气缸、活塞和活塞环；同时，曲轴旋转带动连杆摆动，连杆大头撞击机油，使机油溅到活塞、气缸表面进行润滑。另外，有些大功率发动机上带有机油冷却喷嘴，通过向活塞内腔喷射机油，以帮助冷却散热，从连杆小头上的喷油孔或从安装在机体上的喷油器向活塞顶内壁喷射机油。常见的形式有三种：第一种是从连杆小头上的喷油孔或从安装在机体上的喷油器向活塞顶内壁喷射机油；第二种是从连杆小头上的喷油孔将机油喷入活塞内壁的环形油槽中，由于活塞的运动使机油在槽内产生振荡而冷却活塞；第三种是在活塞头部铸出冷却油道或铸入冷却油管，使机油在其中强制流动，以冷

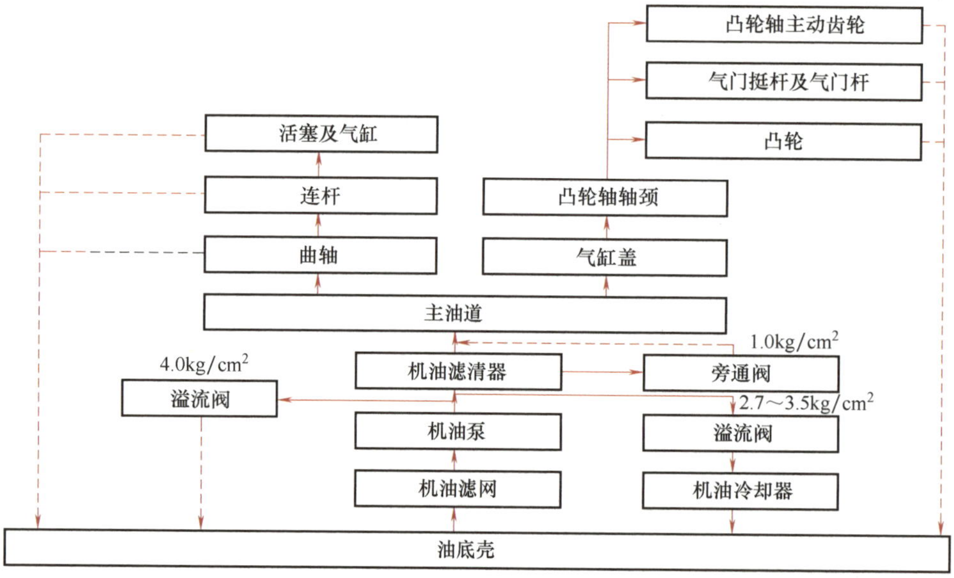


图 6-2　发动机润滑油路示意图

却活塞，这种形式广为增压发动机采用。如果机油冷却喷嘴堵塞，活塞就会积热升温，也易导致活塞烧顶。

第二路经主油道将机油分配到各凸轮轴主轴承，同时经凸轮轴正时齿轮润滑正时齿轮室所有齿轮。

第三路经气缸体上的一个通向气缸体上平面的油道，经气缸盖机油油道到摇臂轴中心，再分配到各摇臂轴和气门顶。如果是顶置式凸轮轴，则可以润滑凸轮轴轴颈和液压挺杆。

## 二、润滑系统的主要零部件

### 1. 油底壳

油底壳用于储存机油。它由薄钢板冲压而成，为防止机油渗漏，其与机体结合面加垫片和密封胶密封。

### 2. 机油集滤器

机油集滤器安装在油底壳机油的入口，用来滤除机油中粗大的杂质。机油集滤器有固定式（图 6-3a）和浮式（图 6-3b）两种。浮式集滤器能随着油底壳油平面高低浮动，始终浮在油面上，以吸入上层干净的机油。固定式集滤器装在油面下，吸入的机油清洁程度稍差于浮式，容易吸入油底壳底部杂质，但可以防止吸入泡沫，其构造简单，应用较广泛。

正常工作时，机油从油底壳经进油狭缝、滤网进入吸油管（图 6-3c），大杂质被滤网滤除。当滤网被杂质堵塞时，滤网上方真空度提高，将滤网吸向上方，环口离开浮筒罩，机油经进油狭缝和环口直接进入吸油管（图 6-3d），以防供油中断。

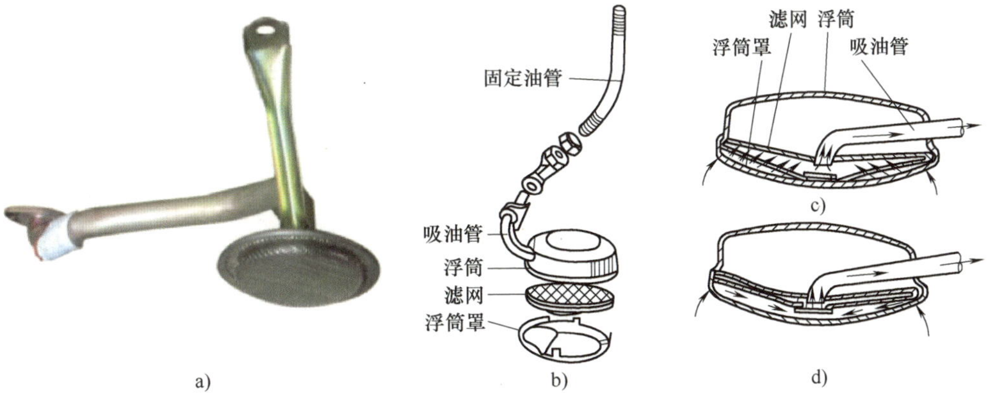


图 6-3 浮式和固定式机油集滤器

### 3. 机油泵

机油泵用于将油底壳中的机油吸出，并以一定的压力将其压向各润滑部位。其按结构不同分为齿轮式和转子式两种，齿轮式分为外接齿轮式和内接齿轮式两种。

（1）外接齿轮式机油泵（图 6-4） 为了防止封闭在轮齿径向间隙内的油压过高引起的工作阻力加大和机油泵轴衬套加快磨损，在泵盖上加工有卸压槽，使轮齿径向间隙内的机油经卸压槽流入出油腔。在机油泵齿轮与泵盖之间加有垫片密封，同时，可以通过调整垫片厚度，调整齿轮端面间隙为 0. 05 ~ 0. 20mm。若该间隙过大，则机油压力下降，泵油量减少。

（2）内接齿轮式机油泵（图 6-5） 外齿轮为主动齿轮，套在曲轴前端，通过花键套直接由曲轴驱动。内齿轮为从动齿轮，安装在机油泵体内，泵体固定在发动机机体前端。当主动齿轮旋转时，带动从动齿轮旋转，进油容积由小变大，不断进油；出油容积不断由大变小，油压升高。这种齿轮泵直接由曲轴驱动，无须中间传动机构。所以其零件数少、体积小、成本低，但泵油效率较低。

（3）转子式机油泵（图 6-6） 轮子式机油泵由内、外转子等零件组成。内转子有多个凸齿，外形为次摆线，固定在机油泵驱动轴上，由机油泵齿轮驱动。外转子比内转子多一个凹齿，它自由地安装在机油泵壳体内，并与内转子啮合转动。内、外转子有一定偏心距，它们与机油泵体和泵盖组成了进

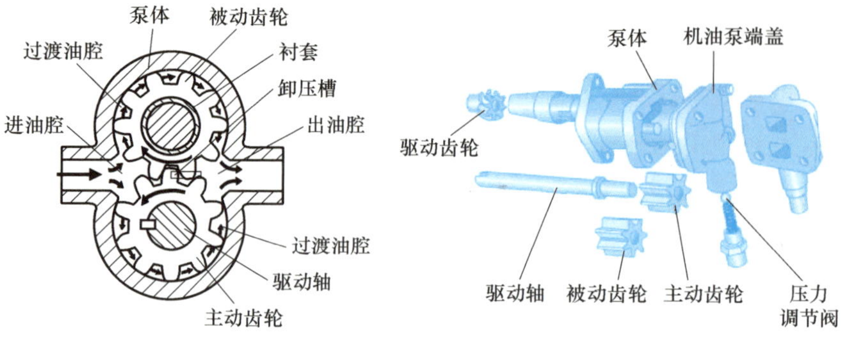

a)　　b)

图 6-4　外接齿轮式机油泵

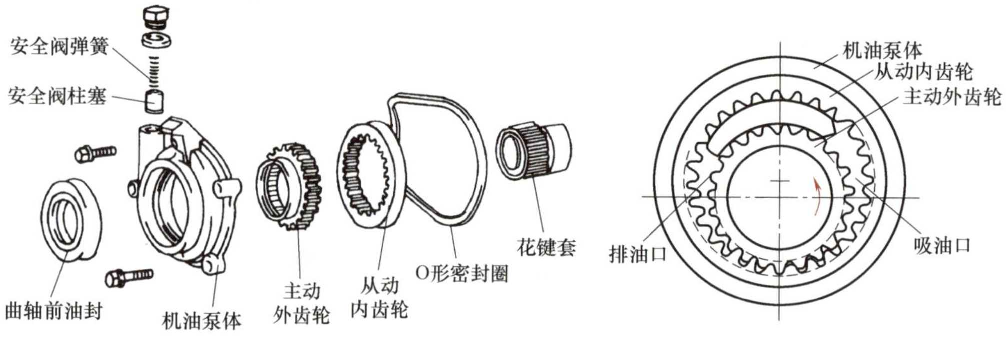

a)　　b)

图 6-5　内接齿轮式机油泵

油腔、过渡油腔和出油腔。

机油泵工作时，内转子带动外转子旋转，进油腔容积不断由小变大，腔内产生一定真空度，润滑油从油底壳被吸入进油腔。随后经过过渡油腔，再进入出油腔，出油腔容积由大变小，使润滑油压力升高，再送往各润滑油道。

图 6-7 所示也是一种转子式机油泵，其内、外转子的齿数较多，带有安全阀。机油泵由发动机驱动，当发动机转速升高时，机油泵运转速度加快，输油量增大，机油压力增大。为了防止压力过大，在润滑油路中（有的直接在机动泵上或滤清器上）设置有安全阀（图 6-7）。当机油压力超过规定值时，安全阀打开，多余的润滑油经安全阀流回机油泵的进油腔或流回油底壳。

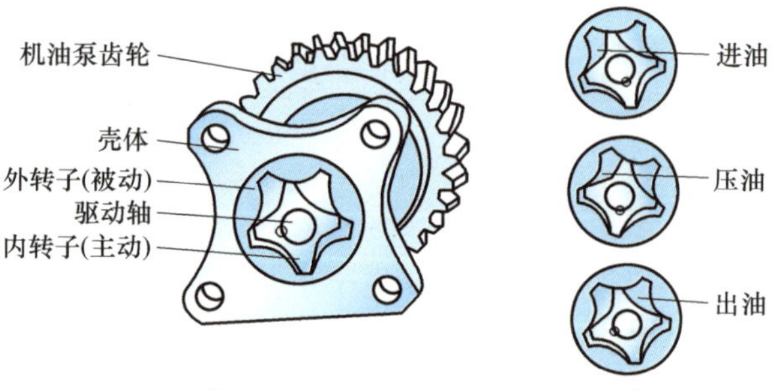

a)　　b)

图 6-6　转子式机油泵 1

a）结构　b）工作原理图

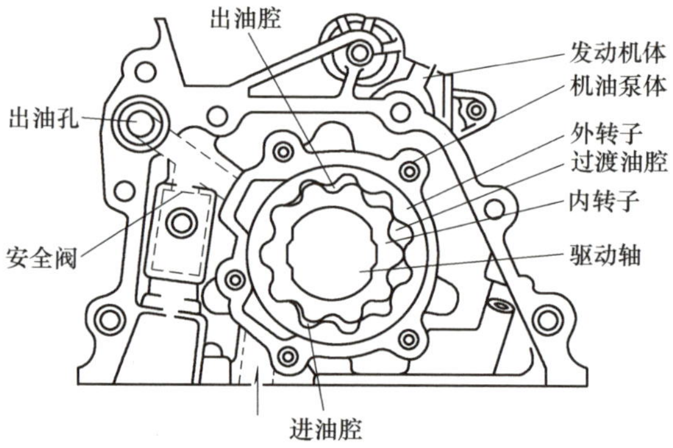


图 6-7　转子式机油泵 2

### 4. 机油滤清器

机油滤清器用来滤除润滑油中的金属屑、机械杂质和润滑油氧化物。机油滤清器若串联安装在机油泵与主油道之间，所有机油经过滤清器过滤，该滤清器称为全流式；若滤清器与主油道并联安装，只有一部分机油经过滤清器过滤，该滤清器称为分流式。有的发动机两种滤清器都有（如重型货车发动机），全流式滤清器作为粗滤器，滤除机油中直径为0.05mm以上的较大杂质后，再进入主油道，润滑各运动零件表面；分流式滤清器作为细滤清器，滤除机油中直径为0.001~0.05mm的细小杂质后，再返回油底壳。

全流式滤清器外壳内安装有纸滤芯总成，从机油泵来的机油从滤芯外围进入滤清器中心，过滤后的干净机油经出油口进入主油道。

滤清器使用一定时间后，滤芯外会留下较多杂质，应该及时更换新滤清器。为了防止用户未及时更换新滤清器造成滤芯堵塞，导致发动机缺机油的严重后果，在滤清器中设置有安全阀。当滤芯堵塞，机油压力升高后，能克服弹簧的压力，顶开安全阀，直接进入主油道。

滤清器的滤芯材料有纸和金属等，纸滤芯结构简单、质量小、体积小、滤清效果好、成本低、维护方便，因此得到广泛应用。

为了提高机油过滤效果，有的发动机采用双滤芯，称为复合滤清器。在正常情况下，从机油泵来的机油经进油口进入外滤芯，再进入内滤芯，然后经中心油道从出油口流向主油道。

### 5. 机油冷却器

机油在发动机机体内循环，正常工作温度一般为（80±12）℃，局部会更高些，但一般不会超过冷却液温度。热负荷较高的发动机机油温度偏高，过高的温度使机油黏度下降，不利于在摩擦表面形成油膜润滑，同时，会加快机油氧化变质，失去作用，所以有些发动机带有机油冷却器。现在发动机大都使用水冷机油冷却器。当润滑油温度高时，靠冷却液降温，发动机起动时，则从冷却液吸收热量使机油迅速升高温度。

机油冷却器分为风冷式和水冷式两种。风冷式机油冷却器安放在发动机前部，其结构与冷却系统的散热器相似，靠汽车行驶时迎面风对机油进行冷却。

水冷式机油冷却器靠冷却液冷却。如图6-8所示，在全流式机油滤清器上带有水冷式机油冷却器，从冷却系统散热器出水管引来的冷却液在冷却器芯的外面流过，而从机油泵来的机油经冷却器芯进入机油滤清器过滤，再经冷却器芯流出，在冷却器内进行热交换。图6-9所示为宝马5系机油冷却器。

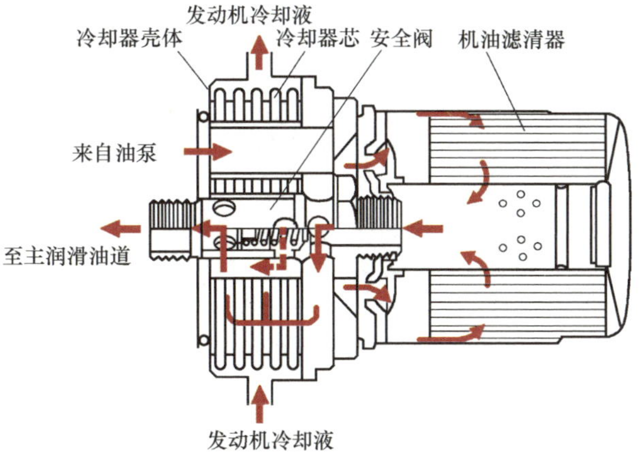


图6-8 水冷式机油冷却器

图6-9 宝马5系机油冷却器

### 6. 机油压力开关

机油压力开关也称为机油压力传感器，用于监控润滑系统。发动机处于静止状态且点火开关打开时，机油压力警告灯通过机油压力传感器搭铁，警告灯亮。起动发动机后，机油压力使搭铁触点克服弹簧力打开，警告灯熄灭，如图 6-10 所示。

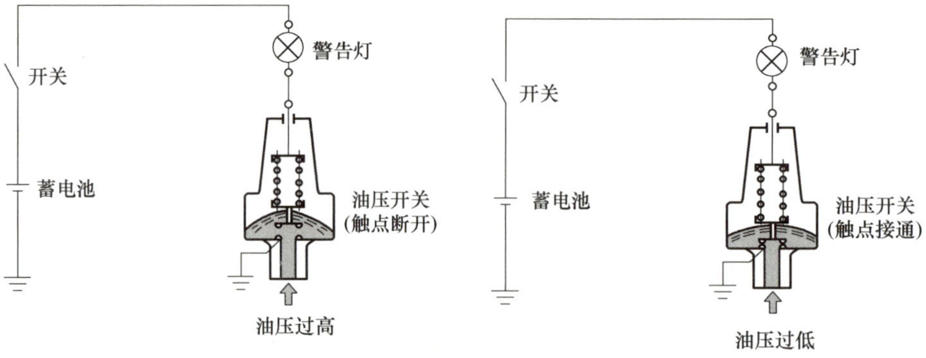


图 6-10　机油压力警告灯

机油压力开关一般安装在机油滤清器座上，由触点、弹簧、隔板及膜片等组成，如图 6-11 所示。当无机油压力作用时，弹簧推动膜片，触点处于闭合状态；当机油压力达到规定值时，膜片克服弹簧作用力，使触点断开。

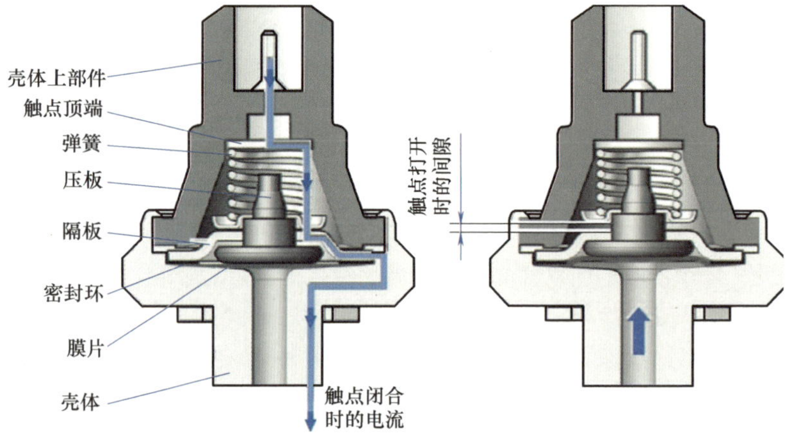


图 6-11　机油压力开关的结构

### 7. 机油温度/油面高度传感器

机油温度传感器安装在油底壳底部，如图 6-12 所示，内部是一个半导体热敏电阻，具有负的温度电阻系数，温度越高，电阻越小。ECU 根据其电阻的变化可测出机油的温度。

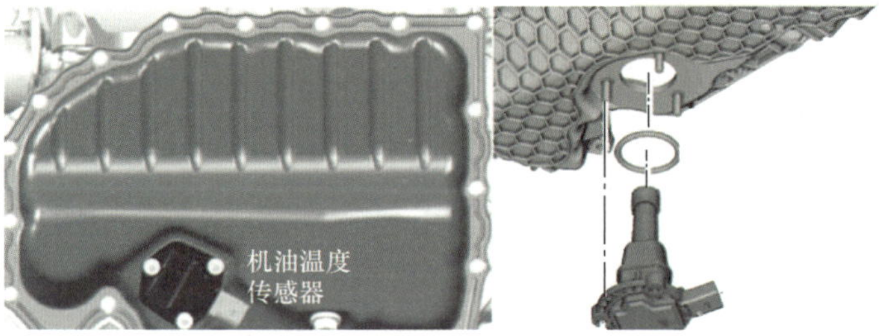


图 6-12　机油温度传感器

机油油面高度传感器通过测量机油油位，避免油位过低而造成发动机损坏，主要有滑动变阻器式和电容式两种。滑动变阻器式的电阻值由一个浮子控制，随着油量的变化，其电阻值就会变化，在加载电压固定的条件下，输出电流也发生变化，电流值反映到汽车仪表上，按照一定的比例转换。由于燃油箱的不规则性，所以变阻器的电阻值变化也并不是规则的。电容式油面高度传感器的传感部分是一个同轴的容器，当油进入容器后引起传感器壳体和感应电极之间电容量的变化，这个变化量通过电路的转换并进行精确的线性和温度补偿，输出标准信号供给显示仪表。

## 三、润滑油

汽车发动机润滑剂有润滑油（机油）和润滑脂（黄油）两类。

### 1. 润滑油

（1）润滑油的主要性能

1）黏度。黏度是指润滑油受外力作用移动时，分子间产生的内摩擦力大小。它是润滑油分级和选用的主要依据。若黏度过小，在高温、高压下容易从摩擦表面流失，不能形成足够厚度的油膜；若黏度过大，冷起动阻力增大，起动困难，润滑油不能及时被泵送到摩擦表面，导致起动磨损严重。

2）黏温性。黏温性是指润滑油黏度随温度变化而变化的特性。发动机从起动到满负荷工作，温度变化范围大，导致润滑油温度变化大于100℃。若润滑油的黏度随温度变化太大，就会使高温时黏度太低，而低温时黏度太高，影响正常润滑。

3）氧化安定性。氧化安定性是指润滑油抵抗氧化作用不使其性质发生永久变化的能力。润滑油工作温度高达95℃，发生氧化后，颜色变暗、黏度增加、酸性增大，并产生胶状沉积物。氧化变质的润滑油将腐蚀发动机零件，甚至破坏发动机正常工作。

4）其他性能。如极压性、防腐性、起泡性、清净分散性等，它们对发动机的润滑都产生一定的影响，需要加入各种添加剂，保证润滑油的性能。

（2）汽车润滑油的分类

1）汽油机油：分为SE、SF、SG、SH（GF-1）、SJ（GF-2）、SL（GF-3）、SM（GF-4）、SN（GF-5）8个级别（图6-13）。“S”表示汽油机油，“GF”表示以汽油为燃料，具有燃料经济性要求的乘用车发动机油；级号越后，等级越高，使用性能越好，可以替代级号低的机油。

2）柴油机油：分为CC、CD、CF、CF-2、CF-4、CG-4、CH-4、CI-4、CJ-4等11个级别；级号越高，使用性能越好，可以替代级号低的机油。

3）汽油机与柴油机通用油：如SJ/CF-4。

每一种级别有若干种单一黏度等级（如30号、40号和50号）和多黏度等级（如5W-30、10W-30、15W-40等）。单一黏度等级的润滑油黏温性较差，只适应某一温度范围使用。多黏度等级的润滑油黏温性好，适应温度范围宽。

（3）润滑油的选用　汽油机选择汽油机机油，柴油机选择柴油机机油，通用油适用于汽油机与柴油机。根据气温选用适当黏度等级的润滑油，可参见图6-14选择。具体机型应按使用说明书进行机油选用与保养。例如，5W-30适用于-35～30℃新车及北方冬季，10W-30适用于-25～30℃新车及北方冬季，10W-40适用于-25～40℃大部分地区，15W-40适用于20～40℃南方地区。

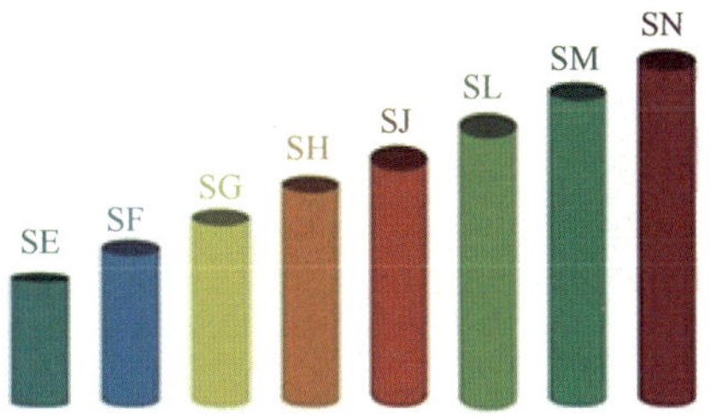


图6-13　API标准分类

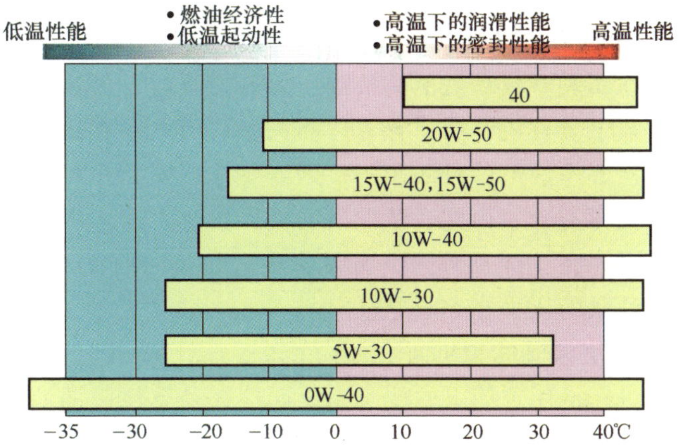


图6-14　发动机润滑油黏度等级

**2. 润滑脂**

润滑脂具有良好的黏附性，在常温下可附着于垂直表面而不流淌，可以在敞开或密封不良及受压较大的摩擦部位工作，并有防水、防尘和密封的作用。

汽车发动机主要在水泵轴承及发电机轴承使用润滑脂。目前，普遍推荐使用的润滑脂是通用锂基润滑脂，它具有良好的高低温适应性，可在-30~120℃的温度范围内使用，具有良好的抗水性、防锈性、安定性和润滑性，在高速运转的水泵及发电机轴承上使用，不变质，不流失，保证润滑。

## 四、更换机油

**1. 机油的选用**

严格按照汽车使用说明书的要求选用，选用合适类型和牌号的机油和润滑脂。避免不同牌号的机油混用，以免相互起化学反应。选购时，应购买正规厂家的机油，要特别注意辨别真假，确保机油质量。图 6-15 和图 6-16 所示为使用不良润滑油导致的严重后果。

图 6-15　火花塞结胶积炭

图 6-16　气门积炭

**2. 机油油面高度的检查**

汽车在使用过程中，仪表盘上出现一个小油壶灯亮了表示机油故障灯，常见故障是机油油面偏低，可以通过检查机油尺观察。如图 6-17 所示，机油尺上有 H 和 L 两道标识，正常的机油油面应位于两刻线之间，低于 L 刻线时，应及时补充机油，高于 H 刻线时，易造成发动机漏油，运转阻力增大，应及时放出多余的机油。

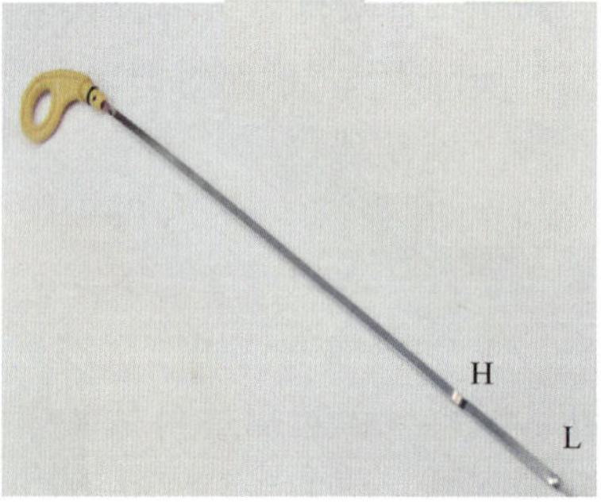


图 6-17　机油尺

检查时，汽车要停放在平地上，发动机熄火 3min，待机油流回油底壳后，抽出机油尺并将其擦净，再插回到底，重新抽出机油尺，在机油尺上可以观察到机油油面位置。若油面处于机油尺下刻度线的下方，应从加机油口处加注机油，直到油面位置符合要求为止。若油面位置超过上刻度线，应放出多余的机油。

**3. 机油压力的检查**

对于在驾驶室仪表盘上有机油压力表的汽车，可由机油压力表直接读取主油道机油压力。对于驾驶室仪表盘上装有机油压力警告灯的汽车，当汽车在正常行驶中，警告灯亮即表示机油压力过低。如果进一步检测主油道的机油压力，则需要拧下安装在主油道上的机油压力传感器，利用其连接螺口安装一个机油压力表，由此表读取发动机工作时主油道内的机油压力。例如，奥迪 EA888 发动机机油正常压力范围，高压油泵和低压油泵的压力是不一样的。高压油泵的压力在 40bar（1bar = 101kPa）左右，低压油泵的压力在 6bar 左右。

**4. 定期更换滤芯和机油**

按照汽车使用说明书的要求，定期检查和更换机油滤清器的滤芯。一般汽车在完成走合里程后以及汽车每行驶 5000~10000km，应更换一次滤芯和机油。注意检查机油颜色、气味和黏度的变化，如已变质，应及时更换。

更换机油时，在发动机熄火后的热机状态下，拧下油底壳底部的放油螺塞，放净发动机内的旧机油，再装回放油螺塞，从加机油口加注新的机油，直到油面位置符合要求为止。在更换机油时，同时对机油道进行清洗。

## 五、润滑系统的常见故障

润滑系统的常见故障有机油压力过低、漏油、机油压力过高、机油消耗异常和机油变质（表 6-1）。

表 6-1 润滑系统的常见故障与排除

| 故障现象 | 故障原因 | 排除方法 |
|---|---|---|
| 机油压力过低 | 机油黏度标号低 | 更换机油 |
| | 机油劣化(混有燃油、水分) | 更换机油 |
| | 机油温度过高 | 检查 |
| | 机油不足 | 添加机油 |
| | 集滤器堵塞 | 清洗集滤器 |
| | 机油泵齿轮与泵壳间隙过大 | 检修或更换 |
| | 机油泵外壳松动,O 形密封圈损坏 | 拧紧紧固螺栓,更换 O 形密封圈 |
| | 机油泵止回阀关闭不严或止回阀弹簧损坏 | 检修或更换 |
| | 机油泵安全阀卡在开启位置 | 检修或更换 |
| | 发动机轴承间隙过大 | 检修曲柄连杆机构 |
| 漏油 | 发动机前、后油封磨损 | 更换前、后油封 |
| | 个别密封垫损坏 | 更换密封垫 |
| | 气缸盖、气缸体不平或有损伤 | 检修或更换 |
| | 气门室罩不平或有损伤 | 更换气门室罩 |
| 机油压力过高 | 机油滤清器堵塞且旁通阀开启困难 | 更换机油滤清器 |
| | 气缸体主油道堵塞 | 清洗、疏通 |
| | 新装配的发动机曲轴轴承间隙过小 | 检修曲轴及轴承 |
| | 选用机油标号黏度过高 | 更换机油 |
| 机油消耗过多 | 发动机活塞与缸壁间隙过大 | 检修活塞和气缸 |
| | 活塞环弹力降低、开口对齐 | 更换活塞环 |
| | 活塞环侧隙、开口间隙过大 | 更换活塞环 |
| | 各油封密封垫处漏油 | 更换密封垫 |
| | 气门杆油封漏油 | 更换气门杆油封 |

发动机润滑系统出现机油减少、机油泵工作不正常、油道堵塞等，均会造成机油压力过低。机油压力过低会加速曲轴和凸轮轴的磨损，甚至因为润滑不良而使发动机抱轴，严重的会造成发动机的报废。所以，在汽车组合仪表上都设有压力指示系统，显示发动机润滑系统的压力。另外，发动机在怠速以上运转，机油在系统内流动阻力过大，会造成机油压力过高。

若机油消耗超过规定值，则说明机油消耗过多。油底壳机油添加过多，使曲轴运转时飞溅到缸壁的机油过多，机油被吸入气缸燃烧，引起机油消耗，汽车严重超载、发动机长时间大负荷工作等，也会造成机油消耗量过大。

发动机运行过程中受各种因素的影响，会造成机油的氧化和变质。机油变质破坏了油膜的特性，使润滑性变差甚至润滑功能丧失，造成尾气冒蓝烟烧机油、油耗增加、缩短发动机使用寿命等后果，最终导致发动机提前大修。

## 思考题

1. 转子式和齿轮式机油泵的结构与工作原理各有什么特点？
2. 机油滤清器旁通阀的作用是什么？
3. 发动机油液面过高、过低的危害有哪些？
4. 润滑系统一般由哪些零部件组成？各有何功用？
5. 润滑系统日常使用中应注意些什么问题？

## 测试题

测试题

# 项目七 冷却系统

## 学习目标

| 知识目标 | 能力目标 | 素养目标 |
| --- | --- | --- |
| 1. 掌握冷却系统的作用与组成<br>2. 掌握冷却液的特性<br>3. 掌握冷却系统的主要零部件<br>4. 掌握冷却系统的控制原理 | 1. 能更换冷却液<br>2. 能进行冷却系统测试<br>3. 能列出冷却系统的常见故障,并分析故障原因 | 1. 通过查询资料养成使用汽车维修手册的自主学习习惯<br>2. 通过小组内成员互查,养成责任意识和团队意识 |

## 情景导入

一辆奥迪 A4（B9）高配车辆进店维修，车主抱怨发动机长时间高速行车时出现冷却液温度过高故障，其不仅要求检修车辆，还希望维修技师解释冷却系统的结构原理以及常见故障。假如你是维修技师，需要完成检修任务并回答客户提出的问题。

## 知识提升

### 一、冷却系统的作用与组成

#### 1. 冷却系统的作用

冷却系统的作用是保证发动机在适宜的温度范围内工作。冷却系统能否正常运行取决于该系统的设计和工作状况。冷却系统的设计依据是发动机输出的热量、散热器尺寸、冷却液类型、水泵尺寸、冷却风扇类型、节温器和系统压力。冷却系统必须能快速使发动机暖机到需要的工作温度，然后维持这个温度。

发动机燃烧室内的峰值燃烧温度可达到 3300℃，平均燃烧温度为 650～925℃。倘若长时间高于这个温度将会损坏发动机部件，因而发动机工作过程中产生的多余热量需要移出发动机。冷却系统带走发动机 1/3 的热量，另外 1/3 的热量通过排气系统带走，如图 7-1 所示。冷却系统使气缸体与气缸盖的温度保持在这个温度范围内，进而使发动机的热效率最高。

2. 冷却系统的组成

发动机冷却系统由气缸盖、水泵、气缸体、节温器、储液罐和散热器等部件组成，如图 7-2 所示。

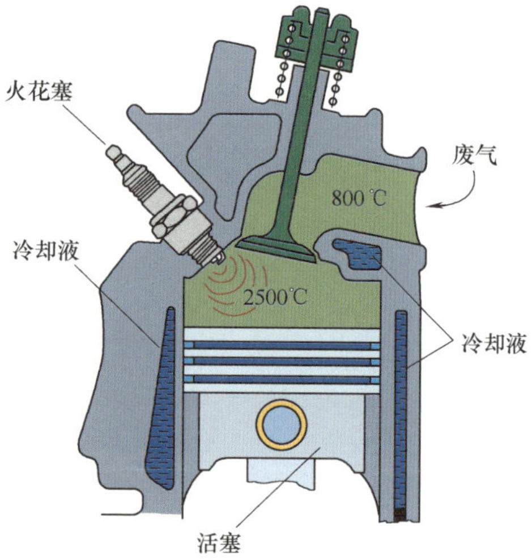


图 7-1　典型的燃烧室和排气温度

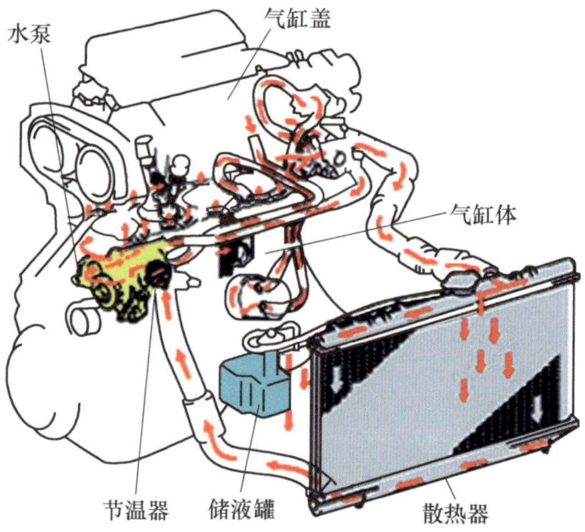


图 7-2　冷却系统的组成

## 二、冷却系统的主要零部件

### 1. 节温器

发动机的正常工作温度有一个温度范围限制，节温器是控制最低正常工作温度的部件。节温器是一个控制发动机冷却液出口的温控阀门，大都安装在发动机上，其结构如图 7-3 所示。

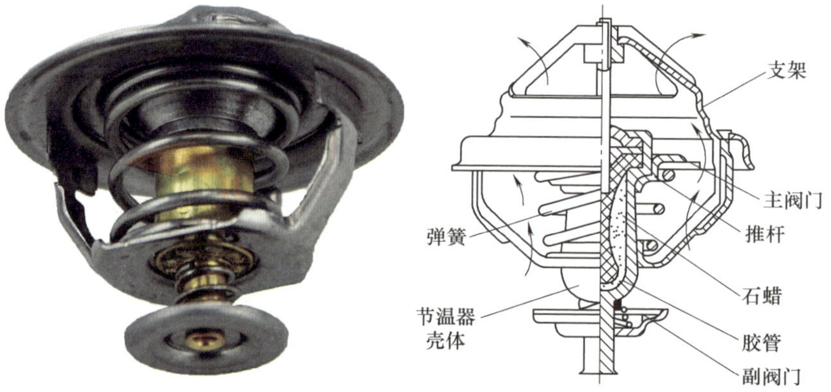


图 7-3　典型的蜡式节温器的结构

当发动机温度较低时，处于图 7-4a 所示的小循环，主阀门被弹簧推向上方与阀座压紧，处于关闭状态，此时，副阀门开启，冷却液进行小循环，来自发动机水套的冷却液经副阀门、小循环水管直接进入水泵，使来自发动机的冷却液只能通过右侧的通道再次进入发动机内部循环流动。

温度升高时，石蜡逐渐熔化成液态，体积膨胀，迫使胶管收缩对推杆端部产生向上的推力。由于推杆固定在支架上，推杆对胶管、节温器壳体产生向下的反推力。当冷却液温度升高到一定值时，反推力克服弹簧的弹力使胶管、节温器壳体向下运动，主阀门开始开启，同时，副阀门开始关闭。当冷却液温度进一步升高到一定值时，主阀门完全开启，而副阀门正好关闭小循环水路，如图 7-4b 所示，此时来自发动机水套的冷却液全部经过散热器进行大循环。冷却液温度在主阀门开始开启温度与完全开启温度之间时，主阀门和副阀门均部分开启，在整个冷却系统内，部分冷却液进行大循环，部分冷却液进行小循环。

传统的节温器控制冷却液大小循环的路线，节流损失大，工作不可靠，工作效率低，不能根据发动机的散热要求准确地调节冷却系统的散热能力。电控节温器利用电加热引起双金属片变形，由双金属片变形带动节温阀旋转运动，来改变大、小循环，可用于对发动机冷却能力的智能控制，其结构如图 7-5 所示。

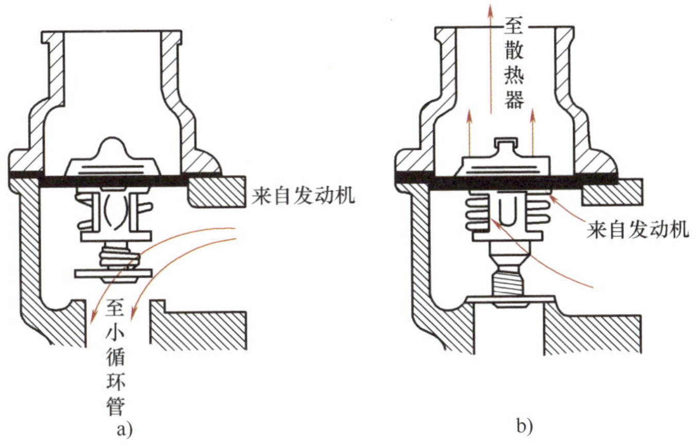


图 7-4 节温器的两种工作状态

a）小循环 b）大循环

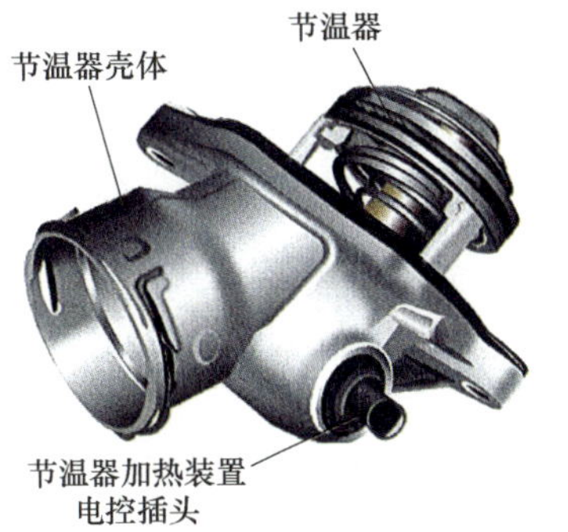


图 7-5 电控节温器的结构

## 2. 散热器

散热器的功能是加速冷却液的冷却。冷却液经过散热器后，其温度可降低 10～15℃。为了将散热器传出的热量尽快带走，散热器一般用铜和铝制成。在散热器后面装有风扇与散热器配合工作。散热器由上水腔、下水腔、散热器片、水管和散热器盖等组成，分为上下式散热器和左右式散热器，如图 7-6 所示。

散热器内部由许多细小的水管和散热片组成，设置散热片是为了增加散热器芯的散热面积，如图 7-7 所示。

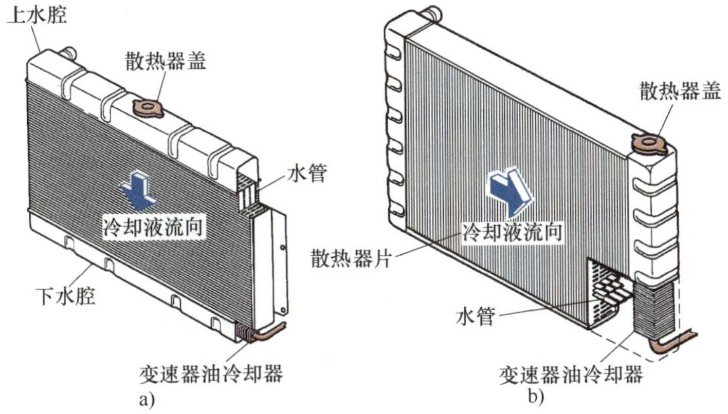


图 7-6 散热器的结构

a）上下式散热器 b）左右式散热器

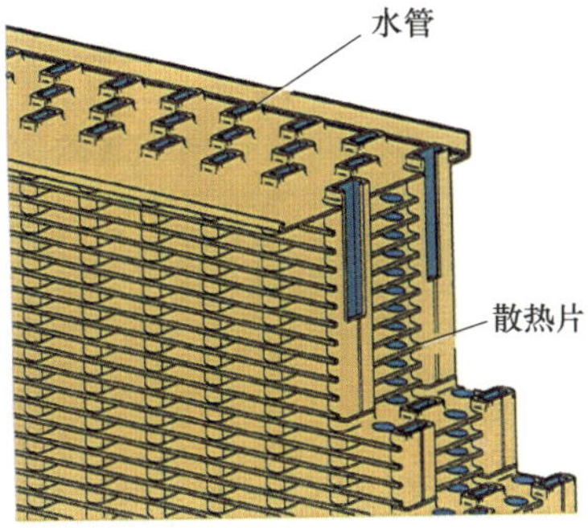


图 7-7 散热器内部结构

## 3. 散热器盖

散热器盖主要部分由一个压力阀和一个真空阀组成，均为单向阀，如图 7-8a、b 所示。发动机正常状态时，两个阀门均关闭，使冷却系统与大气隔开。当冷却系统内温度升高，冷却系统内的压力升高到一定值时，压力弹簧被压缩，使压力阀打开，从散热器流出的冷却液经过溢流管流向储液罐，冷却系统内的压力下降，以防止散热器胀裂；当压力下降到一定值时，压力阀在压力弹簧的作用下重新关闭，使冷却系统内压力稍高于大气压力，提高冷却液的沸点。各种汽车发动机散热器盖压力阀开启压力略有差别，一般超过大气压 26%～37%。

当散热器内的压力继续降低，超过某一值时，真空阀开启，使储液罐内的冷却液经过溢流管流回散热器内，以防止散热器内产生真空；当散热器内的压力升高到一定值后，真空阀在其弹簧的作用下重新关闭。

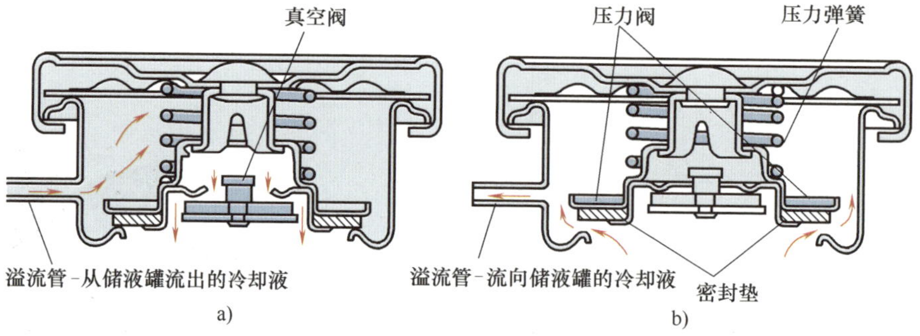


图 7-8　散热器盖的两种工作状态

a）真空阀打开　b）压力阀打开

**4. 水泵**

水泵的功用是对冷却液加压，使冷却液在冷却系统内循环流动。发动机工作时，冷却系统内充满冷却液，曲轴通过传动带驱动水泵轴并带动叶轮转动，从而使水泵腔内的冷却液一起转动。在离心力的作用下，冷却液被甩向叶轮边缘，以切线方向从出水管泵出。同时，叶轮中心部位形成一定的真空，将散热器内的冷却液经进水管吸入泵腔，使整个冷却系统内的冷却液循环流动。水泵叶轮固定在水泵轴上，水泵壳体安装在发动机缸体上。离心式水泵的基本工作原理如图 7-9 所示。

离心式水泵具有结构简单、体积小、出水量大和工作可靠等优点，因而在汽车上得到了广泛的应用。

**5. 风扇**

发动机大都采用电动风扇，即电动机驱动的风扇，不使用发动机做直接动力源，而是使用蓄电池的电能，其转速与发动机转速无关。它只在冷却液温度超过一定值时才开始工作。电动风扇无动力损失，构造简单，总体布置方便，如图 7-10 所示。

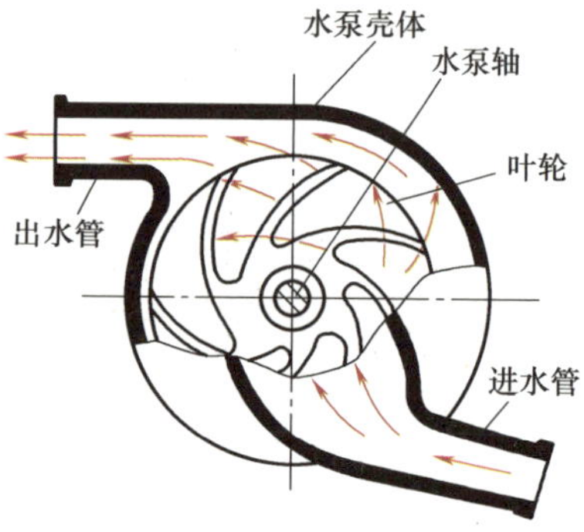


图 7-9　离心式水泵的基本工作原理

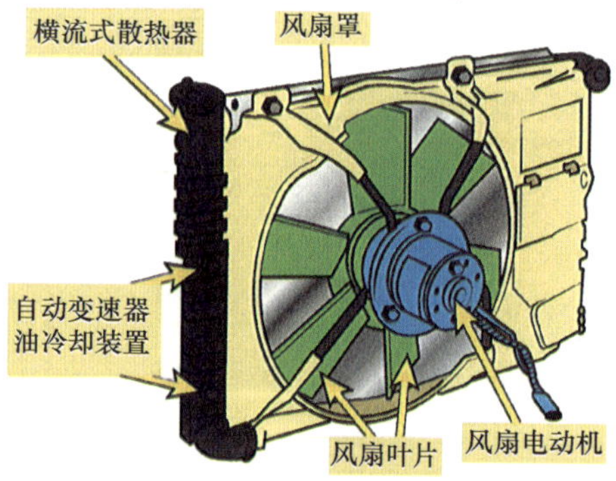


图 7-10　电动风扇的结构

**6. 冷却液温度传感器**

冷却液温度传感器被用来感测发动机冷却液温度的变化。冷却液温度传感器与装在仪表板上的冷却液温度指示表组成冷却液温度显示系统，以提醒驾驶人注意发动机的温度变化。冷却液温度传感器一方面作为一个感应信号传入 ECU，以便对发动机的喷油和点火等进行最佳控制，另一方面显示冷却液温度及用来控制电动风扇的运转等。

热敏电阻式冷却液温度传感器采用热敏电阻制成，如图 7-11 所示。其工作温度范围为 -20～130℃，一般安装在发动机缸体、缸盖的水套或节温器壳内并伸入水套中，与冷却液直接接触，用来检测发动机的冷却液温度，并向发动机 ECU 传送信息。

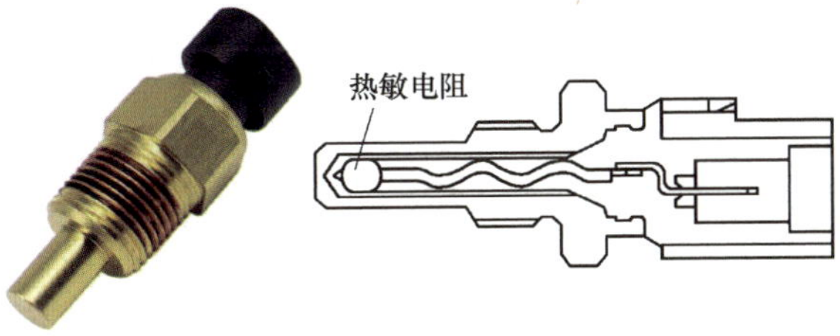


图 7-11 热敏电阻式冷却液温度传感器

## 三、冷却液

### 1. 冷却液的作用

冷却系统中使用冷却液的原因如下：

1）把发动机的热量传递给散热器。

2）防止发动机和冷却系统的零部件生锈和腐蚀。

3）防止在低温环境下结冰。

冷却液是防冻剂和水的混合溶液。1L 的水相比其他液体冷却液能够吸收更多的热量。在标准大气压条件下，水的沸点是 100℃，水的冰点是 0℃。

当水结冰时，体积增大约 9%，膨胀的冰容易使气缸体、气缸盖和散热器出现裂纹。水中防冻剂的添加量与其冷却液冰点的关系如图 7-12 所示。

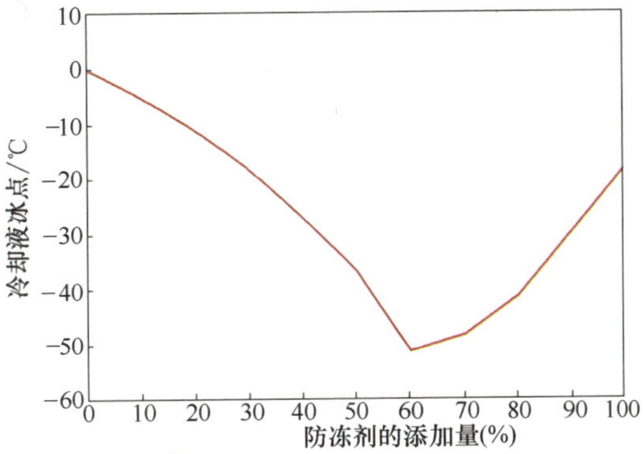


图 7-12 水中防冻剂的添加量与其混合溶液冰点的关系

当防冻剂质量分数增加到 60%时，出现最低冰点。常用冷却液由 50%的水和 50%的防冻剂组成。乙二醇防冻剂包含防腐蚀添加剂、防锈剂和水泵润滑剂。

为达到最好的效果，60%浓度的乙二醇水溶液能够吸收纯水热量的 85%，乙二醇碱基的沸点要高于纯水。水中防冻剂的添加量与其冷却液沸点的关系如图 7-13 所示。当冷却液沸腾时，将会蒸发变成气态。所有的冷却液都包含防锈剂和防腐蚀添加剂，以保护气缸体和冷却系统的金属部件。

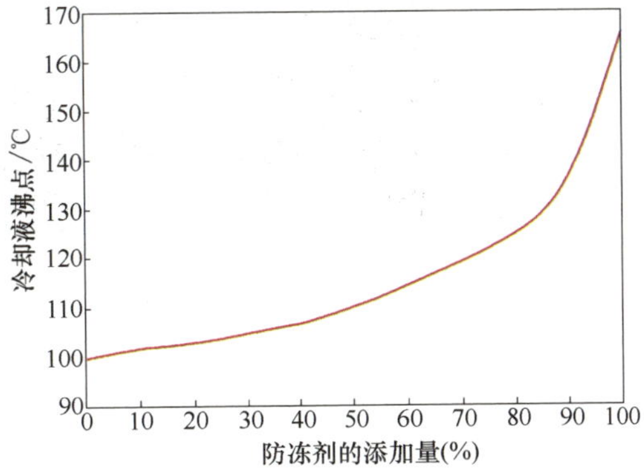


图 7-13 水中防冻剂的添加量与其混合溶液沸点的关系

冷却液的组成：当前所有的主机厂家都建议使用乙二醇碱基冷却液，其包含成分为乙二醇 47%，水 50%，添加剂 3%。

冷却液有不同的类型和颜色，但所有的出厂冷却液的区别只是采用了不同的添加剂，即冷却液中 97%是相同的，只是采用了不同的颜色来辨别冷却液。

### 2. 冷却液的检测

常规的冷却液检测包括以下内容。

目视检测：冷却液需要干净、光亮。

冰点和沸点检测：若冰点过高或沸点过低，表明冷却液被水稀释了。

pH 值检测：若 pH 值异常，表明用来保持 pH 稳定的保护剂损失。

冷却液电压值检测：若电压过高，表明 pH 值异常或流量异常。

下面对常用的冷却液冰点检测方法进行介绍。将一滴冷却液滴到冰点测试仪的棱镜上，然后合上盖子，对着有光线的地方读取数值，如图 7-14 所示；根据所使用的冷却液类型选择合适的数值标准，若冰点读数低于规定值，则符合要求。

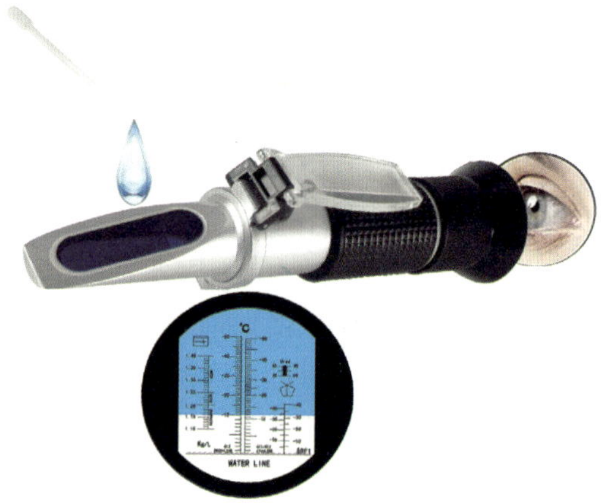

图 7-14　冷却液冰点检测方法

### 3. 冷却液的更换

周期：冷却液的更换周期遵守主机厂的规定。

保护层：冷却液中的添加剂与金属发生化学反应会形成一个保护膜。当更换冷却液时，保护层在几天或几周内会消失，要根据主机厂的建议更换同类型的冷却液。

回收：使用过的冷却液中含有重金属，如铅、铝、铁等，可以过滤掉这些金属、脏物，中和多余的酸或重复使用。

## 四、冷却系统的测试及常见故障

### 1. 冷却系统的测试

采用压力测试仪（图 7-15）进行冷却系统渗漏测试，步骤如下：

1）将散热器测漏仪安装在散热器加水口。

2）向散热器内泵入空气，气压达到 100kPa 并保持 5min。

3）观察冷却系统有无冷却液渗漏，如有渗漏，查看泄漏部位。若有冷却液渗漏，需要首先查验橡胶管的裂纹、管路的接口处、散热器等部位。

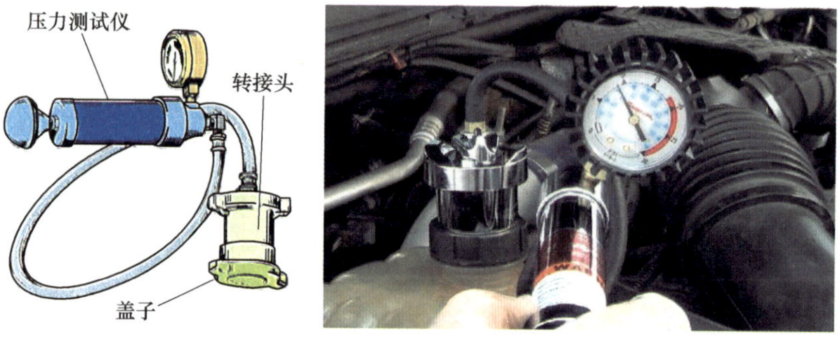


图 7-15　压力测试仪及检测过程

### 2. 冷却系统的常见故障

冷却系统的常见故障现象、故障原因及排除方法见表 7-1。

表 7-1　冷却系统的常见故障现象、故障原因及排除方法

| 故障现象 | 故障原因 | 排除方法 |
| --- | --- | --- |
| 冷却液渗漏 | 散热器盖及密封垫损坏 | 更换或修复 |
| | 冷却水管、软管接头、散热器芯和水泵等部位有损坏 | 更换或紧固、修复 |
| | 水套与机体裂纹等 | 更换或修复 |

（续）

| 故障现象 | 故障原因 | 排除方法 |
|---|---|---|
| 冷却液温度过高 | 冷却液不足 | 添加 |
| | 散热器风扇或双温热敏开关故障 | 更换或修复 |
| | 节温器失效、卡死或堵塞 | 更换或修复 |
| | 水泵堵塞或损坏 | 更换或修复 |
| | 冷却系统水垢过多 | 清洗水道 |
| 冷却液温度过低 | 节温器主阀门常开 | 更换 |
| | 冬季保温措施不良，百叶窗关闭不严 | 检查排除 |
| | 冷却液温度表或冷却液温度感应塞故障 | 更换或修复 |
| | 硅油风扇耦合器失效 | 更换或修复 |
| | 风扇控制电路有故障 | 检查排除 |

## 思考题

1. 冷却系统除了对发动机起冷却的作用外，还有哪些功能？
2. 水冷系统中为什么要装节温器？它是如何工作的？
3. 汽车驾驶舱内的暖风是来自空调系统吗？与冷却系统有何关联？
4. 何为发动机的热管理系统？
5. 现代轿车中采用什么装置来控制风扇的转速？其工作原理如何？
6. 若仪表盘冷却液温度表指示值过高，其检测步骤有哪些？

## 测试题

测试题

# 项目八 起动系统

## 学习目标

| 知识目标 | 能力目标 | 素养目标 |
| --- | --- | --- |
| 1. 掌握起动系统的作用和组成<br>2. 掌握起动机的构造和工作原理<br>3. 掌握自动启停系统 | 1. 能拆装分解起动机<br>2. 能检测起动系统电路故障<br>3. 能列出起动系统的常见故障,并分析故障原因 | 1. 培养自主学习意识与严谨认真、实事求是的工作作风<br>2. 通过完成实训工作任务,养成规范操作意识和安全生产意识 |

## 情景导入

一辆丰田卡罗拉到店维修，该车装配丰田 1zr 发动机、自动变速系统。车主抱怨此车经常性地起动时没有任何反应，换新的蓄电池后故障依旧。假设你是维修技师，请完成检修任务并回答客户提出的问题。

## 知识提升

### 一、起动系统的作用与组成

**1. 起动系统的作用**

起动系统的作用是按照发动机的要求，提供一定的起动转矩，使发动机达到规定的起动转速，顺利完成起动过程。发动机起动后起动系统立即停止工作。

发动机起动时必要的几个条件：足够的起动转矩和转速，良好的点火（汽油机）和燃料，正常的气缸压力。起动系统为发动机提供足够的起动转矩和转速。

起动发动机时，还要求有一定的曲轴转速，称为起动转速。汽油机一般为 50~70r/min，柴油机一般为 150~300r/min。

起动性能是发动机的一个重要指标，衡量发动机起动性能好坏一般用起动时间。我国标准规定，不采用特殊的低温起动措施时，汽油机在-10℃、柴油机在-5℃以下的气温条件下起动，应能在 15s 内达到自行运转。

发动机常用的起动方式有手起动、电起动、辅助汽油机起动、压缩空气起动等几种。电起动是利用电动机带动发动机曲轴旋转的起动方式，具有起动快捷方便、省力等优点，但需要一套电起动系统。现代车用发动机均采用电起动方式。

### 2. 起动系统的组成

起动系统主要由蓄电池、起动机、起动继电器、点火开关等组成（图 8-1）。

当点火开关置于起动档“Start”时，首先接通起动系统控制电路，电磁开关闭合，蓄电池电流经电磁开关流入直流电动机，并使其转动。同时，电磁开关将驱动齿轮向外推出与发动机飞轮相啮合，带动发动机转动。当发动机完成着火并加速运转后，飞轮有带动起动齿轮运转的趋势时，起动机上的单向离合器使起动机的驱动齿轮相对于起动机电枢轴空转。若驾驶人及时将点火开关转到点火档“IG”，切断起动机控制电路，驱动齿轮退回，起动机停止运转。

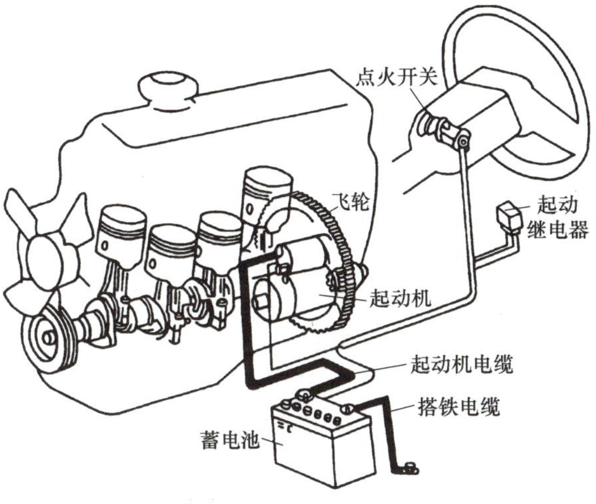

图 8-1 起动系统的组成

## 二、起动机

### 1. 起动机的组成

起动机一般由直流电动机、传动机构和电磁操纵机构三部分组成，如图 8-2 所示，其各部分功用如下：

1）直流电动机：产生电磁转矩。

2）传动机构：在发动机起动时，使起动机小齿轮与飞轮齿圈啮合，将起动机转矩传给发动机飞轮；在发动机起动后，使起动机自动脱开飞轮齿圈。

3）电磁操纵机构：控制起动机的运转和传动机构的啮合与分离。

在各种起动机的三个组成部分中，电动机部分一般没有本质的差别，而控制方法和传动机构的啮入方式有很大差异，因此，起动机是按控制方法和传动机构的啮入方式的不同来分类的，主要分为常规型（图 8-3a）、减速型（图 8-3b）、行星减速型（图 8-3c）和永磁行星减速型（图 8-3d）。

图 8-2 起动机

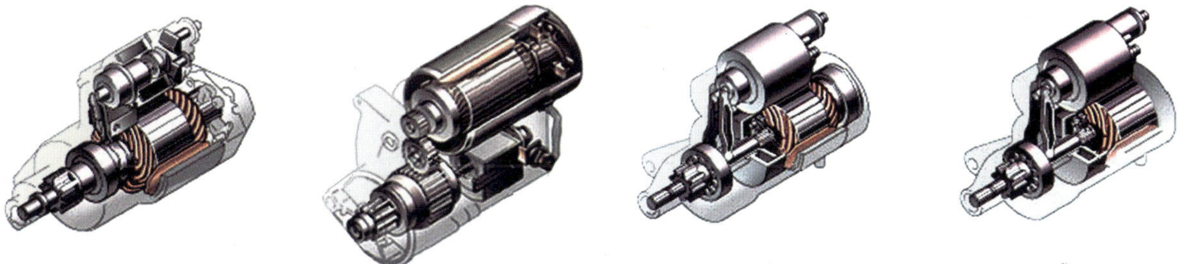
a) b) c) d)

图 8-3 起动机的类型

a）常规型 b）减速型 c）行星减速型 d）永磁行星减速型

**2. 起动机的基本工作原理**

汽车一般使用直流电动机，它是将电能转变为机械能的设备，是根据通电导体在磁场中受到电磁力的作用而产生运动的原理进行工作的。

以单匝电枢绕组的直流电动机为例说明其工作原理。将通电线圈置于磁场中，磁场方向如图 8-4a 所示，直流电通过电刷和换向器铜片引入，当电流 $I_s$ 从 B 电刷经 d—c—b—a 到 A 电刷时，根据左手定则判定，匝边 ab 和 cd 受到的磁场力 $F$ 形成力矩，使线圈逆时针转动；当线圈转到换向片 A 与负电刷接触，换向片 B 与正电刷接触时（图 8-4b），电流方向改变为 a—b—c—d，同时，匝边 ab 和 cd 的位置改变，电磁转矩的方向保持不变，使线圈继续逆时针旋转。

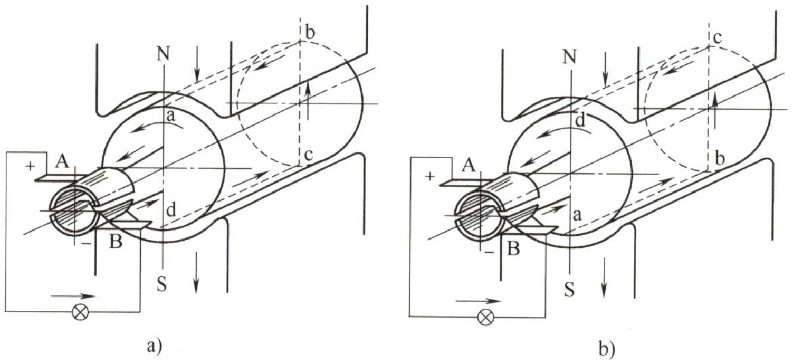


图 8-4　直流电动机的工作原理图

起动机的结构如图 8-5 所示，其主要由直流电动机、传动机构和控制机构组成。

（1）直流电动机　直流电动机一般由电枢总成、磁极、电刷与刷架及其他附件组成。

1）电枢总成（图 8-6）。电枢也称为转子，它由电枢轴、电枢铁心、电枢绕组及换向器等组成。在电枢轴上压有铁心，铁心的作用是增加磁力。它是由互相绝缘的薄硅钢片叠成的，采用叠片是为了减小铁心内感应的涡流电流的损失。

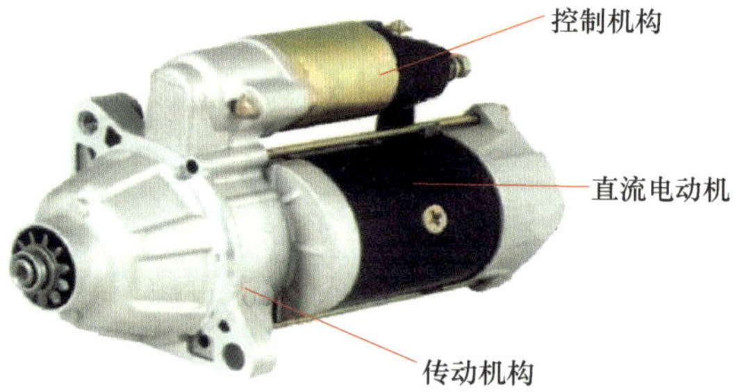


图 8-5　起动机的结构

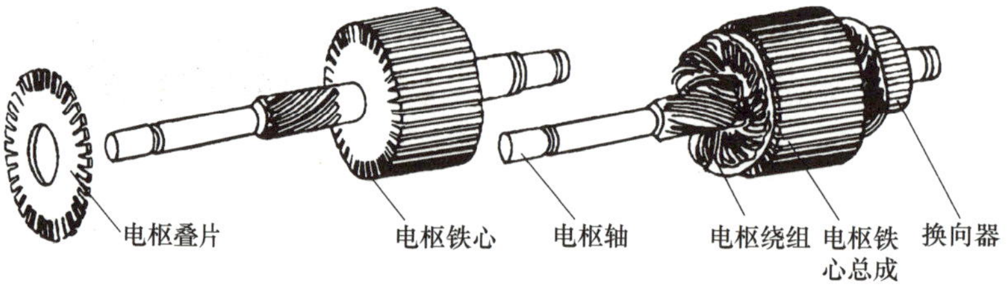


图 8-6　电枢总成

2）磁极。磁极也称为定子，有永久磁铁和电磁铁两类。电磁铁磁极由铸钢铁心及励磁绕组构成（图 8-7），固定在起动机壳体的内壁上。为了产生足够强的磁场来使电枢产生足够的起动转矩，磁极的数量一般为两对，功率较大的起动机也有采用三对的。励磁绕组采用大截面的铜导线制成。四个励磁绕组的连接方法有串联和并联两种。无论采用何种连接，其产生的磁极需要相互交错。

3）电刷与刷架。由于起动机电流较大，所用电刷是用铜与石墨粉压制而成的。电刷置于电刷架中，由盘形弹簧压紧到换向器上，电极引线接电源或搭铁。

4）壳体及轴承。壳体主要起支撑和保护作用。起动机轴承由于结构限制一般采用滑动轴承，用于支撑电枢轴。

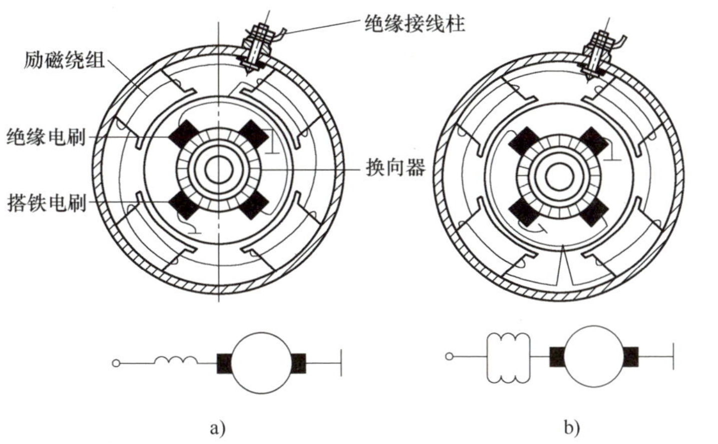


图 8-7 励磁绕组的连接

a）串联连接 b）并联连接

（2）传动机构 普通起动机的传动机构主要是单向离合器。其作用是将电动机的动力传递给发动机飞轮，以起动发动机。发动机起动后，断开发动机对起动机的逆向驱动，以防止发动机带动起动机高速旋转而使起动机“飞散”。

起动机中常见的单向离合器有滚柱式、摩擦片式和扭簧式等。

1）滚柱式单向离合器。它是目前国内外汽车起动机中使用最多的一种传动方式（图 8-8），其外壳与驱动小齿轮连为一体，十字块与传动套筒经滑动花键与电枢轴相接，外壳与十字块之间的间隙是宽窄不等的楔形槽结构。

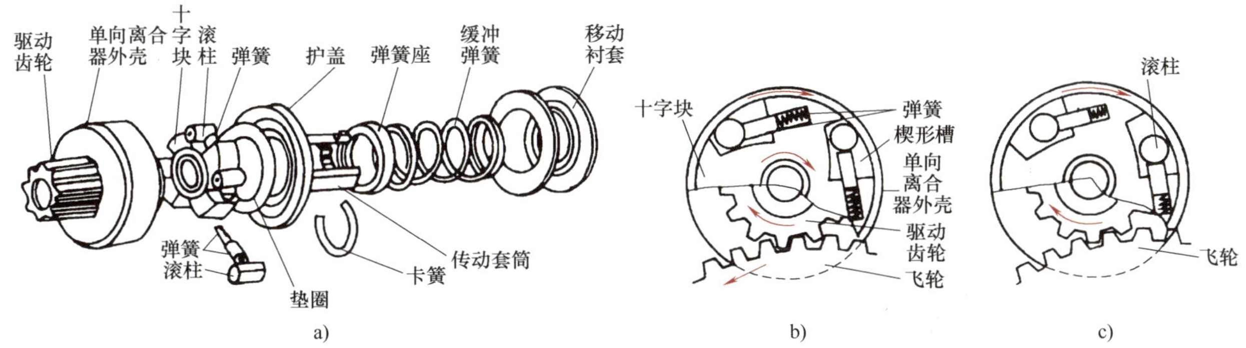


图 8-8 滚柱式单向离合器的组成

a）结构 b）工作原理（起动中） c）工作原理（起动后）

滚柱式单向离合器传递较大转矩时，滚柱容易卡住，不能满足大功率起动机的要求，但结构简单，因此在现代汽车上应用广泛。

2）摩擦片式单向离合器。摩擦片式单向离合器的结构如图 8-9a 所示，离合器的外接合鼓固定在起动机轴上，内接合鼓具有螺线孔，并旋在起动机驱动齿轮柄的螺纹上，齿轮柄则自由套在起动机轴上，用螺母锁住防止脱落。两个弹性圈和压环依次装进外接合鼓中，青铜主动片以其外凸齿装入外接合鼓的切槽中，钢制从动片以其内齿插入内接合鼓的切槽中。内接合鼓上的两个弹簧轻压摩擦片，使摩擦片具有传力作用（力较小）。

摩擦片式单向离合器可以传递较大的转矩，但结构复杂，摩擦片磨损后，需经常检修调整，常用在电枢移动式起动机上。

3）扭簧式单向离合器。扭簧式单向离合器的结构如图 8-10 所示。驱动齿轮空套在电枢轴前端的光滑部分上，连接套筒套在电枢轴的花键部分上，扭力弹簧两端各有 1/4 圈内径较小的部分，箍紧驱动齿轮与连接套筒。

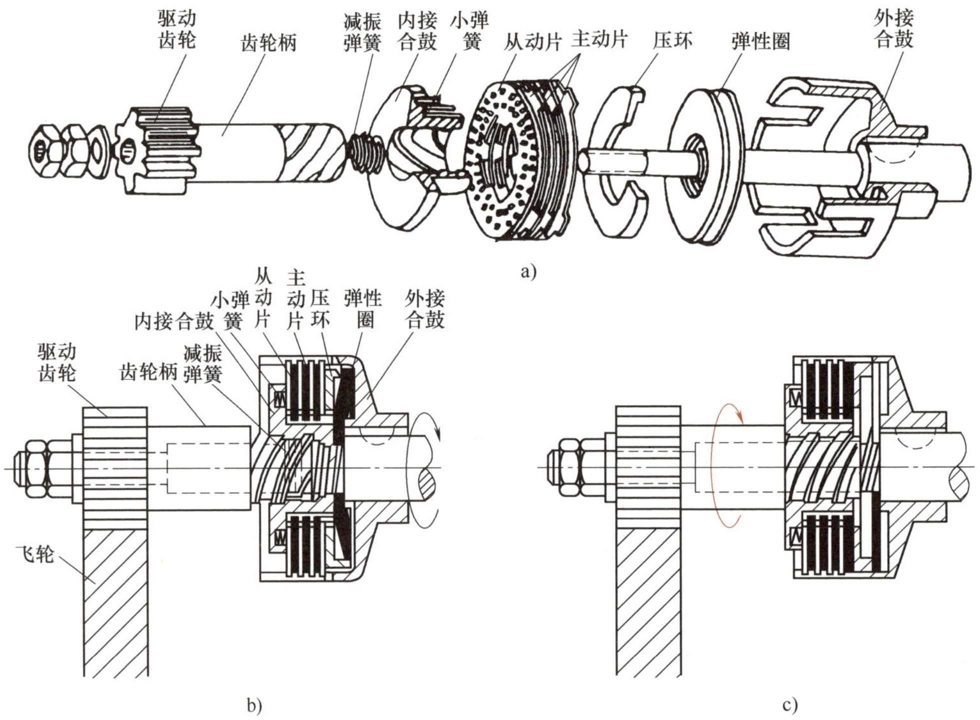


图 8-9　摩擦片式单向离合器

a）结构　b）压紧　c）放松

起动时，电磁开关铁心经拨叉移动拨环，由缓冲弹簧推动离合器使驱动齿轮与发动机飞轮啮合。电枢旋转时，通过花键带动连接套筒，在弹簧与驱动齿轮和主动套筒之间摩擦力的作用下，将连接套筒和齿轮柄抱死，电枢转矩便由此传给飞轮。起动后，飞轮带动驱动齿轮，扭力弹簧被放松而打滑，保护电枢不致被飞轮带动而“飞散”，同时，拨叉在回位弹簧的作用下，经拨环使驱动小齿轮回位。

扭簧式单向离合器结构简单，使用寿命长，但轴向尺寸较大，所以在小型机上的应用受到限制。

（3）控制机构　控制机构一般由电磁开关组成。

电磁开关安装于直流电动机壳体上方（图 8-11），用于控制起动机驱动齿轮与发动机飞轮的啮合与分离及电动机电路的通断。吸引线圈与保持线圈的匝数相同，绕向也相同，都绕在套筒外侧。吸引线圈与电动机串联，保持线圈与电动机并联。

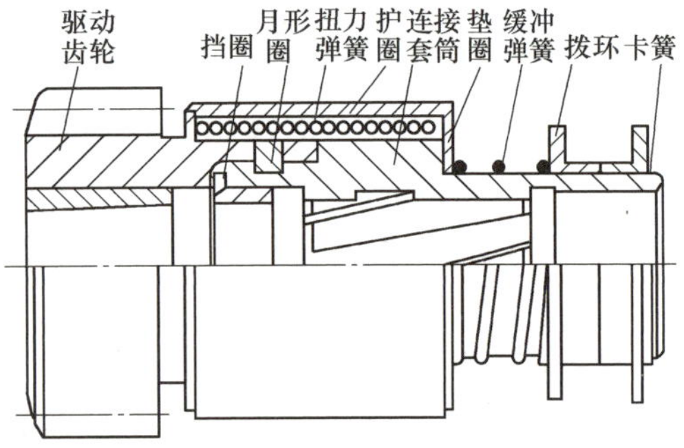


图 8-10　扭簧式单向离合器

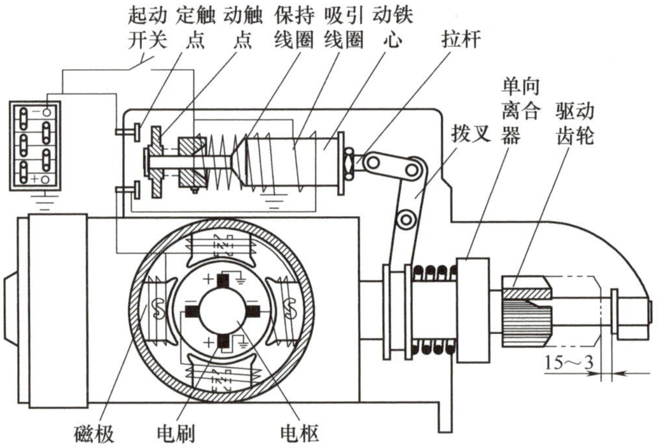


图 8-11　电磁开关

当接通起动开关时，吸引线圈中的电流经起动机的励磁绕组和电枢绕组后搭铁，保持线圈则直接搭铁。此时，两个线圈产生较强的相同方向的电磁吸力，吸引动铁心向左移动。铁心的移动通过拨叉将驱动齿轮推向飞轮，同时通过电枢中的较小电流使电枢轴较缓慢地旋转，因而有利于啮合。当驱动齿轮与飞轮齿圈完全啮合时，动触点与接触点刚好完全闭合。此时，吸引线圈被短路，只靠保持线圈吸力将触点与定触点保持在接通状态，强大的起动电流通过励磁绕组和电枢绕组使电动机快速转动。

发动机起动后，从起动开关到保持线圈的电流被切断，但在断开起动开关的瞬间，触点仍在闭合位置，电流从触点到吸引线圈，再经保持线圈搭铁。这时，两线圈产生的电磁力大小相同、方向相反，相互抵消。在回位弹簧的作用下，铁心返回原位，触点断开，起动机因断电而停转，同时驱动齿轮退回。

普通起动机电枢转速与驱动齿轮的转速相同。减速起动机在电枢与驱动齿轮之间装有一级减速齿轮（一般速比为3~4），它的优点是采用了高速低转矩的电动机，可使起动机质量和体积减小，且便于安装；提高了起动机的起动转矩而有利于发动机起动；电枢轴较短而不易弯曲等。

## 三、起动系统控制电路

起动系统控制电路一般有无继电器（直接）控制式、带起动继电器控制式、带组合继电器控制式和微机控制式。

**1. 无继电器控制式起动系统电路**（图 8-12）

小功率起动机的微型轿车，如桑塔纳、丰田车系常用点火开关起动档（ST）直接控制的无继电器控制式起动系统电路。

**2. 单继电器控制式起动系统电路**（图 8-13）

常用点火开关起动档控制继电器线圈的小电流，用起动继电器触点控制起动机电磁开关的大电流。

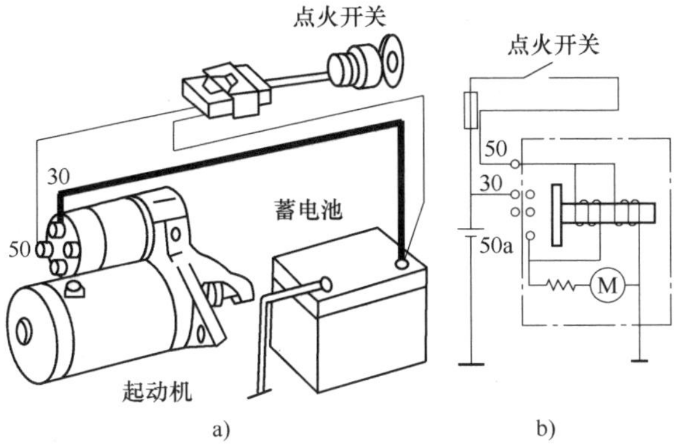


图 8-12 无继电器控制式起动系统电路原理图

a）接线图 b）原理图

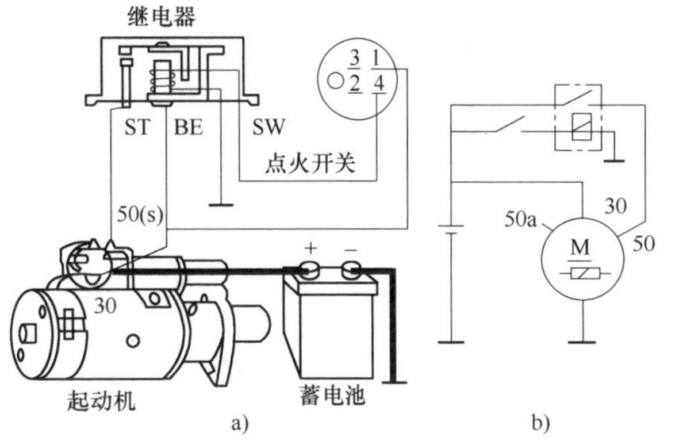


图 8-13 单继电器控制式起动系统电路原理图

a）接线图 b）原理图

**3. 微机控制式起动系统电路**

现代汽车基本都采用微机控制的起动系统电路。采用微机控制起动系统电路可以实现防盗、自动启停等功能。

（1）丰田车系的微机控制起动系统电路（图 8-14） 起动系统主要由蓄电池、起动机、起动继电器、空档起动开关、防盗和门锁控制 ECU、点火开关和保险装置等组成。

当点火开关钥匙没有插入或没有处于工作位置时，防盗系统工作，防盗和门锁控制 ECU 使端子 ST 为高电位 12V，即使点火开关置于起动位置，并且空档起动开关接通，也因起动继电器线圈两端电位相等，起动继电器触点不能闭合，使起动机不工作。

当点火开关钥匙插入并处于工作位置时，全部防盗功能解除，防盗和门锁控制 ECU 使端子 ST 为低电位 0。如果点火开关置于起动位置、变速器处于空档位置，则起动继电器线圈电路接通，使起动继电器触点闭合，起动机工作。

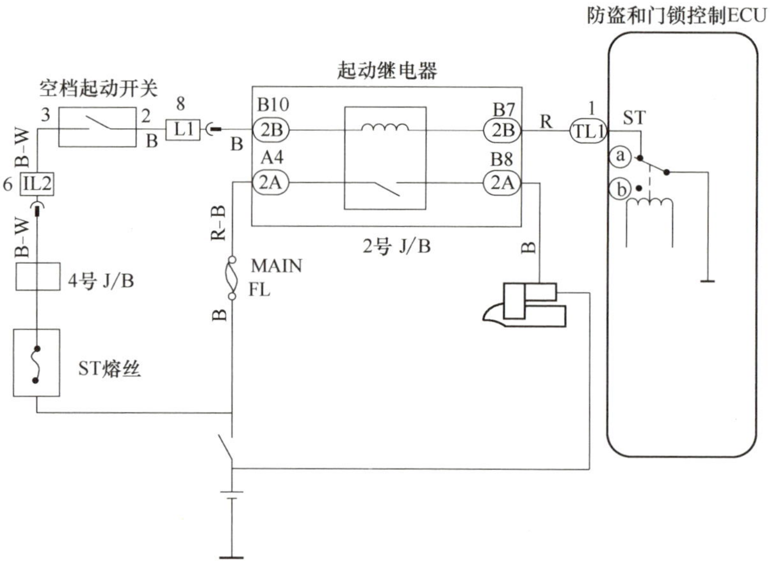


图 8-14　丰田微机控制起动系统电路图

发动机起动后，点火开关自起动位置退回，起动继电器线圈电路切断、触点断开，起动机停止工作。

空档起动开关保证了只有变速器在空档位置才能起动发动机，既有利于汽车顺利、安全起动，又能保证在汽车行驶过程中，即使误将点火开关旋至起动位置，起动机也不会工作。

（2）大众车系的微机控制起动系统电路（图 8-15）　一汽大众的迈腾 B8 起动机运行首要条件是需经过内部防盗系统确认当前钥匙已授权。如果验证钥匙为已授权，则将接通 15 电源以及解除防盗，同时发动机控制单元 J623 将点火和燃油限制解除。

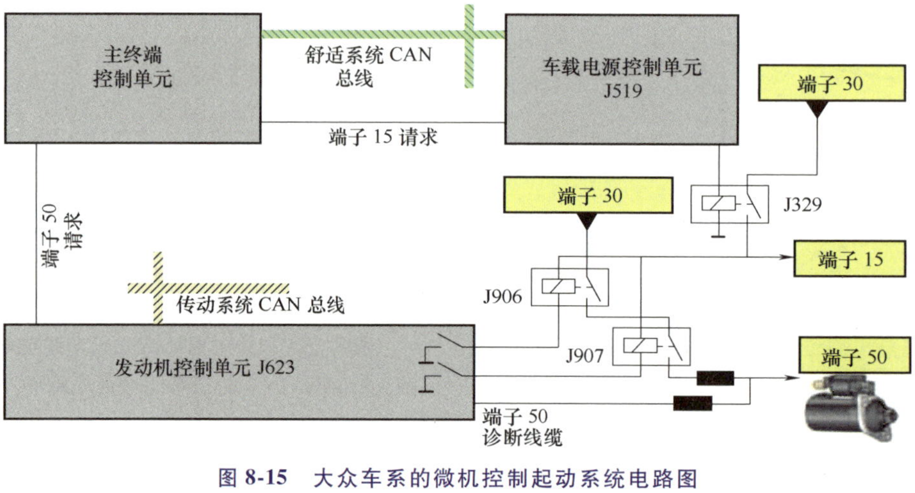


图 8-15　大众车系的微机控制起动系统电路图

按下起动装置按键，进入及起动许可控制单元 J965 负责处理信号、唤醒舒适系统 CAN 数据总线，同时查询防盗锁止系统控制单元（J519 内部）是否允许接通 15 电源。为确定车内是否有授权钥匙，进入及起动许可控制单元 J965 针对已匹配的钥匙通过车内天线发送一个查询码（125kHz 低频信号）。授权钥匙识别到其信号后进行编码并向车载电源控制单元 J519 发送一个应答器数据（433MHz 高频信号），车载电源控制单元 J519 将应答器数据转发给防盗锁止系统控制单元（J519 内部）。防盗锁止系统控制单元（J519 内部）通过比对，确认是否为已授权钥匙。如果为授权钥匙，则防盗锁止系统控制单元（J519 内部）通过舒适系统 CAN 数据总线向电子转向柱锁控制单元 J764 发送一个电子转向柱解锁命令，以打开电子转向柱（转向盘可以转动）。同时进入及起动许可控制单元 J965 向车载电源控制单元 J519 发送 CAN 消息，并通过一根独立的导线接通 15 电源。其他的 CAN 数据总线将通过数据总线诊断接口 J533 唤醒。

唤醒所有数据总线后，可进行跨总线的防盗锁止系统通信。成功完成发动机控制单元数据比较后，防盗锁止系统控制单元将颁发起动许可。如果安装有双离合变速器机械电子单元 J743，那么 J743 会发送查询并提出释放防盗锁止系统控制单元 J362 的请求。如果有一个控制单元信息对比出现错误，发动机防盗将被激活，激活后的现象为起动机可以运转，车辆可以起动，但起动后立即熄火。

当变速杆处于 P 位或 N 位，踩下制动踏板，按下一键启动，起动信号传输给进入及起动许可控制单元 J965，J965 将起动允许信号通过 T40/15 至 T91/68 的独立导线发送给发动机控制单元 J623，J623 接通起动继电器 1（J906）和起动继电器 2（J907）线圈搭铁回路，线圈工作、触点闭合。图 8-16 所示为迈腾 B8 起动系统控制原理图。

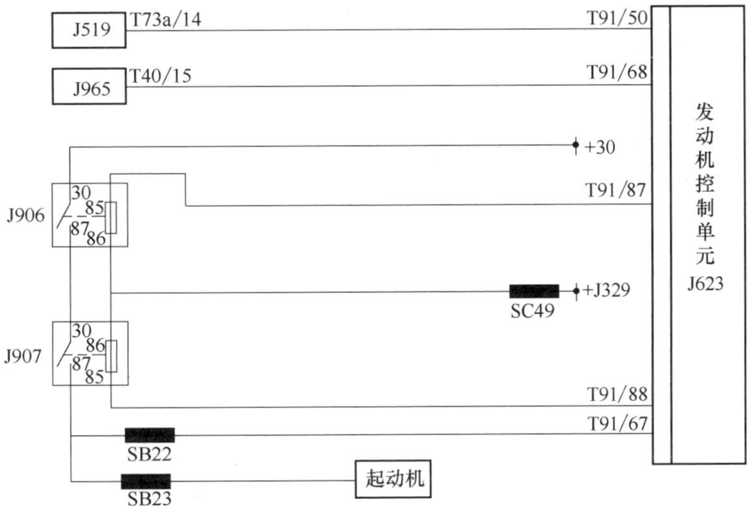


图 8-16 迈腾 B8 起动系统控制原理图

电源+30 接通起动继电器 1（J906）触点和起动继电器 2（J907）触点，再通过 SB23（30A）的熔丝将电源供给起动机电磁线圈端子，起动机电磁线圈工作，带单向离合器的小齿轮被推出，起动机电磁继电器触点闭合，蓄电池电压进入起动机转子和定子，起动机运转，带动飞轮旋转，进而起动发动机。

## 四、起动机的检测与测试

### 1. 起动机的检测

（1）吸引线圈性能测试

1）把励磁线圈的引线断开。

2）按照图 8-17 所示的方法连接蓄电池与电磁起动开关。驱动齿轮应能伸出，否则表明其功能不正常。

（2）保持线圈性能测试接线方法　如图 8-17 所示，完成电磁开关吸引线圈功能测试后，将驱动齿轮移出后从端子 C 上拆下导线。驱动齿轮仍能保留在伸出位置，则说明电磁开关保持线圈功能正常，否则表明保持线圈损坏或搭铁不正确。

（3）复位功能测试　完成电磁开关保持线圈功能测试后，拆除起动机接线柱“-”上的连接线，此时，若驱动齿轮被拉回，则说明电磁开关复位功能正常。

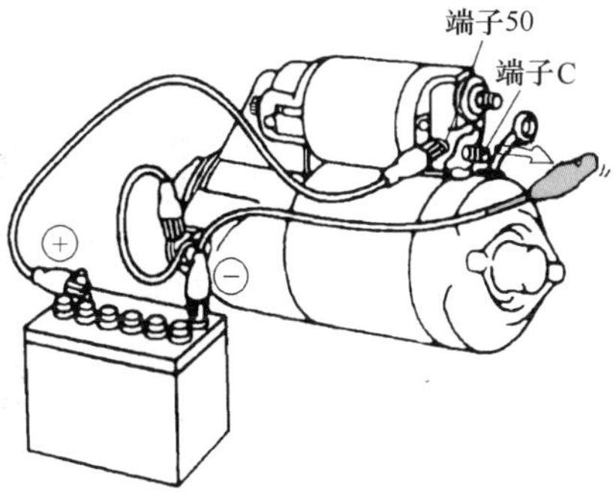


图 8-17 电磁开关吸引线圈功能试验

### 2. 起动机的测试

起动机的测试主要包括空载试验（图 8-18）和全制动试验（图 8-19）。

（1）空载试验　测量起动机的空载电流和空载转速并与标准值比较，以判断起动机内部有无电路和机械故障。

试验步骤如下：

1）固定起动机。

2）按着图 8-18 所示的方法连接导线。

3）检查起动机，应该平稳运转，同时驱动齿轮应移出。

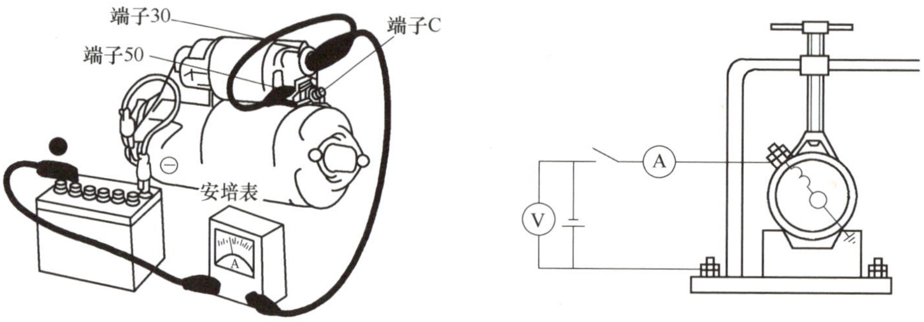


图 8-18　空载试验

4）读取安培表的数值，应符合标准值。

5）断开端子 50 后，起动机应立即停止转动，同时驱动齿轮缩回。

（2）全制动试验　全制动试验应在空载试验的基础上进行，空载试验不合格的起动机不应进行全制动试验。试验的目的是测量起动机在完全制动时所消耗的电流（制动电流）和制动力矩，以判断起动机主电路是否正常，并检查单向离合器是否打滑。

试验方法：将起动机夹持在试验台上，使杠杆的一端夹住起动机驱动齿轮的三个齿，电路连接与空转试验相同。接通起动机电路，呈现制动状态，观察单向离合器是否打滑并迅速记下电流表、电压表、弹簧秤的读数，其值应符合规定值。

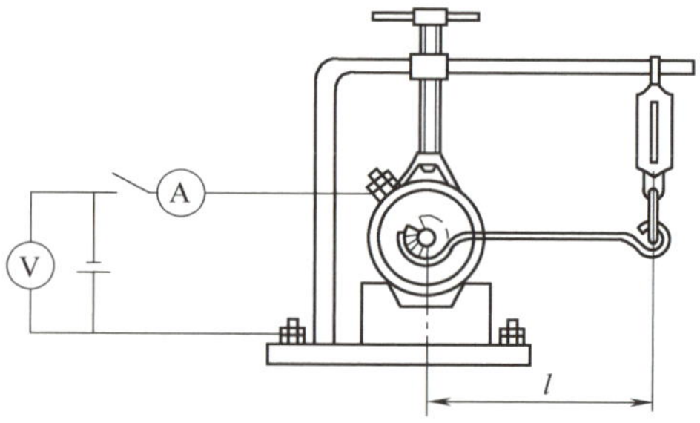


图 8-19　全制动试验

全制动试验应注意：每次试验通电时间不要超过 5s，以免损坏起动机及蓄电池。试验中，工作人员应避开弹簧秤夹具，以防止发生人身事故。

## 五、自动起停系统

发动机自动起停系统是在车辆行驶过程中临时停车时，发动机自动熄火；当需要继续前进时，系统自动重启发动机的一套系统，英文名称为 STOP&START，简称为 STT。STT 智能节油系统是一套控制发动机起动和停止的系统。其工作过程如图 8-20 所示。

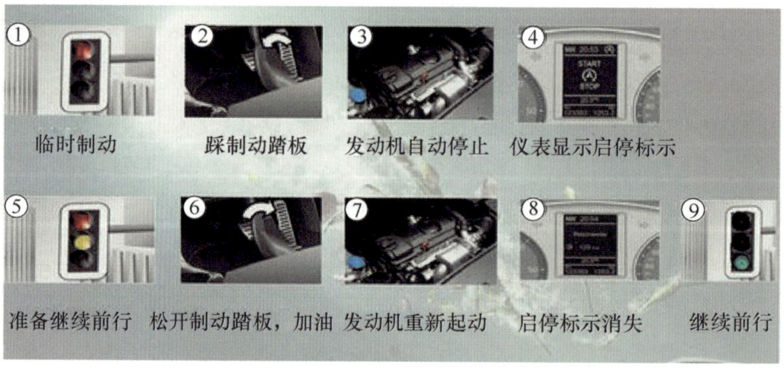


图 8-20　自动起停系统的工作过程

自动起停系统是汽车在满足设定（如蓄电池电量充足、冷却液温度在 57~105℃范围内、车速低于 3km/h 等）条件时，发动机完全熄火不工作；当整车需要起动前进时，怠速起停电动机系统迅速响应驾驶人起动命令，快速起动发动机，瞬时衔接，从而大大减少油耗和废气排放。

STT 智能节油系统通过 ECU 判断车辆的状态，如车辆在红灯和堵塞等停滞状态，ECU 可以控制发动机自动停止运行，在停止运行阶段，车内空调和音响等设备可正常使用。通过此项技术在一般路况条件下可以节约 5%的燃油，而在拥堵路段中最高可以节约 15%左右的燃油。

## 六、起动系统常见故障

发动机无法起动时，涉及的原因很多，主要包括起动系统故障、燃油系统故障、点火系统故障和机械故障等，本部分主要介绍起动系统故障导致发动机无法起动的相关内容。当起动系统出现故障时，可能是蓄电池、起动机、起动继电器、点火开关、起动系统电路等出现故障引起的，通过故障诊断，能准确判断故障在哪个部位。起动系统的基本电路如图 8-21 所示。

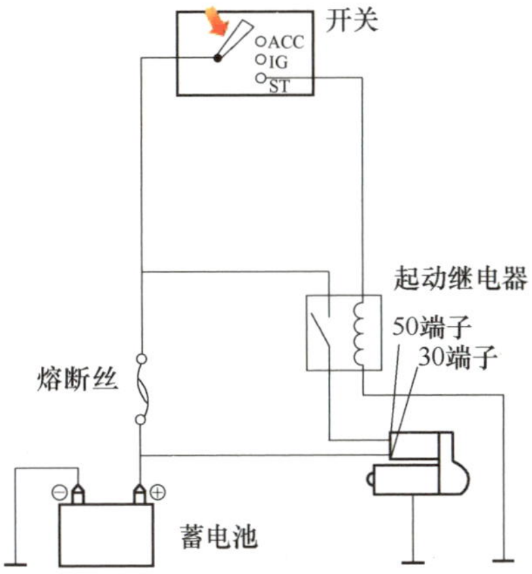


图 8-21 起动系统的基本电路

下面以丰田轿车起动系统为例，分析起动系统的故障，其他汽车起动系统的诊断思路和方法大致相同。起动机一般有起动机不转、起动机空转、起动机转动无力和起动机异响等几种故障现象，一般是由于蓄电池电量不足，接线柱松动，起动机励磁线圈、电枢线圈烧坏，调节器烧坏，单向离合器损坏，轴承损坏等引起的。起动系统的常见故障现象和故障可能的原因见表 8-1。

表 8-1 起动系统的常见故障现象和故障可能的原因

| 常见故障 | 故障现象 | 故障可能的原因 |
| --- | --- | --- |
| 起动机不转 | 将点火开关旋至起动档，起动机驱动齿轮不向外伸出，起动机不转 | 1）电源故障<br>2）起动机故障<br>3）起动继电器故障<br>4）点火开关故障<br>5）起动系统电路故障 |
| 起动机运转无力 | 将点火钥匙旋至点火开关起动位置时，起动机能起动，但转动缓慢无力，带不动发动机 | 1）蓄电池存电不足或起动电路导线插头松动而接触不良<br>2）电刷与换向器接触不良，电动机绕组局部短路<br>3）电动机轴转动不灵活或发动机装配过紧而使转动阻力过大 |
| 起动机空转 | 接通点火开关后，起动机只是高速空转，而不能带动发动机运转 | 1）单向离合器打滑或损坏<br>2）拨叉变形或拨叉联动机构松脱<br>3）起动机驱动齿轮与发动机齿环行程调整不当，或驱动轮不能自由滑动 |
| 起动机运转不停 | 发动机起动后，将点火开关断开，起动机仍然不能停止运转，并发出尖锐响声 | 1）单向离合器卡死<br>2）起动机驱动齿轮缓冲弹簧复位力过小或折断<br>3）起动继电器触点或电磁开关触点烧结焊死 |
| 起动机异响 | 起动机在起动瞬间出现异常的撞击声 | 1）齿顶缺损导致不能正常啮合<br>2）起动机安装不当，齿侧间隙太小<br>3）缓冲弹簧过软或折断 |

## 思考题

1. 起动机的主要结构包括哪几部分？

2. 起动机的电磁开关在发动机起动时和起动后是如何工作的？其中，吸拉线圈和保持线圈中的电流流向是怎么样的？

3. 起动机的控制电路有哪几种常见的类型？

4. 起动机如何进行不解体检测和解体检测？检测内容有哪些？

5. 发动机的自动起停系统有哪几种？分别有何特点？

6. 起动系统常见的故障有哪些？如何进行相关的故障诊断？

## 测试题

测试题

# 项目九 汽油机供油系统

## 学习目标

| 知识目标 | 能力目标 | 素养目标 |
| --- | --- | --- |
| 1. 掌握汽油机供油系统的作用、组成及发展简介<br>2. 掌握汽油的特性<br>3. 掌握供油系统的主要零部件<br>4. 掌握高、低压双喷射系统的控制原理 | 1. 能读取供油系统相关数据流<br>2. 能检测喷油器控制电压波形<br>3. 能列出供油系统的常见故障，并分析故障原因 | 1. 能通过查询资料，养成使用汽车维修手册的自主学习习惯<br>2. 培养安全意识、劳动意识和创新意识 |

## 情景导入

一辆奥迪 A4（B9）高配车辆到店维修，车主抱怨车辆出现发动机加速无力、冒黑烟故障，其不仅要求检修车辆，还希望维修技师解释供油系统的结构、工作原理以及常见故障。假设你是维修技师，请完成检修任务并回答客户提出的问题。

## 知识提升

### 一、供油系统的作用与组成

**1. 汽油机供油系统的作用**

汽油机供油系统的作用是应用各种传感器探测发动机工作状态、汽车行驶状态及进气量，由发动机 ECU 计算出最佳的燃油喷油量并使喷油器提供合适的汽油，以形成最佳浓度的混合气。

**2. 汽油机供油系统的组成**

汽油机供油系统主要部件包括燃油箱、燃油泵、燃油泵滤清器、燃油滤清器、压力调节器、输送管、喷油器、脉动缓冲器，如图 9-1 所示。

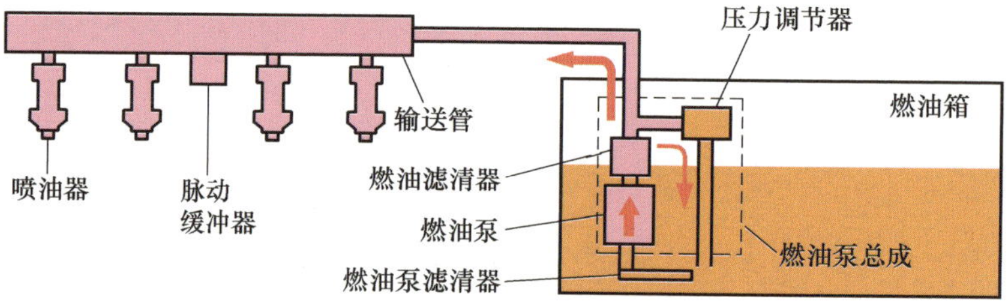


图 9-1 汽油机供油系统的组成

## 二、汽油和可燃混合气

汽油是由石油提炼出的密度小、易挥发的液体燃料。其中，碳为 85%、氢为 15%。根据汽油的获取方法分为直馏汽油和裂化汽油（热裂化、催化裂化），其中，催化裂化汽油常用，产量高、质量好。

### 1. 汽油的主要性能指标

蒸发性：汽油加热后从液体变为气体的性能。蒸发性越好，混合气质量越好，发动机性能提高。但是，蒸发性越好越容易形成气阻。

气阻：供油系统温度过高时，汽油蒸发产生大量蒸气气泡，妨碍汽油正常流动，使供油不足，发动机转速突然下降，这种故障称为气阻。

抗爆性：汽油在气缸中燃烧时，避免产生爆燃的能力。

爆燃：由于气体压力和温度过高，在燃烧室内离点燃中心较远处的可燃混合气自燃，造成不正常燃烧，称为爆燃。

### 2. 可燃混合气

在汽油发动机中适量的空气和汽油混合后形成可燃混合气。表示混合气浓度的大小有两种参数，分别为空燃比和过量空气系数。

空燃比是指空气和汽油质量的比值。理论空燃比为 14.7：1；稍稀为 15：1~16：1；稍浓为 12：1~13.5：1。

过量空气系数是指实际空气量与理论空气量的比值，常用“$\lambda$”表示。理论空燃比：$\lambda=1$；变稀：$\lambda>1$；变浓：$\lambda<1$。

### 3. 混合气与发动机性能

混合气与发动机的运行状况见表 9-1。

表 9-1 混合气与发动机的运行状况

| 混合气种类 | 过量空气系数 $\lambda$ | 发动机功率 | 油耗率 | 备注 |
|---|---|---|---|---|
| 火焰传播上限 | 0.4 | | | 混合气不燃烧 |
| 过浓混合气 | 0.43~0.87 | 减小 | 显著增大 | 燃烧室积炭、冒黑烟、排气管放炮 |
| 功率混合气 | 0.88 | 最大 | 增大 18% | |
| 标准混合气 | 1.0 | 减小 2% | 增大 14% | |
| 经济混合气 | 1.11 | 减小 8% | 最小 | |
| 过稀混合气 | 1.13~1.33 | 显著减小 | 显著增大 | 发动机过热、加速变坏 |
| 火焰传播下限 | 1.4 | | | |

稀混合气是指混合气中的含氧量多于完全燃烧的需要量，如 17：1 的混合气就是稀混合气，通常仍可燃烧；此时的过量空气系数 $\lambda$ 大于 1。混合气稀时，燃油消耗少，但功率下降；过稀的混合气将会造成氮氧化合物排放增加；如果越过燃烧极限，会造成着火困难，发生失火。

浓混合气是指混合气中的含氧量少于完全燃烧的需要量，如 10：1 的空气/燃油混合气就是浓混合气，但通常仍可燃烧；此时的过量空气系数 $\lambda$ 小于 1。稍浓的混合气可以增大发动机功率，所以加速时会采用浓混合气。过浓混合气可能导致 HC 排放增加、功率下降、燃油经济性下降。

发动机在各种工况下对混合气浓度的要求不同，下面就起动、后起动、暖机、怠速、全负荷/加速与减速、倒拖等各种工况对混合气要求进行分析（图 9-2）。

a) b) c) d) e) f)

图 9-2 发动机运行的各种工况

a）起动工况 b）后起动工况 c）暖机工况 d）怠速工况 e）全负荷工况/加速与减速工况 f）倒拖工况

（1）起动工况 在冷起动期间，混合气中含有汽油蒸气相对减少，混合气变稀。产生混合气变稀是由于空气和燃油混合不充分、燃油蒸发率低、燃油在进气管壁上凝结，所有这些现象都是由于温度低而引起的。为了克服这些负面作用，使冷起动更容易，必须向发动机喷入额外的燃油，保证正常起动。

（2）后起动工况 低温起动后，补充燃油供给会维持一个短暂的时期，以促进内部混合气的形成，直到燃烧室温度上升。加浓的混合气可增大转矩使发动机平稳过渡到给定的怠速转速。在实际起动大约几秒后，会高转速到正常怠速的阶段，这个阶段就是后起动工况。

（3）暖机工况 暖机工况紧跟着起动与后起动工况。此时，发动机仍然需要加浓的混合气，以弥补燃油在进气管壁上凝结造成的损失；较低的温度同样降低了油气混合的效率。

（4）怠速工况 怠速是指在发动机发出的转矩刚刚能补偿摩擦损失的工作状态。在怠速时，发动机不向飞轮输出功率；在怠速和小负荷时，由于发动机转速较低，进气量较小，进气流速较慢。怠速时虽然空燃比是按照 14.7∶1 进行控制的，但是由于发动机燃烧效率的原因一直为 12∶1 左右。

（5）全负荷工况 在全负荷时，由于功率的需要，需要提供额外的加浓的混合气，这种加浓可实现最大的转矩和功率。

（6）加速与减速工况 急加速会使进气管产生较高的压力，从而使燃油蒸发率下降和进气中的油膜扩张，于是一部分喷入的燃油重新在壁面上凝结。为了补偿，此时需加浓混合气；与此相反，突然减速会使混合气变浓，此时需应该采用稀混合气。

（7）倒拖工况 在短时间倒拖时，如果发动机转速高于一规定的临界值，应该断开燃油，保护三元催化转化器；在发动机转速很高时，如果节气门关闭，会导致 HC 排放增加。为了消除影响，在倒拖时电子节气门将稍微打开，以保证少量空气的供给；减速断油，提高了燃油经济性。在此阶段能监测后氧传感器的工作情况及进行失火监测的校正。

## 三、供油系统的新技术

汽油机进气歧管喷射系统如图 9-3 所示，汽油与空气的混合气在发动机气缸外面的进气歧管中形成。在进气行程中，活塞向下移动，经过打开的进气门将汽油和空气的混合物吸入气缸。

缸内喷射发动机是将汽油直接喷入气缸内，利用缸内气流运动、燃油喷射雾化、燃烧室表面引导形成混合气后进行燃烧，如图 9-4 所示。汽油机缸内直喷技术简称为 FSI，指的是燃油分层喷射。FSI

可将燃油直接喷入燃烧室，减少发动机的热损失，增大输出功率并降低燃油消耗，有助于燃油经济性和动力性的提高。

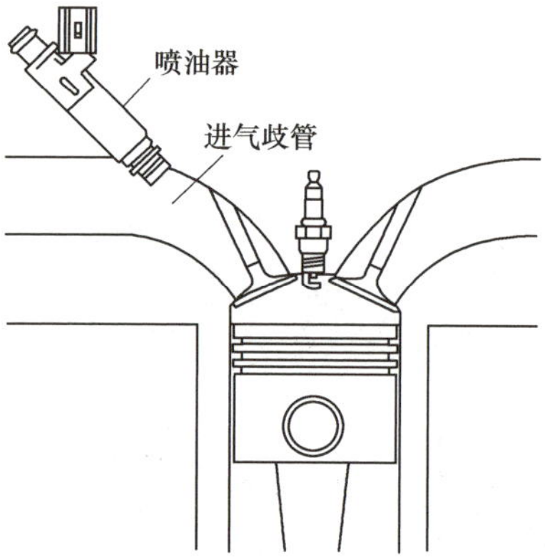


图 9-3　进气歧管喷射系统

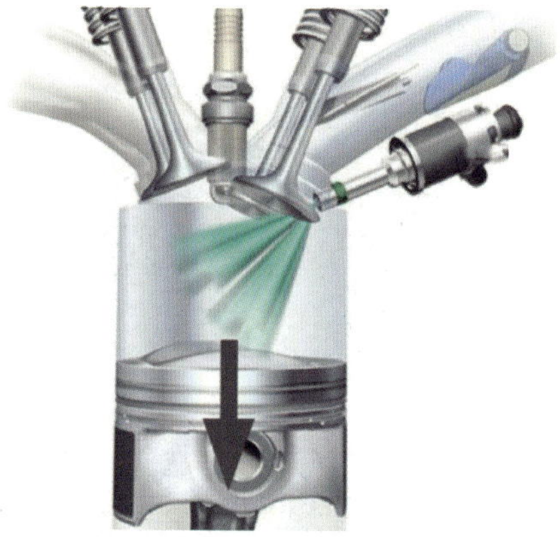

图 9-4　缸内直喷发动机

自 21 世纪以来，各大汽车厂商都在积极研究开发缸内直喷分层稀薄燃烧技术。

## 四、供油系统的主要零部件

### 1. 燃油箱

燃油箱用以储存汽油。普通汽车只有一个燃油箱，越野车则常有两个燃油箱，以适应特殊要求。一般汽车燃油箱的续驶里程为 500~800km。燃油箱常用薄钢板、铝合金、工程塑料等制成，为防止油液面由于行车振荡而外溢，在燃油箱内部装有隔板，燃油箱上表面装有液面传感器，内有燃油泵。燃油箱盖用于防止汽油的溅出及减少汽油挥发，它由空气阀和蒸气阀组成。现代汽车燃油箱的结构更为复杂，2019 款奥迪 A6L 的 GX36-燃油箱泄漏诊断模块如图 9-5 所示。

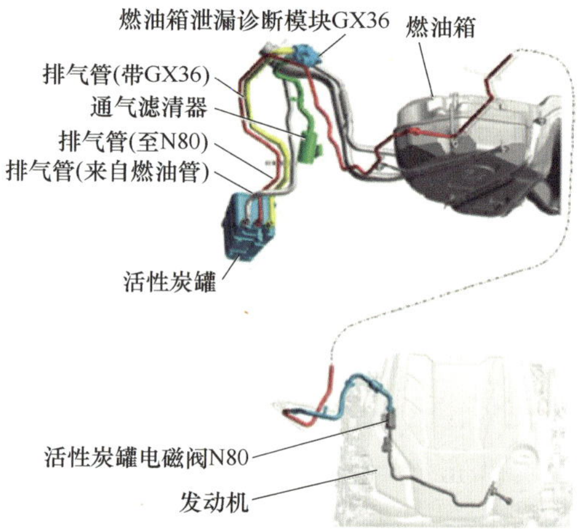


图 9-5　GX36-燃油箱泄漏诊断模块

### 2. 燃油泵

燃油泵安装于燃油箱中，如图 9-6 所示，与燃油滤清器、压力调节器和液面高度传感器等结合为一个整体。电动机带动油泵工作，当燃油泵停止工作时，单向阀关闭，以维持燃油管路内的残余压力，这样有助于使发动机重新起动。若没有残余压力，在高温时很容易出现气阻现象，使发动机重新起动变得很困难。当出油口侧压力过高时，安全阀开启，防止燃油压力过高。

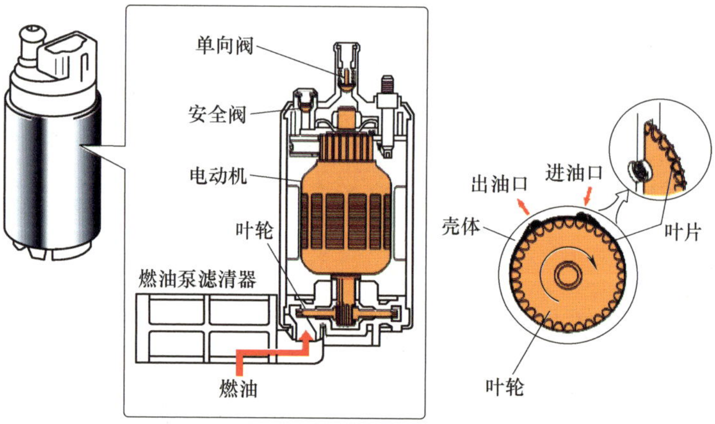


图 9-6　燃油泵的组成

### 3. 燃油泵滤清器/燃油滤清器

在燃油进入燃油泵之前，燃油泵滤清器能去除燃油中的灰尘和杂质。燃油滤清器能去除由燃油泵压缩的燃油中的灰尘和杂质，如图 9-7 所示。

若燃油滤清器发生阻塞，就会降低传递至喷油器的燃油压力，使发动机起动困难，操纵不灵活。有些燃油泵安装在燃油箱外部。在某些车型中，采用螺栓接头或各种类型的快速接头来连接燃油管。

### 4. 燃油压力调节器

燃油压力调节器将喷油器的燃油压力控制在 300kPa 左右（视发动机型号不同，具体压力值会有不同）。燃油压力调节器能像燃油泵的单向阀一样，维持燃油管里的残余压力。常用燃油调节方法有以下两种：

一种是将燃油压力控制在一个恒定的压力值。当燃油压力超过压力调节器弹簧的压力时，阀门开启，使燃油回流到燃油箱并调节压力。喷油器的喷射量根据歧管真空喷射燃油。这种真空状态随着发动机工作状态的变化而不断变化。因此，这种燃油调节方式中，发动机 ECU 根据进气歧管真空的变化，计算每次喷射时间内燃油喷油量，以确保喷油器喷射适当数量的燃油，如图 9-8 所示。

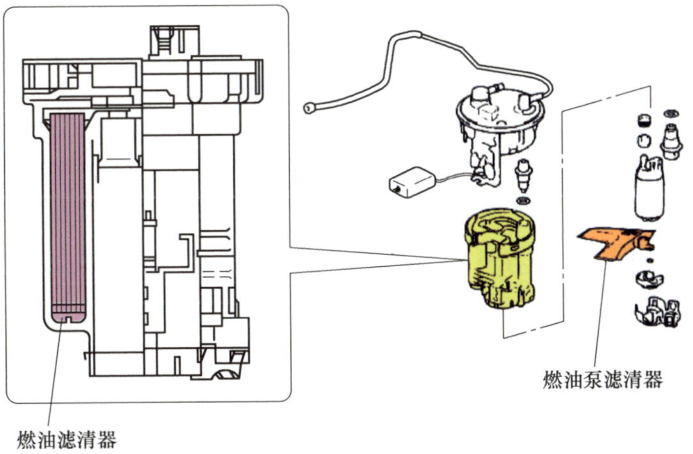

图 9-7 燃油滤清器

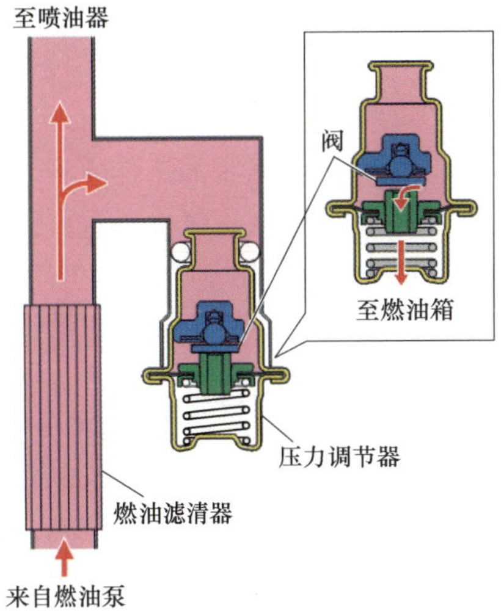

图 9-8 燃油压力调节器

另外一种是调节方法是装备一个高压油管，它持续调节燃油压力，使燃油压力高于歧管压力产生的一个固定压力。其基本工作原理与第一种燃油调节方法相同，但由于歧管真空被作用于膜片的上腔，通过控制阀的开启和关闭来调节燃油系统压力，确保发动机在不同工况下都能获得适当的燃油供应。

喷油器的喷射量根据歧管真空喷射燃油。这种真空状态随着发动机工作状态的变化而不断变化。因此，在这种燃油调节方式中，燃油压力根据进气歧管真空而不断进行调节，使燃油压力保持高于某一固定压力，以确保每次喷射时间都能维持一个固定的喷油量，如图 9-9 所示。

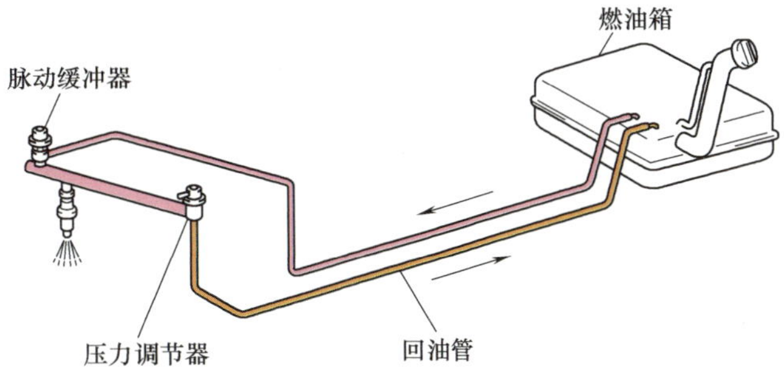

图 9-9 燃油压力调节器调压过程

### 5. 脉动缓冲器

脉动缓冲器采用一个膜片吸收由于燃油喷射和燃油泵压缩而产生的微量的燃油压力脉动，如图 9-10 所示。燃油压力的检查可通过脉动缓冲器的螺旋装置来实现。在有些型号的发动机上没有配备脉动缓冲器。

### 6. 喷油器

喷油器根据发动机 ECU 传来的信号，将燃油喷射进气缸的进气口，如图 9-11 所示。发动机 ECU 传来的信号使电流在电磁线圈中流动，拉动针阀，阀门开启，喷射燃油。由于针阀行程是固定的，所以燃油喷油量是由流入电磁线圈的时间来控制的。

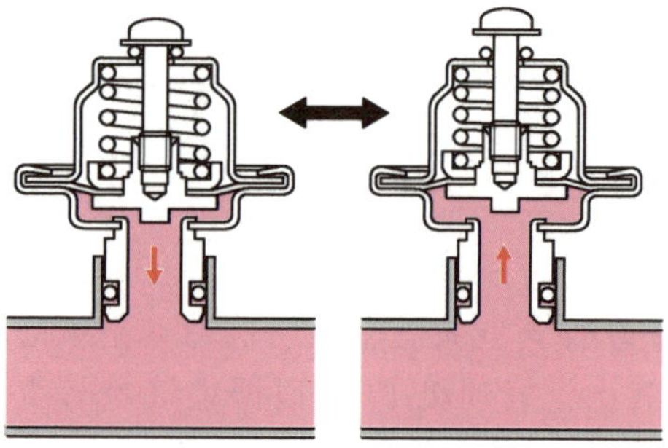

图 9-10　脉动缓冲器

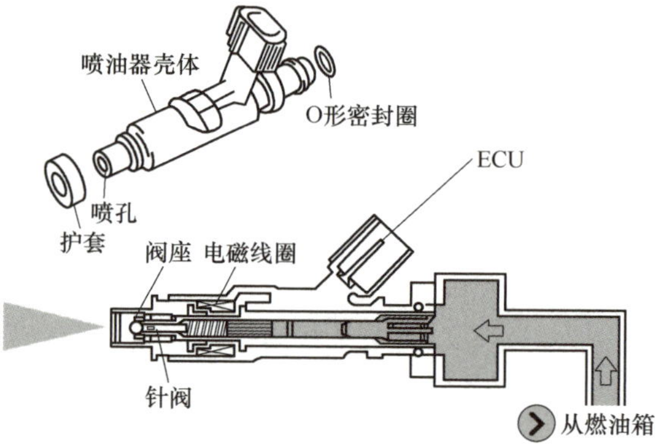


图 9-11　喷油器

## 五、缸内直喷系统

### 1. 缸内直喷系统的工作原理

（1）缸内燃油直喷技术重要因素　先进的直喷式汽油发动机采用类似于柴油发动机的供油技术，通过一个活塞泵提供所需的 10MPa 以上的压力，将汽油提供给位于气缸内的高压喷油器；然后通过 ECU 控制高压喷油器将燃料在最恰当的时间直接注入燃烧室，其控制的精确度接近毫秒。汽油发动机实现稀燃的关键因素是压缩比、分层燃烧和点火能量三个方面。

1）提高压缩比。采用紧凑型燃烧室，通过改进进气口位置使缸内形成较强的空气运动旋流，提高气流速度；将火花塞置于燃烧室中央，缩短点火距离；提高压缩比至 13：1 左右，促使燃烧速度加快。

2）分层燃烧。倘若稀燃技术的混合比达到 25：1 以上，按照常规是无法点燃的，因此，必须采用由浓至稀的分层燃烧方式。通过缸内空气的运动在火花塞周围形成易于点火的浓混合气，混合比达到 12：1 左右，外层逐渐稀薄。浓混合气点燃后，燃烧迅速波及外层。

3）高能点火。高能点火和宽间隙火花塞有利于火焰形成，火焰传播距离缩短，燃烧速度增快，稀燃极限大。有些稀燃发动机采用双火花塞或者多极火花塞装置。

（2）缸内直喷充气模式　FSI 发动机燃烧模式有分层燃烧和均质燃烧。均质燃烧模式可分为均质稀燃模式和均质燃烧模式。下面以大众奥迪的 FSI 控制原理为例介绍分层燃烧模式、均质稀燃模式和均质燃烧模式三种工作模式。

1）分层燃烧模式。其进气过程如图 9-12 所示。发动机在低速或中速运转时，采用分层燃烧模式，此时节气门为半开状态，进气歧管翻板封住下进气道，使空气运动加速。

其压缩过程如图 9-13 所示。压缩行程时，空气呈旋转状进入气缸，空气由进气管进入气缸撞在活塞顶部，由于活塞顶部制作成特殊的形状，进而在火花塞附近形成强大的涡流。

其喷油过程如图 9-14 所示。当压缩过程快结束时，少量的燃油由喷油器喷出，形成可燃混合气。当活塞运行到上止点前 60°左右开始喷油，在上止点前 45°结束喷油，燃油被喷射到燃油凹坑内，喷油时刻对混合气的形成有很大影响。

其混合气形成过程如图 9-15 所示。混合气形成只发生在 40°~50°曲轴角之间。如果曲轴角小于这个范围，无法点燃混合气。如果曲轴角大于这个范围，混合气就变成均质充气了。其空燃比为 1.6~3。

其燃烧过程如图 9-16 所示。只有混合好的气雾被点火燃烧，混合好的气雾周围的气体起隔离作用，缸壁热损耗小，热效率提高，但点火时刻范围相对变窄。

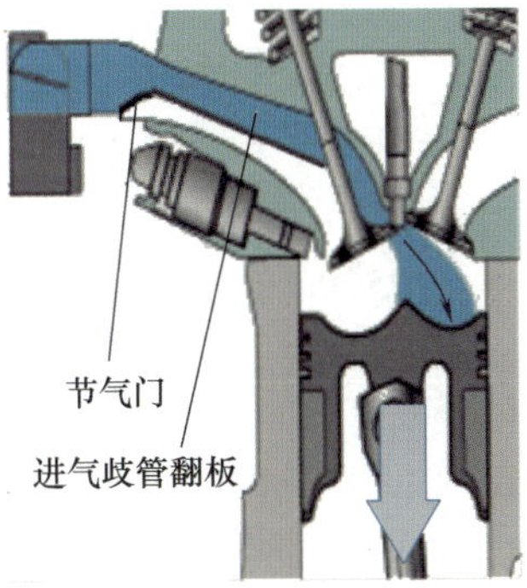


图 9-12 进气过程

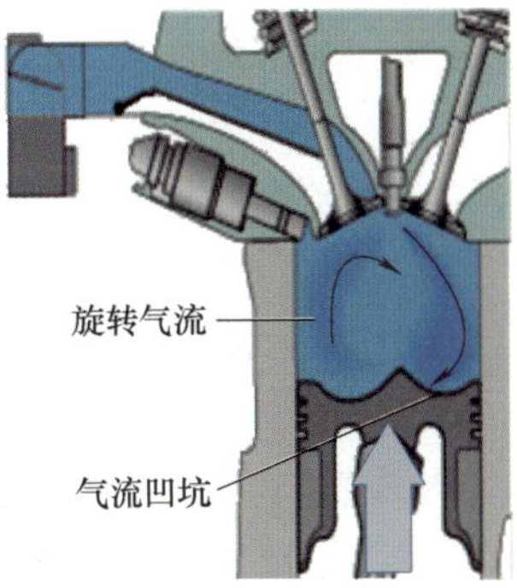


图 9-13 压缩过程

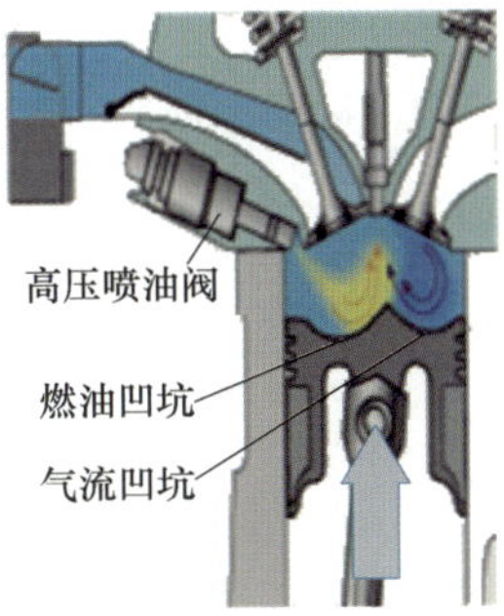


图 9-14 喷油过程

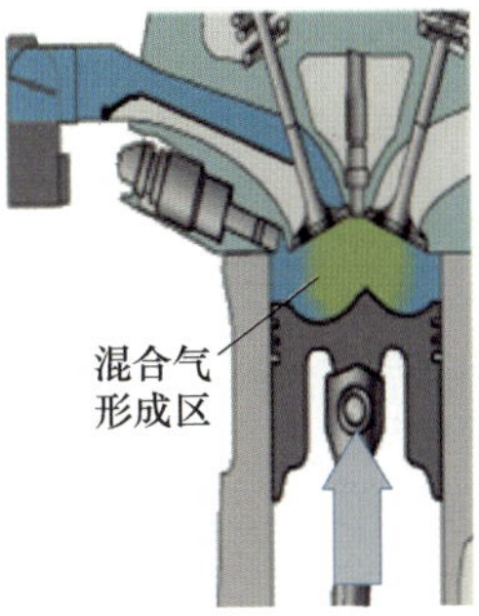


图 9-15 混合气形成过程

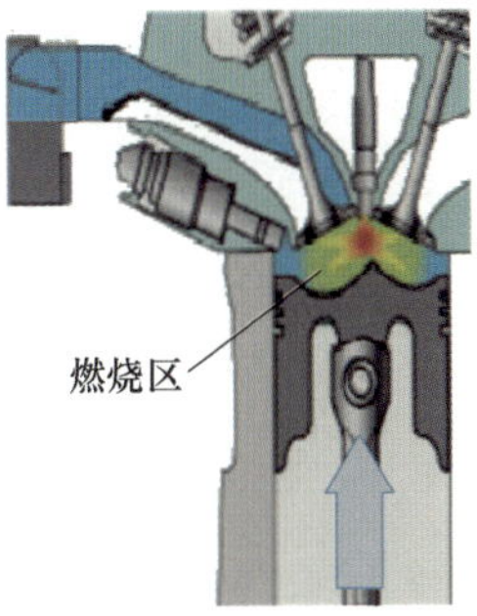


图 9-16 燃烧过程

2）均质稀燃模式。均质稀燃模式的混合气形成时间长，燃烧均匀，通过精确控制喷油可以达到较低的混合气浓度。均质稀燃模式的点火时间选择范围宽，有很好的燃油经济性。均质稀燃与分层燃烧的进气过程相同，油气混合时间加长，形成均质混合气。燃烧发生在整个燃烧室内，对点火时间的要求没有分层燃烧那么严格。均质稀燃的空燃比大于1。其进气过程与分层燃烧模式的相同，节气门大开，进气歧管翻板关闭；燃油是在点火上止点前300°CA 时喷入（进气行程）。空燃比约为1.55。混合气形成过程时间较长；燃烧发生在整个燃烧室内，点火时刻可自由选择。

3）均质燃烧模式。均质燃烧模式能充分发挥动态响应好、转矩和功率高的特点。其进气过程中，节气门位置由加速踏板决定，进气歧管中的翻板位置视不同情况而定。当中等负荷时，翻板依然是关闭的，有利于形成强烈的进气旋流，有利于混合气的形成与雾化。当高速大负荷时，翻板打开，进气量增大，让更多的空气参与燃烧。均质燃烧模式的喷油、混合气形成与燃烧和均质稀燃模式基本一样，空燃比小于或等于1。

**2. 缸内直喷系统的喷油控制**

目前，奥迪采用的喷油模式有两种：一种是进气道燃油喷射系统，即燃油喷射在进气道处，与空气混合后进入燃烧室；另一种是缸内直喷系统，是目前较先进的喷射系统，燃油直接喷入气缸内，有很好的燃油经济性。

缸内直喷燃油喷射与进气管燃油喷射相比，燃油喷射压力高，喷射和混合气形成的可用时间短。在进气管喷射时，将燃油喷入进气管可以在曲轴转动的两圈内完成；而在缸内直喷时，即使进气行程喷射（满负荷工作），也只有曲轴半圈可能。

## 六、供油系统的典型故障

**1. 故障现象**

一辆2004款的奥迪A4轿车，发动机型号为BKB，1.8T，据车主反映每次正常起动后，发动机怠速运转不平稳，且加速效果不佳。

**2. 故障原因分析**

根据故障现象，就可能的故障原因分析如下：

1）供油系统故障。喷油器有滴漏或堵塞现象，使其无法按照 ECU 的指令进行喷油，从而造成混合气过浓或过稀，使个别气缸工作不良，导致发动机怠速不稳。

2）点火系统故障。点火控制模块相关电路故障，造成多数气缸工作异常。

3）进气系统故障。空气流量传感器或者绝对压力传感器故障，使进气量的检测失准，致使发动机怠速不稳。

4）燃油系统故障。燃油系统堵塞或某一部件损坏，造成油压偏低；电动燃油泵自身故障及控制电路故障；高压油泵、高压调节阀等损坏或控制电路故障；油器电路有接触不良等故障。

5）增压系统故障。增压压力控制电磁阀或增压空气再循环阀损坏。

6）发动机控制单元 J623 自身故障。J623 自身故障导致系统不工作，发动机运转不平稳。

7）发动机机械故障。正时链条安装位置错误或气门密封不严；气缸垫烧蚀或损坏，单缸漏气或两缸间漏气；活塞环端隙过大、对口或断裂，活塞环失去弹性等；曲轴、飞轮、曲轴带轮等转动部件平衡不合格，发动机支脚垫断裂、损坏等。

**3. 故障排除**

依据故障的诊断分析过程，找出具体的故障部位，对其进行修复或者部件更换。维修后，起动发动机，验证故障是否排除。

## 思考题

1. 电控汽油机供油系统是如何工作的？
2. 现代汽油机供油系统由哪些部件组成？各起什么作用？
3. 燃油泵的结构与工作原理如何？
4. 缸内直喷发动机的结构与工作原理如何？
5. 供油系统的故障有哪些？

## 测试题

测试题

# 项目十 点火系统

## 学习目标

| 知识目标 | 能力目标 | 素养目标 |
| --- | --- | --- |
| 1. 掌握不同点火系统的组成与结构特点<br>2. 掌握独立点火系统的组成与结构、工作原理<br>3. 掌握点火正时的控制方法<br>4. 掌握点火信号的检测方法 | 1. 能检查、更换火花塞<br>2. 能检测点火波形<br>3. 能列出点火系统的常见故障，并分析故障原因 | 养成规范操作的良好工作习惯 |

## 情景导入

一辆丰田卡罗拉汽车发动机怠速不稳、加速无力且故障灯亮，用故障诊断仪读取故障码为 P0303 和 P0353。假设你是维修技师，请完成检修任务并解决故障。

## 知识提升

### 一、点火系统的作用与组成

**1. 点火系统的作用**

汽油发动机正常工作的三要素包括良好的空气-燃油混合气、足够的压缩压力、正确的点火正时及强烈的火花。点火系统的作用是产生强烈的电火花并在最佳点火正时点燃空气-燃油混合气。对点火系统有以下三个要求：

（1）强烈的电火花　点火系统产生的强烈电火花在火花塞电极之间，以便于点燃空气-燃油混合气。因为电极之间混合气存在电阻，这个电阻随气体压力的增大而增大，所以点火系统必须能产生几万伏的高电压，以保证产生强烈火花点燃空气-燃油混合气。

（2）正确的点火正时　点火系统必须始终根据发动机的转速和负荷等工况的变化提供正确的点火正时。

（3）良好的耐用性　点火系统必须具备足够的可靠性，能够承受发动机产生的振动和高温，保证持久的耐用性。

**2. 点火系统的组成**（图 10-1）

汽车发动机的点火系统一般由一次回路和二次回路组成。一次回路的主要作用是根据发动机的工况

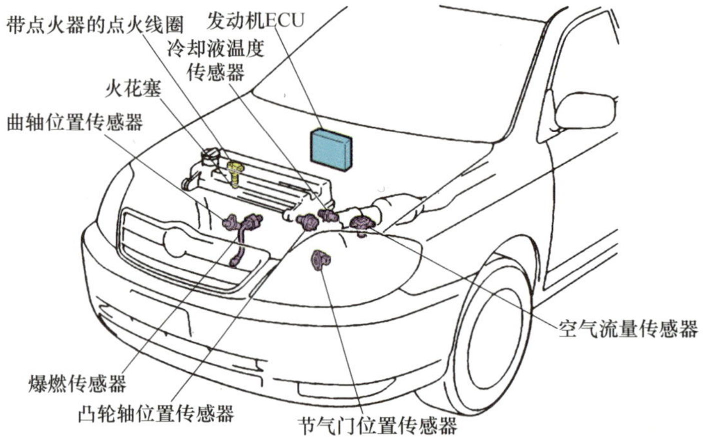


图 10-1 点火系统的组成

在合适的时候产生高压电，二次回路的主要作用是通过不同方式将高压电分配到发动机的各个缸。

现代汽车典型点火系统的组成包括：曲轴位置传感器（NE），用于探测曲轴角度位置（发动机转速）；凸轮轴位置传感器（G），用于辨认气缸和行程，并探测凸轮轴正时；爆燃传感器（KNK），用于探测发动机的爆燃；节气门位置传感器（VTA），用于探测节气门的开启角；空气流量传感器（VG/PIM），用于探测进气量（在某些型号发动机上，此项探测由一个进气歧管压力传感器来完成）；冷却液温度传感器（THW），用于探测发动机冷却液温度；带点火器的点火线圈，在最佳点火正时，接通和切断一次绕组电流，并向发动机 ECU 发送 IGF 反馈信号；发动机 ECU，能根据多个传感器发出的信号，产生 IGT 信号，并将此信号送往带点火器的点火线圈；火花塞，用于产生电火花，引燃空气-燃油混合气。

**3. 点火提前角**（图 10-2）

在汽油发动机中，空气-燃油混合气被点燃，燃烧产生的爆发力推动活塞下行。当最大燃烧爆发力发生在压缩上止点后 10°时，热能可以最有效地转化为推动力。发动机不能在点火的同时产生最大爆发力，而是在点火时刻稍微向后一段时间产生最大的爆发力。因此，为了使最大爆发力发生在上止点后 10°，点火时刻应该有所提前。实际上，决定点火提前角的因素有两个：一个是活塞的速度，即发动机转速；另一个是火焰传播速度，随着发动机负荷增大，混合气增多，残余废气减少，火焰传播速度加快。传统点火系统根据发动机转速设置了离心点火提前装置，根据发动机负荷设置了真空点火提前装置来控制点火提前角。若点火提前角不正确，对发动机性能有很大影响，甚至产生严重故障。

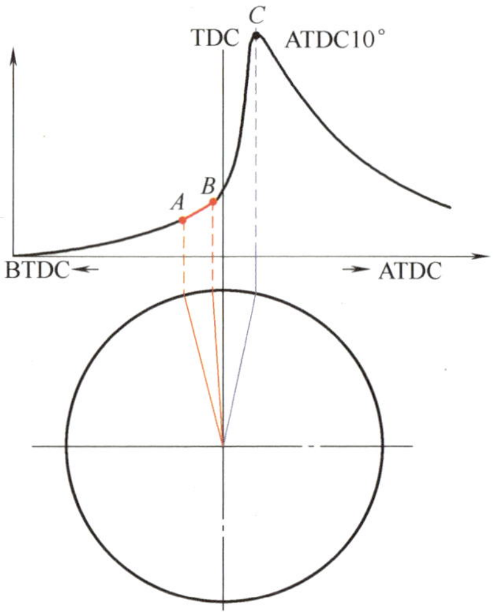


图 10-2 点火提前角的确定

若点火过早，则燃烧完全在压缩行程中进行，气缸内压力急剧上升，在活塞到达上止点前即达到最大压力，给正在上升的活塞一个很大的阻力，不仅使发动机功率下降、油耗增加，还会引起爆燃。

若点火过晚，则活塞下行时混合气才燃烧，即燃烧是在容积增大的情况下进行，从而使气缸压力降低，发动机功率下降，同时由于炽热的气体与气缸壁接触面积增大，热损失增大，导致发动机过热，油耗增大。点火正时的调整可以使发动机随时根据工况在上止点后 10°产生最大爆发力。因此，点火系统必须能够根据工况在正确时刻点燃空气-燃油混合气，使发动机能够产生最有效的爆发力。

## 二、点火系统的发展简介

点火系统的主要功能是在恰当的时候给火花塞提供足够强的点火能量点燃混合气，从而保证发动机能正常运转。此功能是由发动机的一次回路提供的。

**1. 传统点火系统**（图 10-3）

在汽车早期的第一代点火系统中，触点式点火系统是最早的。它主要通过凸轮驱动的机械触点来控制一次电路通断，而最终达到在二次回路上产生高压电。当接通点火开关时，断电器的触点刚好在闭合状态，那么低压电流的回路就会被接通。低压电流会经过的电路应该是从蓄电池正极开始到电流表 A，然后通过点火开关 SW 到点火线圈+端子，最后到附加电阻，然后是点火线圈的另外一个+端子，再经过断电器触点和搭铁，最终到蓄电池的负极。

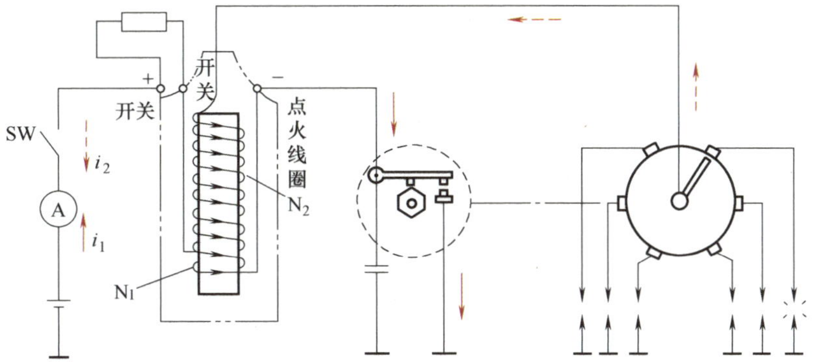


图 10-3 传统点火系统

如果断电器的凸轮在旋转的时候顶开触点，低压电流就会被切断，此时二次绕组和一次绕组都会感应到产生电动势。但是因为二次绕组的匝数比较多，所以会有 15~25kV 的高压电产生。这种高压电完全可以把火花塞电极间隙击穿从而产生电火花，把可燃的混合气点燃。

**2. 晶体管控制的点火系统**（图 10-4）

传统的点火系统断电器触点容易受到烧蚀，通过改进，用一个开关晶体管代替触点，让触发信号使晶体管截止和导通，最终让断开和接通一次电路达到目标，最终产生高压电。这种晶体管可以起到开关的作用，称为点火模块或点火控制器。点火控制器的触发信号主要有霍尔式、光电式和磁电式等多种方式的信号发生器。这些信号都发送给点火控制器的控制端，来让电子开关的通断得到控制。电子开关不会有接触不良的反应，而且触点的两端不会产生火花，这样就使触点式的点火系统中的缺点得到了改进，但还是不能精确地控制点火提前角。

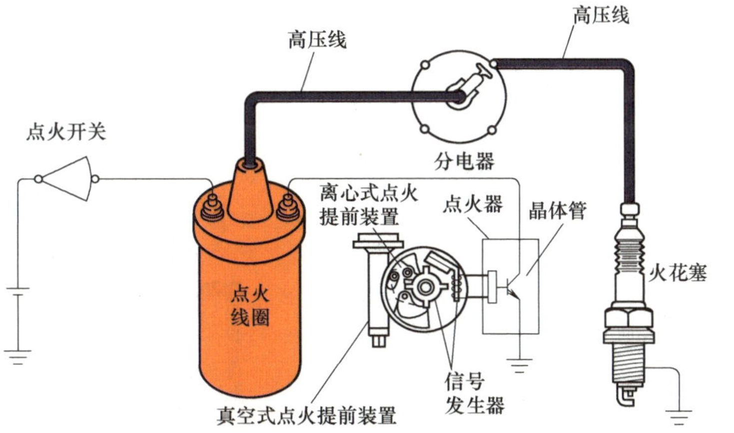


图 10-4 晶体管控制的点火系统

**3. 微机控制的点火系统**（图 10-5）

微机控制的点火系统主要由各类传感器（如车速传感器、曲轴位置传感器、发动机转速传感器、温度传感器、爆燃传感器等）、发动机控制微机（ECU）和点火执行器（即点火模块、点火线圈、分电器及火花塞等）三部分组成。曲轴转速传感器、曲轴位置传感器、爆燃传感器和冷却液温度传感器等各类传感器都是通过传递发动机的各种相关信息到 ECU，然后让 ECU 综合进行处理之后，向电子点火器发出点火指令 IGT，由电子点火线圈和火花塞完成点火任务，执行机构将点火执行情况的信号 IGT 反馈给微机 ECU。整个控制过程的实现是依靠计算机强大的分析处理数据的能力，根据发动机的不同运行工况不断修正点火提前角，以获得最佳的点火时刻，改善发动机性能，使发动机工作时其动力性和经济性达到最佳、排放污染最小。

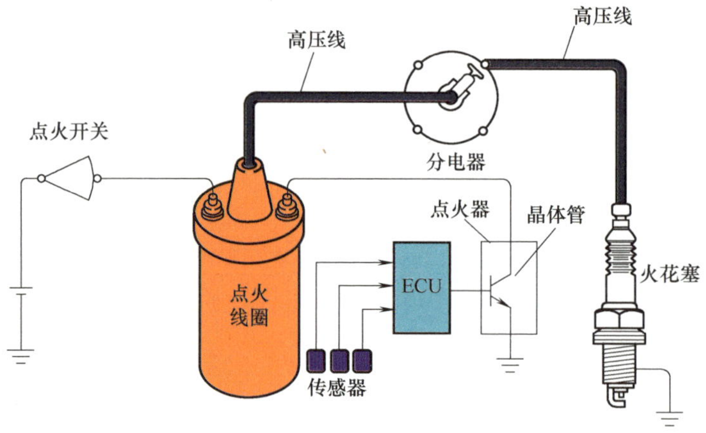


图 10-5　微机控制的点火系统

可以看出，点火系统的发展是点火系统中一次回路控制方式的发展，由传统的机械触点控制一次回路发展到晶体管的控制，再发展到 ECU 控制方式，从而保证发动机能有更加精确稳定的点火性能。

## 三、点火系统的分类

根据点火线圈的数量和高压电分配方式的不同，点火系统分为带分电器的点火系统、双缸同时点火系统和独立点火系统。

带分电器的电子控制点火系统存在以下缺陷：高压电经分火头、旁电极、高压线等点火能量损失大，高速、多缸时点火能量不易保证（受闭合角限制），点火正时误差大（由于机械传动误差），无线电干扰严重等。

为了消除分电器的上述缺陷，进一步提高点火系统的性能，便出现了无分电器点火系统，主要有单独点火式和双缸同时点火式两种，如图 10-6 所示。

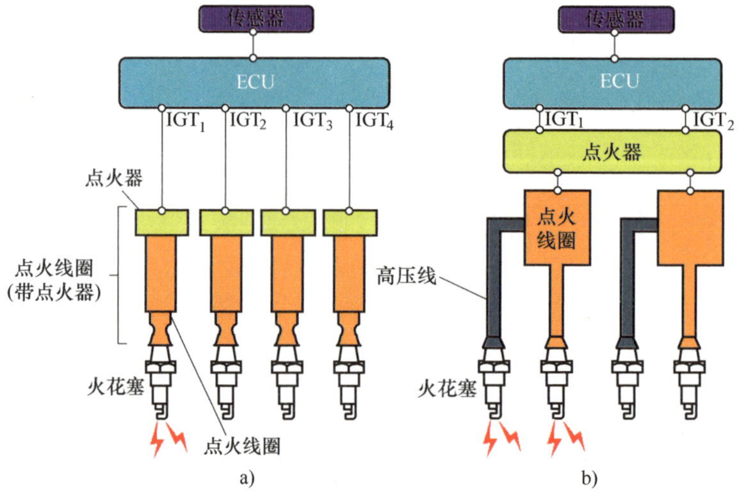


图 10-6　电控直接点火系统

a）单独点火式　b）双缸同时点火式

单独点火式点火系统中，一个火花塞配一个点火线圈，点火线圈直接安装在火花塞顶上，不需要高压线。

双缸同时点火式点火系统中，一个点火线圈同时给两个气缸点火。这种点火方式要求共用一个点火线圈的两缸工作相位相差360°曲轴转角。这样当一缸接近压缩行程上止点时，另一缸接近排气行程上止点，点火时两缸的火花塞同时跳火，处于排气行程的气缸的点火是无效点火，处于压缩行程的气缸的点火是有效点火。

对于无分电器点火方式，减小了点火能量损失（配电器分火头于旁电极之间跳火会损失部分点火能量）；由于增加了点火线圈数量，每个线圈通电时间延长，保证发动机在高速时有足够的二次电压和点火能量。

目前，这种点火系统在汽油机中占主导地位，新推出的发动机机型大都采用性能最佳的电控独立直接点火系统。

## 四、点火系统的主要零部件

现代车辆基本都采用了无触点电子控制的点火系统，无触点电子点火系统的基本组成如图10-7所示，主要由点火信号发生器（传感器）、点火器（点火控制器）、点火线圈、分电器、高压阻尼线（高压线）及火花塞等组成。

### 1. 点火信号发生器

点火信号发生器的主要作用是检测发动机的转速和曲轴的位置，并将信号传递给点火器或者发动机ECU。信号发生器主要有磁感应式、霍尔效应式和光电式三种主要类型。

（1）磁感应式　磁感应式电子点火系统又称为磁脉冲式或磁电式电子点火装置，采用电磁感应式信号发生器。这种系统结构简单、性能可靠，已在国内外普遍使用。如图10-7所示，丰田的无触点式磁感应电子点火系统主要由磁感应式点火信号发生器、点火器、分电器、专用点火线圈和火花塞等组成。

信号发生器的功用是产生信号电压，控制点火装置的工作。它装在分电器内的底板上，如图10-8所示。电磁感应式信号发生器主要由装在分电器轴上的信号转子、永久磁铁、铁心（支座）和绕在铁心上的感应线圈等组成。信号转子由分电器轴驱动，转子上的凸齿数与发动机气缸数相等。

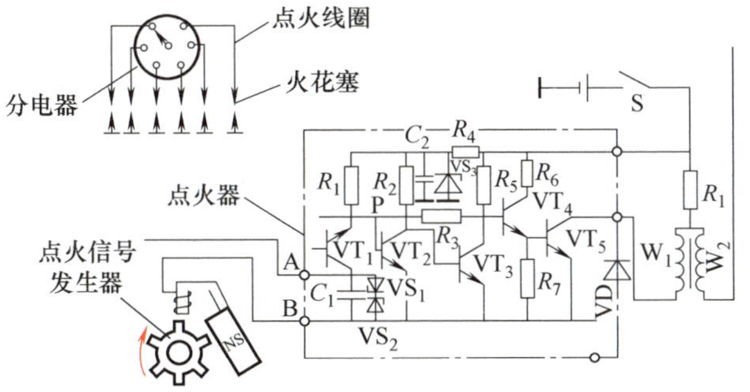


图10-7　无触点电子点火系统

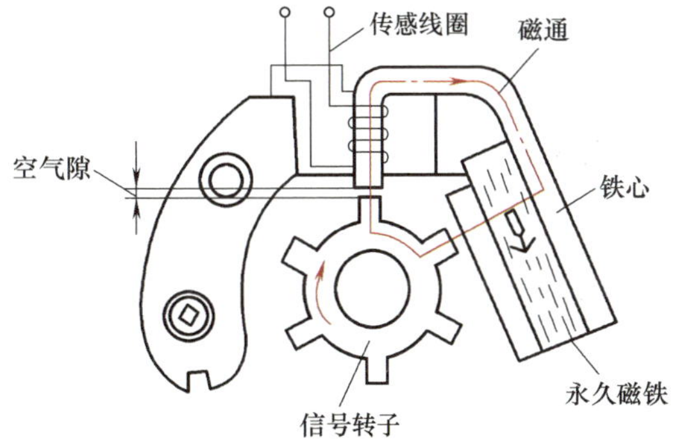


图10-8　信号发生器

信号发生器具体工作过程：当发动机工作时，信号转子便由分电器轴带动旋转，这时信号转子的凸齿与铁心间的空气隙将发生变化，使通过传感线圈的磁通量发生变化，在传感线圈内便产生交变电动势。

对于6缸发动机，转子每转一转，磁路的磁通量$\phi$出现六次最大值和六次最小值，同时，在线圈中感应出相应的电动势，其磁通密度和感应电动势波形变化如图10-9所示。

（2）霍尔效应式　霍尔效应式信号发生器是利用霍尔效应原理制成的传感器产生点火信号触发和控制电子点火系统工作的，是目前国内外使用最多的一种点火装置之一。霍尔效应式电子点火系统由内装霍尔效应式信号发生器的分电器、点火器、点火线圈和火花塞等组成。

霍尔信号发生器工作时，霍尔元件产生的霍尔电压 $U_H$ 是 mV 级，信号很微弱，一般为 20mV，还需进行信号处理，这一任务由集成电路完成。这样霍尔元件产生的霍尔电压（$U_H$）信号经过放大、脉冲整形，最后以整齐的矩形脉冲（方波）信号 $U_G$ 输出。

（3）光电式　光电式点火信号发生器是利用光敏元件（光电晶体管或光电二极管）的光电效应原理，制成光电式点火信号发生器给点火电子组件（点火器）提供点火信号，来达到控制点火的目的。

光电式点火信号发生器安装在分电器内，通常都由光源、光接收器和遮光盘三部分组成，其结构如图 10-10 所示。

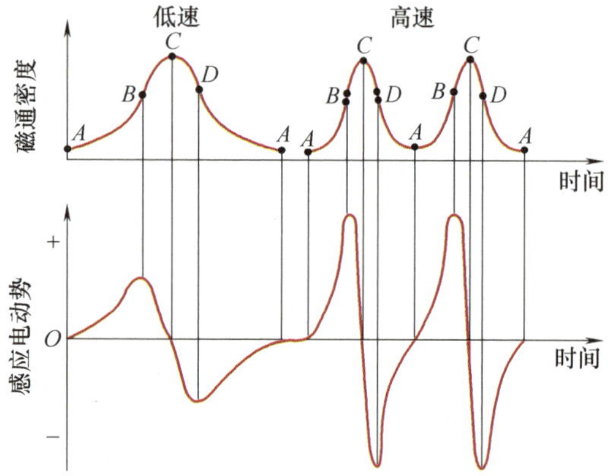


图 10-9　信号发生器的波形

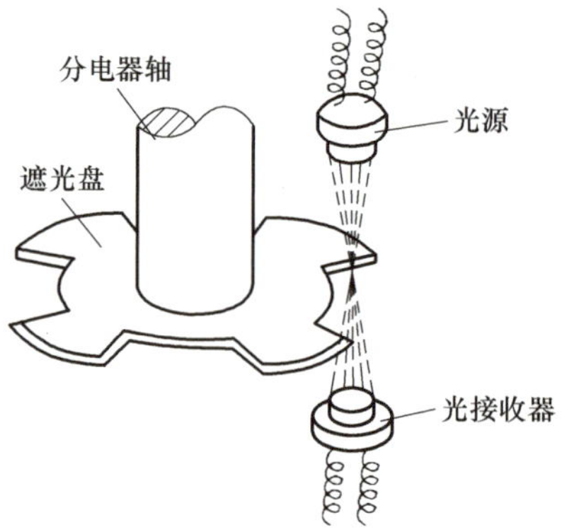


图 10-10　光电式点火信号发生器

触发器的触发信号完全由遮光盘的位置（即曲轴的位置）所决定，与转速无关，所以在分电器转速很低时仍能正常发出触发信号，保证正常工作。此外，其结构简单，对制造精度要求不高且成本低。其缺点是弄脏后灵敏度将会降低。

**2. 点火器**

点火器接收来自信号发生器的信号，从而控制点火系统一次回路的导通和截止（图 10-11）。当发动机未工作，传感器的信号转子不动时，传感器无输出信号，点火线圈一次绕组中有电流流过，在线圈中形成磁场。起动发动机，分电器开始转动，传感线圈中产生正向信号电压时，$VT_1$ 截止，$VT_2$ 导通，$VT_3$ 截止，$VT_4$ 导通，一次电路仍然接通。传感线圈中产生负向信号电压时，$VT_1$ 导通，$VT_2$ 截止，$VT_3$ 导通，$VT_4$ 截止，一次电路被切断，磁场迅速消失，二次绕组 L2 产生高电压。此电压由分电器分配至各缸火花塞使之跳火，点燃可燃混合气。

**3. 点火线圈**

点火线圈是将电源的低压电转变为高压电的基本元件，由初级线圈、次级线圈和铁心等组成。

点火线圈可产生足以在火花塞电极间引燃火花的高电压。初级线圈和次级线圈都环绕在铁心上。次级线圈的匝数约是初级线圈的 100 倍。初级线圈的一端连接在点火器上，次级线圈的一端连接在火花塞上，两个线圈各自的另一端连接在蓄电池上。其工作原理如图 10-12 所示。

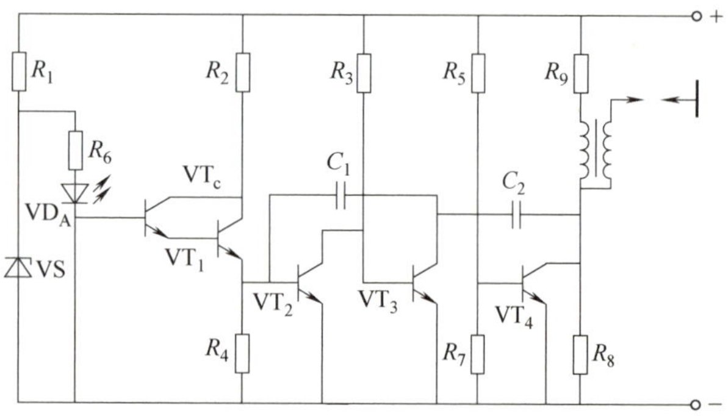


图 10-11　点火器

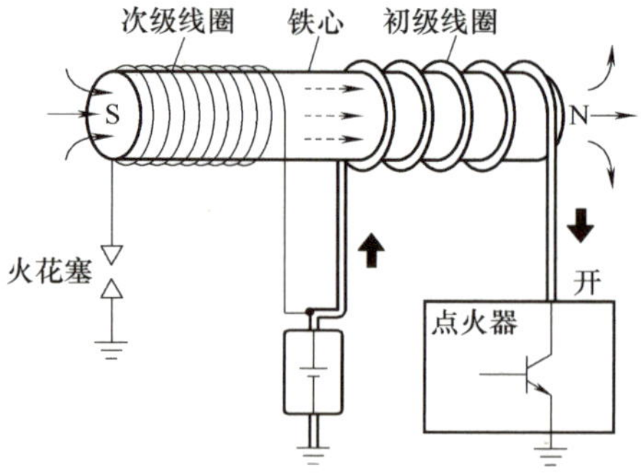


图 10-12　点火线圈的工作原理

点火线圈的初级线圈所用漆包线粗、约为 200 匝，次级线圈所用漆包线细、约为 20000 匝，由于初级线圈中流过的电流较大，发热量大，所以初级线圈绕在次级线圈的外面，便于散热。为了减小涡流和磁滞损失，铁心由若干片涂有绝缘漆的硅钢片叠成，次级线圈和初级线圈都绕在同一铁心上。

如图 10-13 和图 10-14 所示，分析点火线圈的工作。当发动机运转时，根据发动机 ECU 输出的点火正时信号（IGT），蓄电池的电流通过点火器流到初级线圈，在线圈中心铁心产生磁力线，并储存能量。当发动机继续运转时，点火器按发动机 ECU 输出的点火正时信号（IGT）快速地停止流往初级线圈的电流。结果是初级线圈的磁通量开始减小。因此，通过初级线圈的自感和次级线圈的互感，在阻止现存磁通量衰减的方向上产生电动势。自感效应产生约为 500V 的电动势，而与其相伴的次级线圈互感效应产生约为 30kV 的高压电动势。这样，火花塞就产生火花放电。一次电流切断越迅速、一次电流值越大，则相应的二次电压越高。

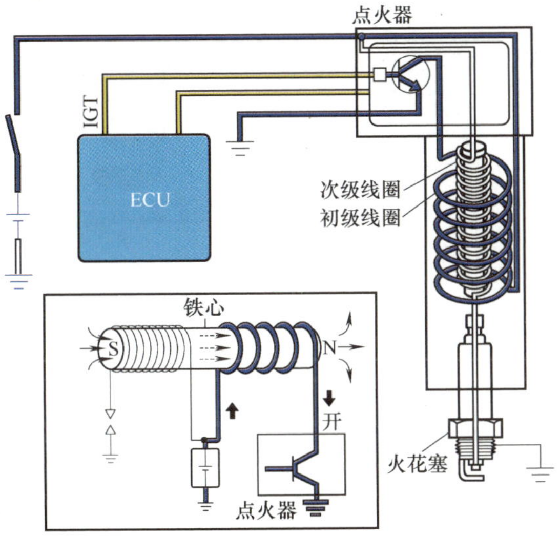


图 10-13 初级线圈通电

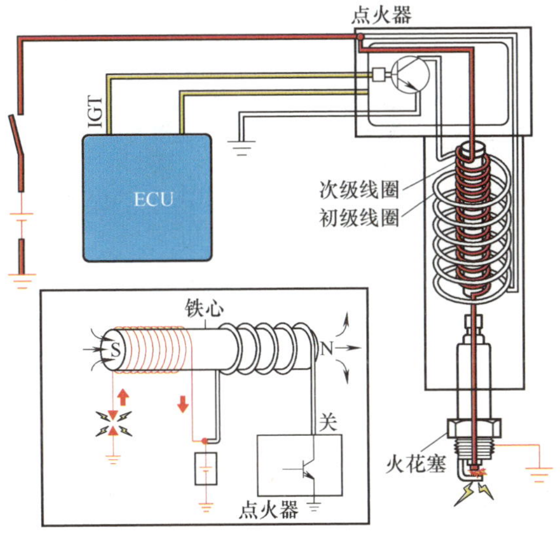


图 10-14 次级线圈产生高压电动势

目前，这种带点火器的点火线圈直接连接在每个气缸的火花塞上。因点火线圈和火花塞直接连接，使高压电流过的距离缩短，从而电压损失和电磁干扰减少，这样点火系统的可靠性得到提高。

### 4. 火花塞

（1）火花塞的结构　火花塞用来将高压电引入燃烧室，产生电火花，点燃混合气。火花塞的结构如图 10-15 所示，它主要由中心电极、搭铁电极、外壳和绝缘体等组成。

在钢质壳体的内部固定有高氧化铝陶瓷绝缘体，在绝缘体中心孔的上部有金属杆，杆的上端有接线端子，用来接高压电。下部装有中心电极，金属杆与中心电极有铜芯和电阻。垫片起密封和导热的作用。外壳体的上部有便于拆装的六角平面，下部有螺纹，用于把火花塞安装到发动机气缸盖内，壳体下端焊接有弯曲的搭铁电极。

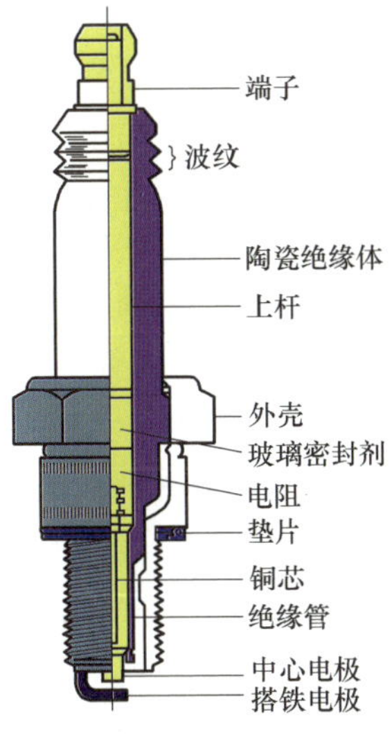


图 10-15 火花塞的结构

（2）火花塞的点火机理　火花塞上产生的火花点燃空气-燃油混合气，在汽车维修中通常称为燃烧。燃烧不会立刻发生，过程如下所述。

如图 10-16 所示，火花穿过空气-燃油混合气从中心电极到搭铁电极。结果空气-燃油混合气沿着火花的路径被触发，发生化学反应（通过氧化作用），同时产生热量，形成火焰中心。火焰中心触发周围的空气-燃油混合气。这样火焰中心的热量向外扩展（称为火焰传播），点燃空气-燃油混合气。

如果火花塞电极的温度太低或电极的间隙太小，电极将吸收火花产生的热量。结果，火焰中心将被熄灭，导致缺火，这种现象称为“电极猝熄”。如果电极猝熄效应比较明显，则火焰中心将被熄灭。电极越小，猝熄作用越小。电极越尖，越容易放电。

为改善点火性能，某些火花塞在搭铁电极上有一个 U 形槽，或在中心电极上有 V 形槽。带槽火花塞比电极上不带槽的火花塞具有较小的猝熄作用，以形成较大火焰中心。同样，有些火花塞通过较细的电极减小猝熄效应，如铂金/铱金火花塞。

（3）火花塞点火性能　电极形状和火花塞间隙两个因素会影响火花塞的点火性能。

电极形状影响放电性能，如图 10-17 所示。圆形电极放电困难，方形或尖形的电极放电较容易。火花塞经过长时间的使用，电极会形成圆形使放电困难，因此，火花塞应定期更换。火花塞的电极越细、越尖，越容易产生火花。但是，这样的火花塞耗损较快，使用寿命较短。因此，有些火花塞电极上带铂金或铱金，耐耗损，通常称为铂金或铱金电极火花塞。

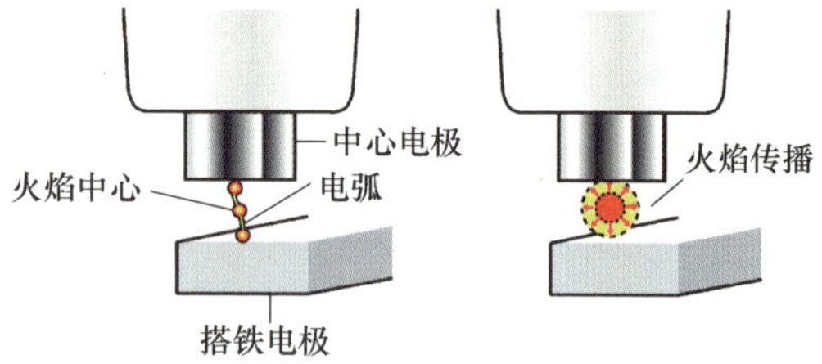


图 10-16　火花塞的点火机理

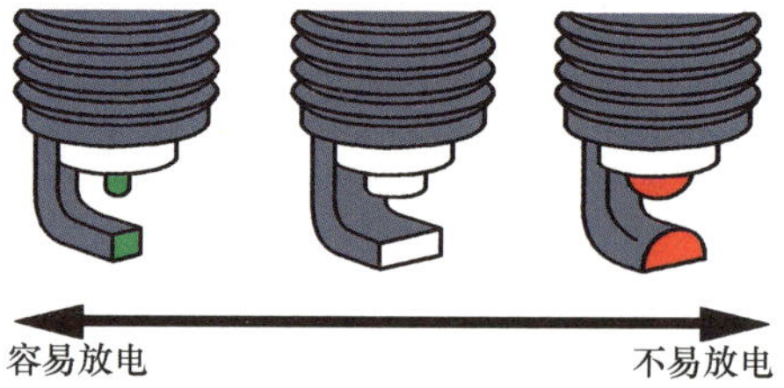


图 10-17　电极形状与放电性能

火花塞的更换间隔里程，普通型：10000~60000km，铂金或铱金电极型：10 万~24 万 km，具体更换时间参照维修手册。

火花塞间隙影响放电电压。火花塞间隙越大，放电电压越高。当火花塞耗损后，电极间隙变大，发动机可能会缺火。中心电极和搭铁电极间隙增大后，使火花跳过电极更困难。因此，需要更高的电压来产生火花。所以，每隔一定的里程必须调整火花塞电极间隙或更换火花塞。

如果点火系统能提供足够高的击穿电压，尽管火花塞间隙较大，也能产生强火花，更容易点火。因此，铂金或铱金电极的火花塞电极间隙为 1.1mm，而普通火花塞间隙一般为 0.8mm。

（4）火花塞热值　由火花塞散出的热量因其形状和材料的不同而不同。火花塞的散热量称为热值。火花塞能散出较多热量的称为“冷型”，因为火花塞自身保持较冷。火花塞能散出较少热量的称为“热型”，因为其自身保持较多的热量。

火花塞上印有数字和字母的组合代码，用来说明其构造和性能。代码因生产厂家的不同而稍有不同。通常，热值越大，火花塞越冷，因为它散热好；热值越小，火花塞越热，因为它不容易散热。火花塞在最小中心电极温度——自洁温度（450℃）和自燃温度（950℃）之间性能最佳，如图 10-18 所示。

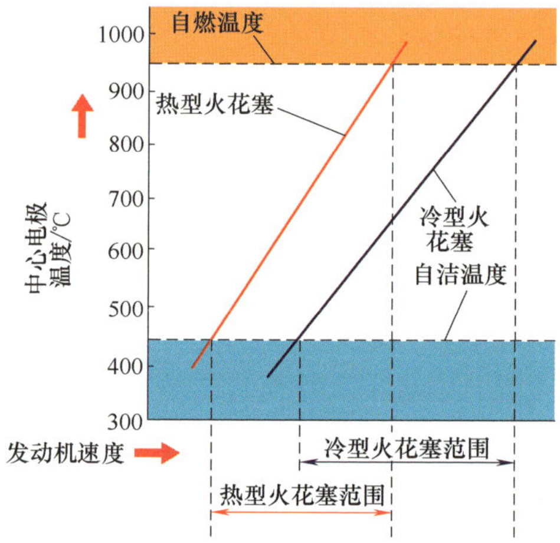


图 10-18　火花塞热值

当火花塞达到一定温度后，它能烧掉聚集在点火区域内的积炭，以保持点火区域的清洁，此温度称为自洁温度。若电极温度低于 450℃，积炭会聚集在点火区域，导致火花塞缺火，如图 10-19 所示。

如果火花塞自身成为热源，不用火花就点燃了空气-燃油混合气，此时的温度称为自燃温度。当火花塞电极温度达到 950℃时会发生自燃。如果发生这种现象，由于不正确的点火正时，会导致发动机功率下降，同时，火花塞电极或活塞可能会熔化。

要根据车型来确定最适当的火花塞热值。安装不同类型的火花塞会干扰火花塞的自净温度和自燃温度。为了避免这些问题，通常更换特定类型的火花塞。

当发动机在低速运作时，使用冷型火花塞且低负荷条件会降低电极温度并使发动机运转不良。当发动机高速运作时，使用热型火花塞且高负荷条件只会增加电极温度并使电极熔化。

图 10-19　火花塞自洁工作情况

（5）铂金火花塞和铱金火花塞　如图 10-20 所示，在铂金火花塞和铱金火花塞上，中心电极和与其相对的搭铁电极都覆盖着铂金和铱金的薄层。由于铂金和铱金都具有很强的耐磨损性能，因此其使用寿命都很长，是常规火花塞的几倍。

另外，铂金火花塞和铱金火花塞电极尺寸更小、电极间隙更大，因此猝熄效应更小，具有更加优良的点火性能。在铂金火花塞上，铂金是焊在中心电极和搭铁电极顶端的。中心电极的直径较常规火花塞的要小。在铱金火花塞上，铱金是焊在中心电极顶端的，但焊在搭铁电极上的仍是铂金。中心电极的直径较铂金火花塞的直径小。

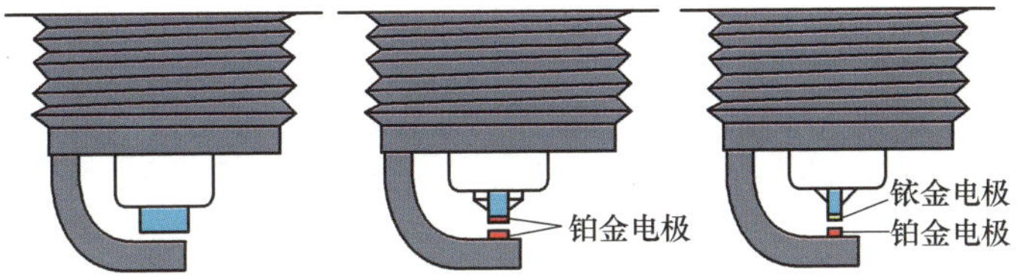

图 10-20　铂金火花塞和铱金火花塞

注意：铂金火花塞和铱金火花塞电极间隙不可调整，如有异常，必须更换。

## 五、点火系统的控制

发动机点火系统的控制主要有点火提前角的控制、通电时间的控制和爆燃的控制。

### 1. 点火正时的控制

点火正时控制包括起动点火控制和起动后点火控制两个阶段，如图 10-21 所示。

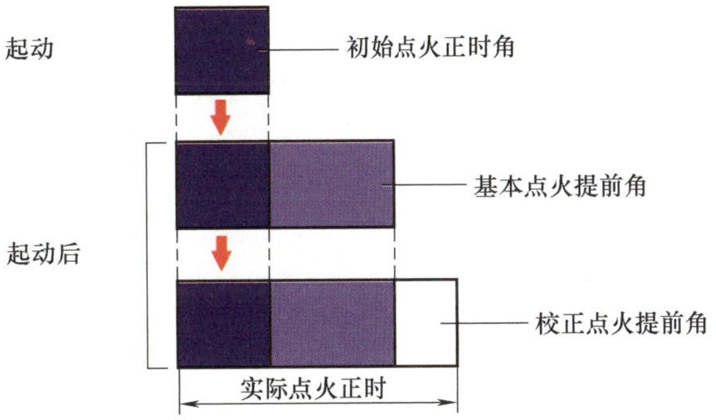

图 10-21　点火正时控制的内容

（1）起动点火控制　起动点火控制是在预定的曲轴转角进行点火而不考虑发动机的运作情况。该曲轴转角称为初始点火正时角。当发动机起动时，由于其转速较低，加上进入的空气质量不稳定，因此，空气流量 VG 信号或绝对压力 PIM 信号不能被用作控制信号，点火时间设置在初始点火时间角。初始点火时间角是由发动机 ECU 的备份 IC 控制的。

此外，转速信号 NE 用于确定发动机是否起动，并且当发动机转速小于或等于 500r/min 时，表明发动机正在起动，超过 500r/min 时转为起动后点火控制。根据发动机型号不同，有些车型的发动机 ECU 是在接收到起动信号（STA 信号）时才起动的。如图 10-22 所示，初始点火正时角由 G 信号和 NE 信号决定。

当发动机 ECU 接收了 G 信号（图形左边 A 点）后，再接收 NE 信号（图形左边 B 点），这就决定了当曲轴转角达到上止点前 5°、7°或 10°时（不同的机型角度也不同）的角度为初始点火正时角。

（2）起动后点火控制　起动后点火控制就是当发动机起动后正常运转时的有效控制。这种控制是通过对初始点火正时角和基本点火提前角进行各种校正来完成的，如图 10-23 所示。

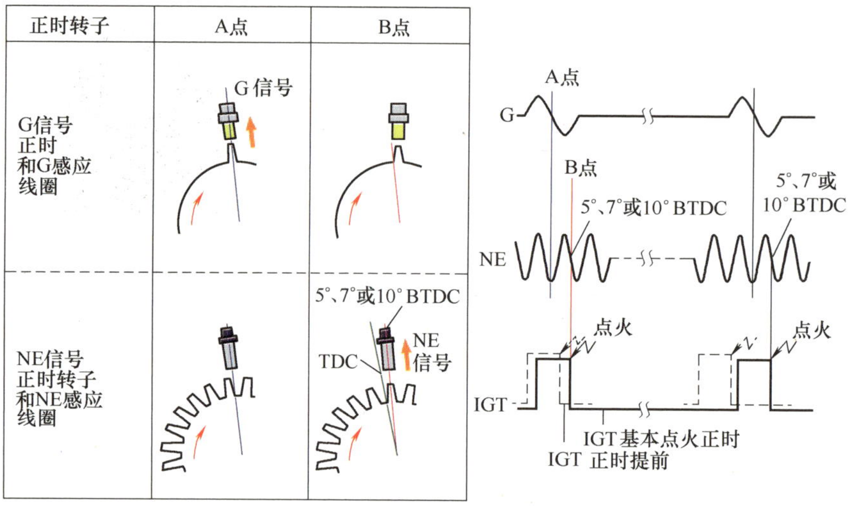


图 10-22　初始点火正时角

- 点火正时控制
  - 起动点火控制
    - 初始点火正时角
  - 起动后点火控制
    - 初始点火正时角
    - 基本点火提前角
    - 校正点火提前控制
      - 预热校正
      - 过热校正
      - 稳定怠速校正
      - 爆燃校正
      - 其他校正
      - 最大和最小提前角控制

图 10-23　点火正时控制的组成

起动后点火正时角＝初始点火正时角＋基本点火提前角＋校正点火提前角

1）基本点火提前角。基本点火提前角是由 NE 信号和 VG 信号或者 PIM 信号来决定的。决定基本点火提前角的 NE 信号和 VG 信号被储存在发动机 ECU 的内存中，发动机怠速和非怠速分别控制，如图 10-24 和图 10-25 所示。

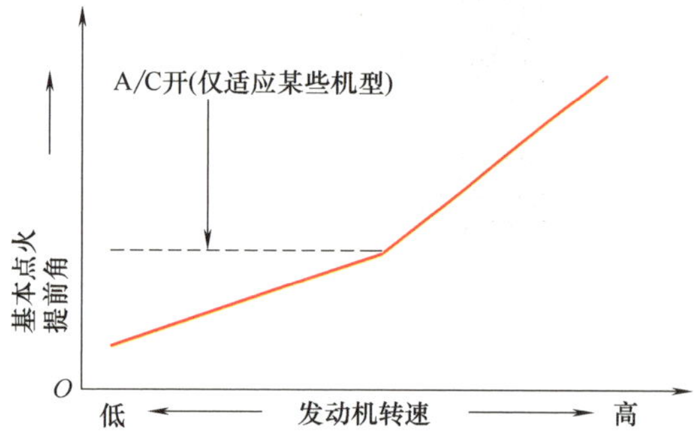


图 10-24　怠速时基本点火提前角数据

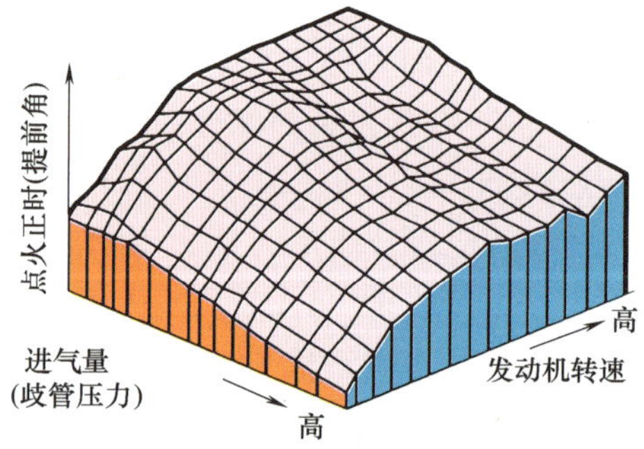


图 10-25　非怠速时基本点火提前角数据

怠速时基本点火提前角是由怠速 IDL 信号决定的，IDL 信号打开时，根据发动机转速决定点火正时提前角。在某些发动机机型中，基本点火提前角依据空调器的打开/关闭而变化，如图 10-24 左边的虚线区域。

非怠速即 IDL 信号关闭时，点火正时根据 NE 信号和 VG 信号或者 PIM 信号来确定，基本点火提前角的值被存入发动机 ECU，根据每个转速信号和进气量信号就能找到一个对应的基本点火提前角数值，如图 10-25 所示。

一般来讲，一种发动机使用燃油的辛烷值应该固定，如要求使用 92 号或 95 号汽油，发动机储存的基本点火提前角是根据辛烷值确定的，但实际车辆会有使用高标号或低标号汽油的情况。因此，现在车辆多具有辛烷值调节能力，其储存有两组基本点火提前角数据，ECU 根据爆燃 KNK 信号来自动改变确定点火正时的数据组。

2）校正点火提前角。发动机运行时，仅靠初始点火提前角与基本点火提前角无法实现各种工况下最佳的点火正时，因此，发动机还根据节气门位置、冷却液温度、气温和爆燃等信号对点火正时进行校正，这就是校正点火提前角。不同机型点火正时校正的内容和方式可能较大，但总的来讲达到的目的是基本相同的。在校正方式上，可以在基本点火提前角的基础上采用加减、乘系数或两者结合的方式。

### 2. 通电时间的控制

在发动机工作时，必须保证点火线圈的一次电路有足够的通电时间。但如果通电时间过长，点火线圈会发热并增大电能消耗。要兼顾上述两方面的要求，就必须对点火线圈一次电路的通电时间进行控制，如图 10-26 所示。另外，还需根据蓄电池电压对通电时间进行修正。

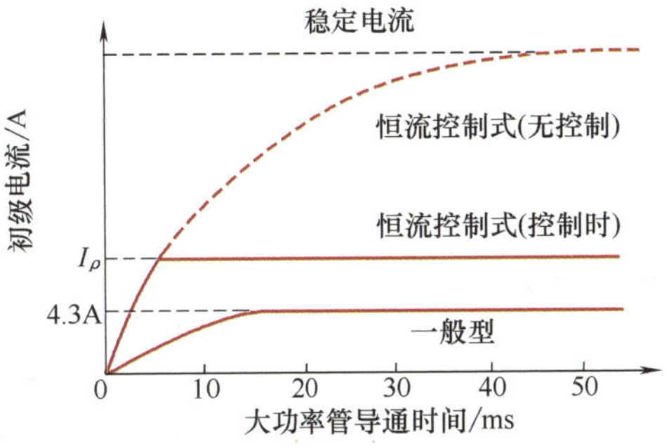

图 10-26 恒流控制的一次电流上升

现代点火线圈一次电路的通电时间由 ECU 控制，根据发动机的转速信号和电源电压信号确定最佳的闭合角（通电时间），并控制点火器输出指令信号（IGT 信号），以控制点火器中晶体管的导通时间。为了防止一次电流过大烧坏点火线圈，在部分电控点火系统的点火控制电路中增加了恒流控制电路。

恒流控制的基本方法是在点火器功率晶体管的输出回路中增设一个电流检测电阻，用电流在该电阻上形成的电压降反馈控制晶体管的基极电流，只要这种反馈为负反馈，就可使晶体管的集电极电流稳定，从而实现恒流控制。

恒流控制电路原理图如图 10-27 所示。图中，VT 为点火器末级大功率管，$R_s$ 为采样电阻，IC 为点火集成块。当采样电阻值一定时，采样电阻两端的电压值与通过点火线圈的一次电流成正比，工作中，采样电阻压降值反馈到点火集成块中的限流控制电路，使限流控制电路工作，从而保持流过点火线圈的一次电流恒定不变。

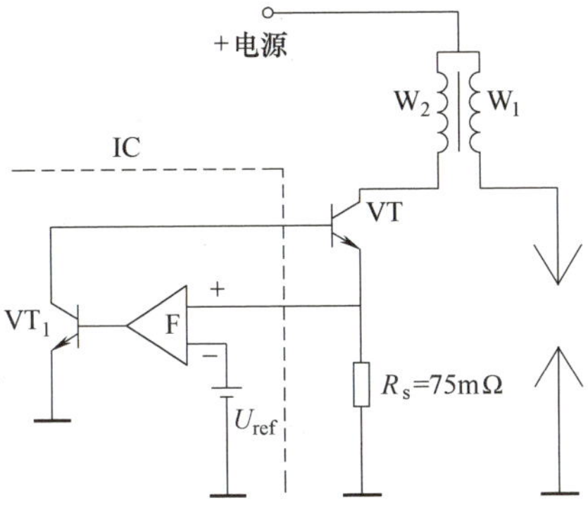

图 10-27 恒流控制电路原理图

基本工作情况：当大功率管饱和导通时，如果一次电流<限流值时，一次电流逐渐增大；当一次电流>限流值时，$R_s$ 反馈电压使放大器 F 输出端电压升高，使 $VT_1$ 更加导通，集电极电位下降，VT 向截止区偏移，一次电流下降；当一次电流略低于限流值时，$R_s$ 反馈电压使放大器 F 输出端电压下降，使 $VT_1$ 趋于截止，集电极电位上升，VT 趋于导通，一次电流上升。

### 3. 爆燃的控制

爆燃是一种不正常燃烧。轻微的爆燃，可使发动机功率上升，油耗下降；爆燃严重时，会导致冷却液过热，功率下降，油耗上升。其控制方法为推迟点火提前角。

（1）爆燃开环控制与闭环控制　当发动机的负荷低于一定值时，一般不会发生爆燃。此时发动机控制单元对点火提前角实行开环控制。在这种情况下，发动机控制单元不对爆燃传感器的信号做判别分析；发动机控制单元对反映发动机负荷的传感器进行分析，判断是否进入爆燃闭环控制。

（2）爆燃控制　发动机控制单元应用一个专用的算法，来确定气缸中任何燃烧循环中爆燃刚开始发生的状态。当系统识别到这种状况时，点火提前角随着程序的调控不断减小，如图 10-28 所示。当爆燃危险消除后，该气缸的点火提前角便慢慢地回复到默认的设置点。爆燃的识别和爆燃控制运算，阻止导致发动机损害和可闻爆燃声的爆燃发生。各缸有不同的爆燃极限。为了修正各缸不同的变化，各缸不同的点火延迟角增量储存在 RAM 储存器中，这保证在没有可闻爆燃声的危险下，发动机以最佳效率工作。

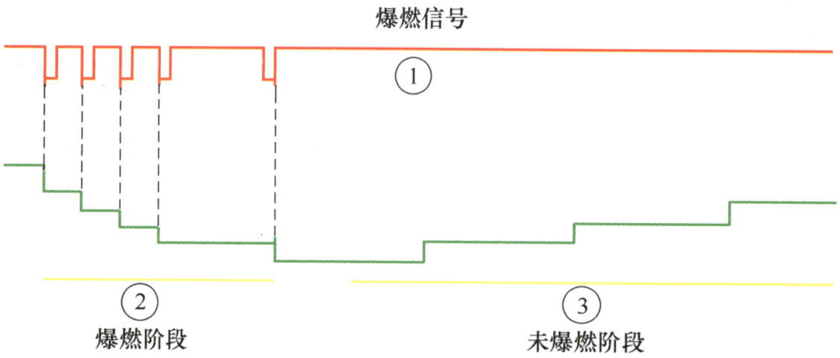


图 10-28　点火正时的爆燃控制

## 六、点火信号和点火波形

在 ECU 控制的点火系统中，ECU 接收来自各传感器的信号判断出点火时刻，从而输出信号给点火器，控制一次回路的导通和截止；在传统点火系统和晶体管控制的点火系统中，一次回路的导通和截止分别由断电器机械控制和传感器直接输送信号给点火器控制。所以一般点火信号指的是 ECU 控制的点火系统中，ECU 输出给点火器的信号，也称为 IGT 信号。点火后，ECU 会接收到反馈信号，也称为 IGF 信号，如图 10-29 所示。

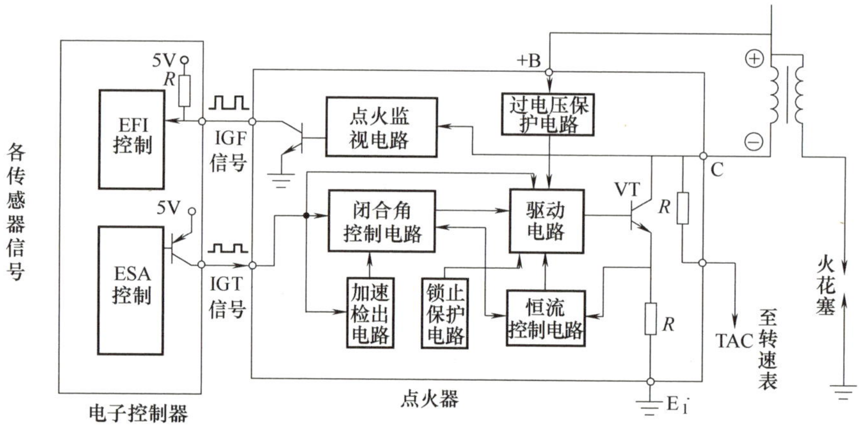


图 10-29　基本点火电路图

### 1. 点火信号

点火系统中一般有五种主要信号，分别为传感器信号 G、传感器信号 NE、判缸信号 IGD、点火正时信号 IGT 和点火反馈信号 IGF。

（1）曲轴信号（NE）（图 10-30）　NE 信号指的是曲轴位置传感器提供的发动机转速信号。曲轴位置传感器一般装在曲轴飞轮侧。其可以是磁电式、霍尔式或者光电式的。

（2）凸轮轴位置信号（G）　G 信号用来判断 1 缸上止点位置，一般和曲轴位置传感器配合使用，从而能判断每个缸的位置，给发动机每个缸提供准确的点火正时。凸轮轴位置传感器一般安装于凸轮轴上或者分电器中。

（3）判缸信号（IGD）　当 ECU 只有一条 IGT 信号线时，点火控制器需要 IGD 信号来判断给哪个缸点火（图 10-31）。

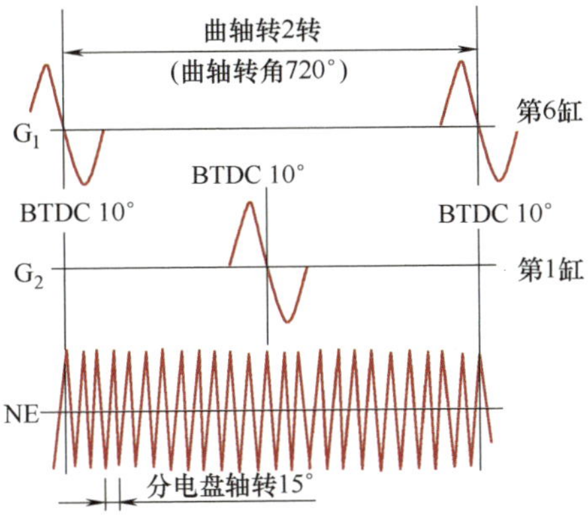


**图 10-30 G 信号和 NE 信号的关系**

$G_1$ 信号用来检测第 6 缸上止点位置

$G_2$ 信号用来检测第 1 缸上止点位置

实际检测上止点前 10°

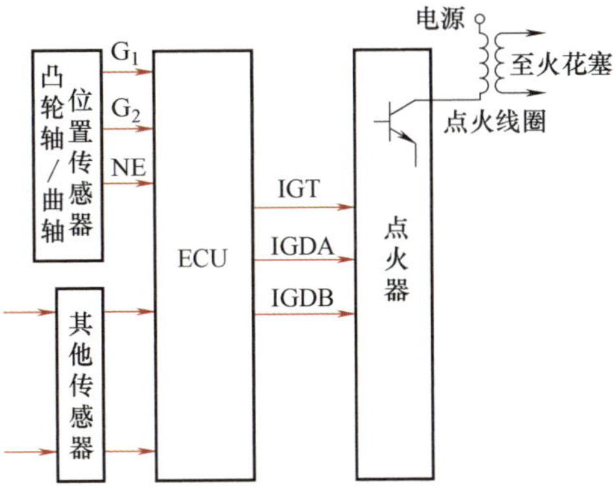


**图 10-31 点火控制**

（4）点火正时信号（IGT） IGT 信号是 ECU 发给点火器的指令，高电平时点火器接通一次电路，低电平时点火器断开一次电路。

闭合角（或凸轮轴闭合角）是指断电器触点闭合、初级线圈通电时，分电器凸轮转过的角度。分电器凸轮同发动机驱动气门的凸轮转速相同，4 缸发动机点火系统闭合角为 54°左右，由此初级线圈断电时凸轮转过的角度为 36°。闭合角是相对固定的，不会随着发动机转速的变化而改变，但初级线圈的通电时间会随着发动机转速的提高而减少。

闭合角是指 IGT 信号通电脉冲时凸轮轴的转角。如果闭合角固定，发动机转速低时，点火器接通一次电路，一次电流逐渐增大。当一次电流达到规定值时，点火器将调节电流，以限定最大电流值，保持一次电流稳定。但是当发动机转速升高时，一次电流持续时间减少，导致充电电流达不到规定值，点火器会控制延长通电时间。目前，许多发动机的点火闭合角不是固定的，而是由 ECU 通过 IGT 信号控制的，其实质是直接控制一次电流通电时间或一次电流的大小，如图 10-32 所示。

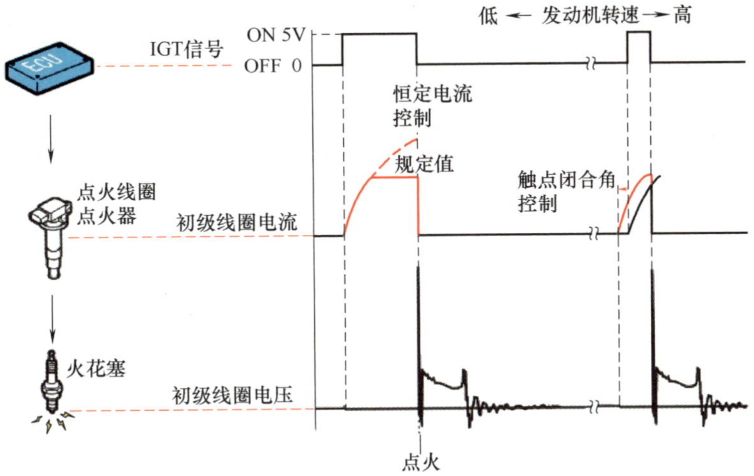


**图 10-32 IGT 信号**

当 IGT 信号从通转换至断时，点火器关断一次电流。一次电流被关断的瞬间，在初级线圈中产生几百伏的自感电压，而在次级线圈中产生几万伏的高电压。

（5）点火确认信号（IGF） 点火器按发动机 ECU 的 IGT 信号，精确地中断点火线圈中的一次电流；然后，点火器按一次电流的电流值，向发动机的 ECU 输送一个 IGF 信号，如图 10-33 所示。当来自点火器的一次电流达到预定值 IF1 时，IGF 信号即被输出。当一次电流超过预定值 IF1 时，此系统就判定所需的电流量已流过，因而允许 IGF 信号回至其原来的电压。如果发动机 ECU 未收到 IGF 信号，则可认定点火系统内存在故障。为防止过热造成的不良影响，发动机 ECU 停止燃料喷射，并将故障储存在诊断功能中。但是，发动机 ECU 不能探测二次电路中的故障，因此，发动机 ECU 只能监视一次电路中的 IGF 信号。

在有些型号发动机上，IGF 信号是通过一次电压判定的。

### 2. 点火波形

点火波形是指一次或二次回路中电压随时间变化的波形。发动机的点火线圈是由低压部分的初级线圈和高压部分的次级线圈两部分组成的。当初级线圈的电流被截断时，初级线圈会产生 200~300V 的电压，而在次级线圈中将产生高达 15~20kV 的电压，所以，两者的波形有所不同。图 10-34 所示为二次波形。

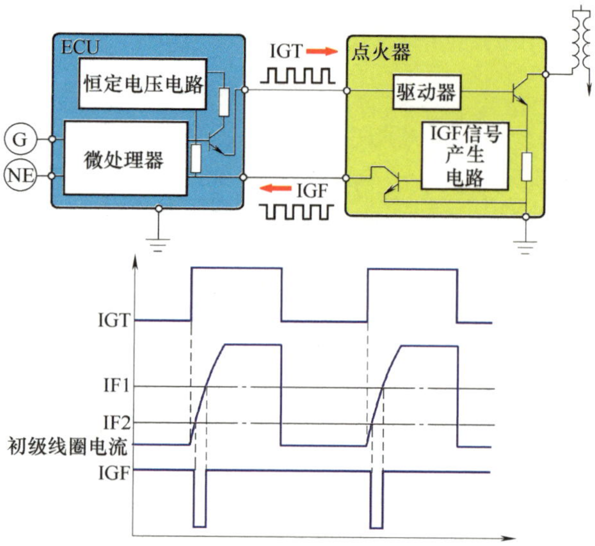


图 10-33　IGF 信号

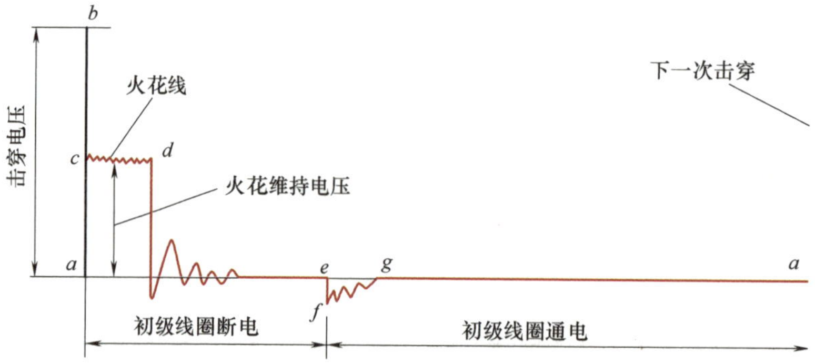


图 10-34　二次波形

*a* 点：断电器的触点断开或电子点火器晶体管没导通，点火线圈一次电路突然断电，使二次电压急剧上升。

*ab* 段：为火花塞的击穿电压，即在断电器打开的瞬间，由于一次电流下降至零，磁通量迅速减小，于是二次电路中产生的高压急剧上升，当二次电压还没有达到最大值时，就将火花塞的间隙击穿。所以，*ab* 也称为点火线。

*bc* 段：当火花塞的间隙被击穿时，两电极之间要出现火花放电，同时，二次电压骤然下降，*bc* 为此时的放电电压。

*cd* 段：火花塞电极间隙被击穿后，通过电极间隙的电流迅速增大，致使两极间隙中的可燃气体粒子发生电离，引起火花放电。*cd* 的高度表示火花放电的电压，*cd* 的宽度表示火花放电的持续时间。*cd* 称为火花线。

在火花间隙被击穿的同时，储存在二次电容 $C_2$ 的能量迅速释放，故 *abc* 段称为电容放电。其特点是放电时间极短（1μs），放电电流很大，所以 *a*、*c* 两点基本是在同一条垂直线上。电容放电时，伴有迅速消失的高频振荡，频率约为 106~107Hz。但电容放电只消耗磁场能的一部分，其余磁场能维持的放电称为“电感放电”。其特点是放电电压低，放电电流小，持续时间长，但振荡频率仍然较高。所以，整个 *abcd* 段波形称为高频振荡。

*de* 段：当保持火花塞持续放电的能量消耗完毕，电火花消失，点火线圈和电容器中的残余能量在电路中维持一段衰减振荡。这段振荡称为第一次振荡。

*ef* 段：断电器触点闭合或电子点火器晶体管导通，是点火线圈一次电路突然闭合，一次电流开始增加，引起二次电压突然增大。值得注意的是，在 *a* 点，一次电流是急剧减小的，而在 *e* 点电流是逐渐增大的，所以这两点感应二次电压的方向相反，而且大小不相同。

*fa* 段：触点闭合后，因一次电流接通而引起回路电压出现衰减振荡，称为第二次振荡。逐渐变化到零。当至 *a* 点时，触点打开，二次电路又产生点火电压。

在整个波形中，从 *a* 点至 *e* 点，对应于一次电流不导通、次级线圈放电阶段，对于传统点火系统为断电器触点张开阶段，即触点打开段；从 *e* 点至 *a* 点对应于一次电流导通、线圈储能阶段，也是传统点火系统的触点闭合时间，即触点闭合段。打开段加上闭合段等于一个完整的点火循环。

## 七、点火系统常见故障

汽车点火系统故障发生率较高，但由于点火系统具有相对独立性，所以在对该电路进行检修时，可根据该电路的功能来确定故障的部位。一般来说，起动时不能使发动机起动，发动机工作不稳，发动机无力、回火、放炮，发动机个别缸不工作，发动机低速断火，发动机高速断火，发动机加速断火，发动机怠速不良等，均可能是点火系统故障引起的。

**1. 常见故障现象**

（1）火花塞无火　火花塞无火的故障现象有气缸不做功，发动机不起动。

故障诊断：在低压电路重点检查是否有 IGT 信号，曲轴位置传感器是否正常，ECU、点火器是否良好；在高压电路重点检查是否电阻过大和漏电。

（2）火花塞火弱　火花塞火弱的故障现象有高压火花弱，发动机起动困难，怠速不稳，排气冒黑烟，加速性差。

故障原因：低压电路断开电流小，此时重点检查相关传感器、ECU、点火器、点火线圈；高压电路电阻过大和漏电。

（3）点火时刻过早或过晚　发动机不易起动，怠速不稳；发动机动力不足，易过热，易爆燃等。

故障诊断：在低压电路重点检查是否有 IGT 信号，曲轴位置传感器是否正常，ECU、点火器是否良好；高压电路分电器、高压线是否装配良好。

（4）点火性能不稳定　发动机在不同状态时，工作性能不同，常表现为发动机低速正常，高速失速；低温正常，高温不正常；起动时正常，工作一段时间后不正常等。

故障原因：低压电路信号不稳定，传感器松动、电路连接不良、点火器热稳定性差等；高压电路电阻过大和漏电。

**2. 故障案例**

案例 1：曲轴位置传感器故障。

车型：帕萨特 B5 轿车，装备 ANQ 发动机，采用博世 M3.8.3 电喷系统，行驶里程 9 万 km。

症状：发动机熄火后，不能起动。

诊断：发动机不能起动与曲轴位置传感器有很大的关系。起动发动机，用万用表检测 PCM 的端子 56 与 63，无信号电压（正常时应有 0.3~5V 的脉冲信号电压），说明曲轴位置传感器损坏。

修复：更换曲轴位置传感器后故障排除。

分析：由于曲轴位置传感器损坏，PCM 在连续几次接收不到它的信息时，便会中断喷油和点火信号的输出指令，导致发动机无法起动。

案例 2：点火模块工作不良故障。

车型：桑塔纳时代超人轿车（其点火系统电路如图 10-35 所示）。

症状：冷车不易起动，怠速不稳，热车加速犯闯，车速超过 120km/h 后提速困难。

诊断：

1）了解汽车维修情况：行驶里程为 8 万 km，不久前刚进行过正常维护，未清洗过燃油系统，更换过火花塞。

2）故障码诊断：00561—015 为混合气自适应值超过调节界限下限，00561—012 为混合气自适应值超过调节界限上限。氧传感器 G39 信号电压在 0.1～1.0V 之间波动，但变化频率很慢。

3）检查油路：测试油压，怠速状态油压表显示为 0.25MPa。踩加速踏板时，油压在 0.28～0.30MPa 范围内摆动。关闭点火开关 10min 后，燃油系统保持压力为 0.16MPa。油压值均符合标准。使用免拆清洗机对燃油系统进行彻底清洗后，故障现象有所减轻。

4）检查气路：考虑大众系列轿车节流阀体脏污对怠速及加速工况均有影响，因此将其清洗后进行基本设置，但仍不见成效。接着检查并清洗空气流量传感器，更换氧传感器后故障依旧。

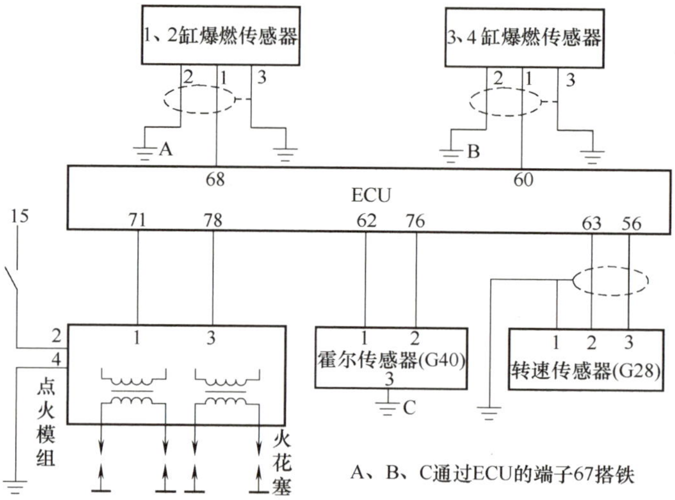


图 10-35　时代超人轿车点火系统电路

5）检查点火系统：火花塞、缸线都正常。

修复：跳火试验时发现 1、4 缸火花塞火花较弱。考虑到此车 1、4 缸共用同一个点火线圈，更换点火线圈 N152 后，故障彻底排除。

分析：点火模块工作不良造成 1、4 缸点火能量不足，导致混合气燃烧状况变差是该故障的根本原因。

## 思考题

1. 点火系统的主要功能是什么？
2. 点火系统是如何分类的？各类型点火系统的组成包括什么？
3. 什么是点火提前角？它对发动机有什么影响？如何确定和校正？
4. 冷型火花塞和热型火花塞有何区别？分别应用于什么车型？
5. 点火系统常见的故障有哪些？

## 测试题

测试题

# 项目十一 排放控制系统

## 学习目标

| 知识目标 | 能力目标 | 素养目标 |
| --- | --- | --- |
| 1. 掌握发动机排放污染的来源与成因<br>2. 掌握三元催化转化系统、废气再循环系统、曲轴箱强制通风系统、燃油蒸发控制系统和二次空气喷射系统的结构与工作原理 | 1. 能检测发动机废气排放情况<br>2. 能检测氧传感器性能<br>3. 能列出排放控制系统的常见故障,并分析故障原因 | 1. 通过查询资料,养成使用汽车维修手册的自主学习习惯<br>2. 培养责任意识和团队意识 |

## 情景导入

一辆丰田卡罗拉汽车到店检测，尾气排放超过国家标准，车主需要分析尾气成分和故障原因，并排除故障。假设你是维修技师，请完成检修任务并回答客户提出的问题。

## 知识提升

### 一、汽车排放污染概述

**1. 汽车的排放污染及危害**

汽车作为现代交通工具，在给人们的工作及生活带来方便的同时，尾气排放也给大气环境造成了严重的污染。据有关数据统计，在大气污染中，汽车排放所造成的污染占有很大比重，其中，所含一氧化碳（CO）的75%、碳氢化合物（HC）和氮氧化合物（$NO_x$）的50%来源于汽车发动机的排放。特别是在汽车密度较大的国家，发动机的排气污染早已成为严重的社会公害。

汽车发动机的燃料主要是汽油或柴油，它们是多种碳氢化合物的混合物，在发动机气缸内与空气混合并燃烧，大部分生成二氧化碳（$CO_2$）和水（$H_2O$）。依据燃烧条件，也有一部分由于不完全燃烧而生成CO和HC。此外，当燃烧温度很高时，空气中的氮与未燃的氧起反应，生成$NO_x$，这些所有的CO、HC、$NO_x$、二氧化硫（$SO_2$）及碳烟、颗粒、光化学烟雾等气体对人类和环境都会造成很大的危害。为此，各国都制定了相应的汽车排放标准，并投入大量资金进行研究和防治。CO、HC、$NO_x$是主要的污染物质，也是汽车排污标准和防治措施的主要对象。

**2. 汽车排放污染的来源与成因**

汽车排放污染物是指燃油箱中的燃油蒸发、从气缸壁和活塞之间的漏气，以及从排气管排出的废气。排放的气体对环境和人是有害的，因为它包括有害物质 CO、HC 和 $NO_x$。装备柴油发动机的车辆不仅产生 CO、HC、$NO_x$，而且还有碳烟，对环境和人体同样有影响。汽车产生的有害气体及比例如图 11-1 所示。

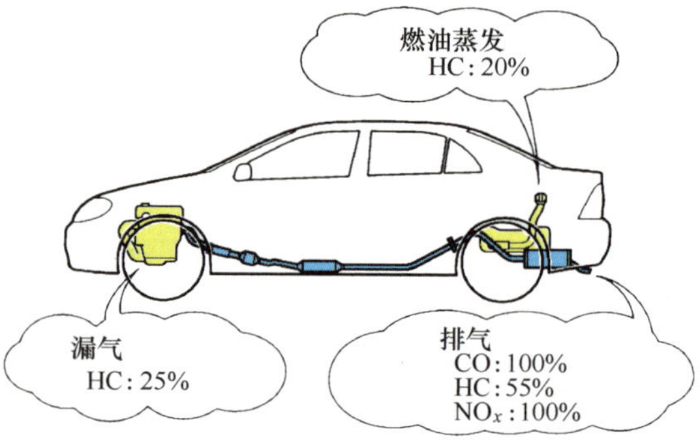

图 11-1　汽车产生的有害气体及比例

（1）CO　汽油的成分是 HC，其中的碳充分燃烧后产生无害的 $CO_2$，如果混合气过浓，燃烧室中氧气不足，就会产生一氧化碳，即过浓混合气的不完全燃烧是产生 CO 的唯一原因。CO 被吸入人体之后，进入血液并妨碍血液的输氧能力，人如果吸入大量 CO 会导致死亡。

（2）HC　HC 的排放主要来自于三个方面：一是燃油箱中燃油蒸发，二是曲轴箱窜气，三是燃油未完全燃烧。混合气越浓，HC 产生得越多。混合气越稀，HC 产生得越少。但是混合气太稀时，部分混合气如果不能点燃，HC 会激增。另外，气门重叠开启时的泄漏、燃烧室温度过低时的“猝熄”都会增加 HC 的排放。大量 HC 被吸入人体后，可能会致癌。HC 会导致光化学烟雾。

（3）$NO_x$　$NO_x$ 是由空气-燃油混合气中的氮气和氧气在燃烧室温度达到 1800℃ 以上时产生的。燃烧室温度越高，其生成量越大；混合气越稀，其生成量越大，因为混合气中氧的比例太高。因此，$NO_x$ 的生成是由燃烧室温度和氧的浓度决定的。$NO_x$ 被吸入人体后，会刺激鼻腔和咽喉；$NO_x$ 也会导致光化学烟雾。

CO/HC/$NO_x$ 的形成与空燃比的关系如图 11-2 所示。混合气较浓：CO/HC 增加，$NO_x$ 减少；混合气较稀：CO 减少，HC 减少。混合气太稀时，因缺火造成 HC 含量增加。在混合气比理论空燃比稍稀时，燃烧温度高且氧气充足，所以，$NO_x$ 产生量最大。混合气更稀时，因燃烧室温度降低，$NO_x$ 产生量减少。

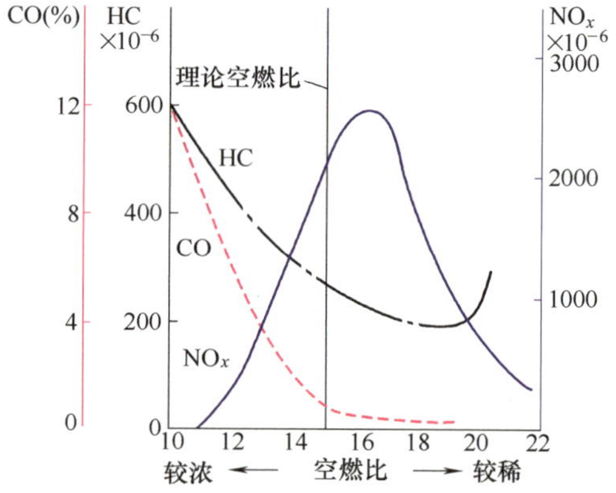

图 11-2　CO/HC/$NO_x$ 的形成与空燃比的关系

除了混合气浓度因素以外，在下列情况时 CO/HC/$NO_x$ 的产生量也会增加。发动机冷态时，因所供混合气较浓，CO/HC 的产生量增加；高负荷时，废气排放量因燃油和空气的增加而增加；所供混合气较浓时，CO/HC 的产生量增加；燃烧室温度升高时，$NO_x$ 的产生量增加。

今日全世界的多数国家都制定了各种法规，来减少汽车尾气排放造成的空气污染。这些标准统称为排放控制法规。其测量方法和其标准值各国有所不同。

**3. 发动机排放污染的防治**

对汽车发动机排放的控制和净化，各国都进行了大量的研究工作，除了对发动机本身的改进之外，现代汽车采取了多种排放控制措施来减少汽车的排气污染。排放控制系统是用于减少汽车产生的对环境和人有害的大气污染物的装置，主要有三元催化转化（TWC）系统、二次空气喷射（AI）系统、废气再循环控制（EGR）系统、曲轴箱强制通风（PCV）系统、燃油蒸发控制（EVAP）系统等。汽车主要的排放控制系统如图 11-3 所示。

## 二、三元催化转化系统

**1. 三元催化转化（TWC）系统的组成**

三元催化转化系统（图 11-4）主要包括三元催化转化器和氧传感器。

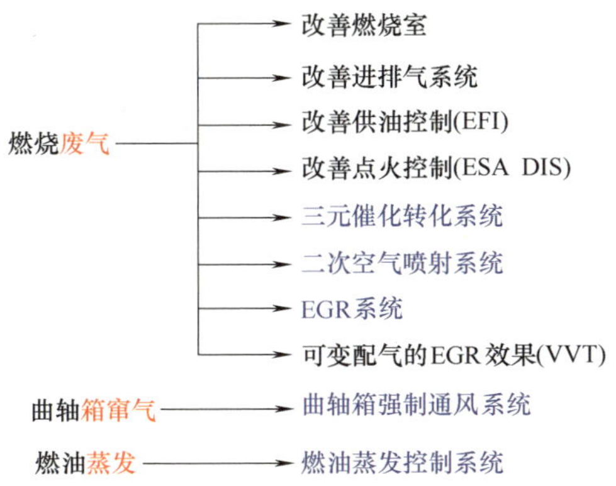


图 11-3 汽车主要的排放控制系统

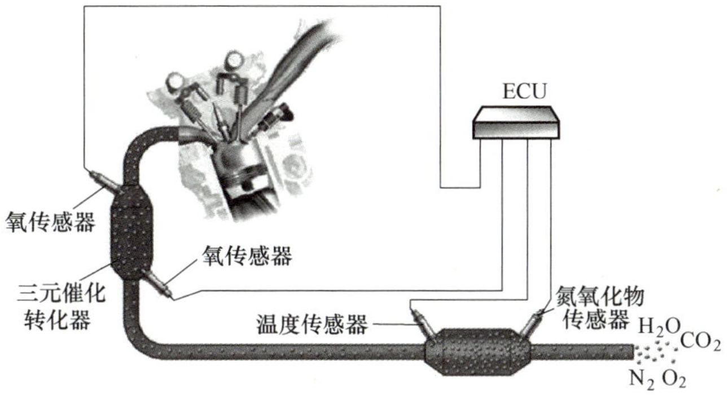


图 11-4 三元催化转化系统

三元催化转化系统是安装在汽车排气系统中最重要的机外净化装置，可将发动机排出的有害物质（CO、HC 和 $NO_x$）经过化学反应转化为 $H_2O$、$CO_2$ 和 $N_2$。通常，汽车上使用铂（Pt）、钯（Pd）、铑（Rh）等贵重金属作为催化剂。在催化剂（铑）的作用下，把 $NO_x$ 分解为 $N_2$ 和 $O_2$，而 CO 和 HC 在催化剂（铂和钯）的作用下与排气中的 $O_2$ 进行氧化反应，被氧化为 $CO_2$ 和 $H_2O$。

**2. 三元催化转化器**

三元催化转化器（图 11-5）的外形类似于大型消声器，用耐高温、耐腐蚀的金属外壳制成，安装在消声器之前。三元催化转化器对 HC 和 CO 进行氧化，将其净化为 $H_2O$ 和 $CO_2$，同时对 $NO_x$ 进行还原，将其净化为 $N_2$。催化剂涂在整体格栅式载体上，上面有许多小孔。有害物质通过小孔时被净化。其有陶瓷型和金属型两种类型的载体。格栅越薄，净化能力越强。

催化剂的净化率随温度变化而变化。如图 11-6 所示，催化剂的温度达到 400℃ 以上时，净化率接近 100%，废气将得到有效净化。

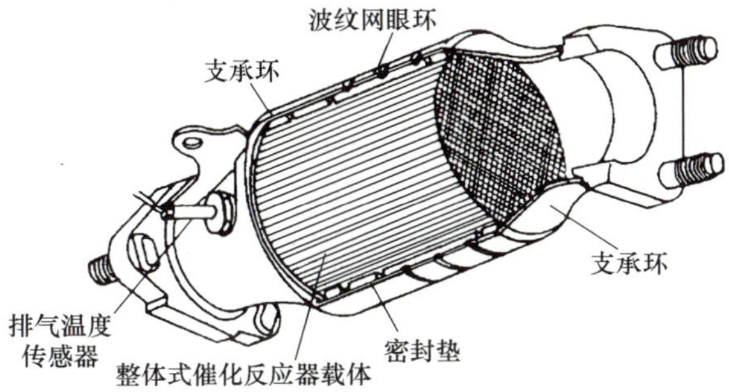


图 11-5 三元催化转化器

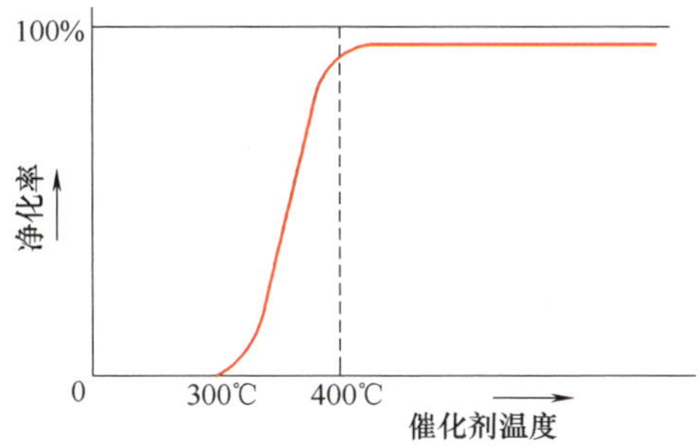


图 11-6 催化剂的工作温度

混合气过浓，会使三元催化转化器负担过重，温度升高。若高温（1000～1400℃）持续时间过长，会损坏三元催化转化器，导致排气不畅。

混合气浓度在理论空燃比附近时，三元催化转化器的效率最高。因此，需要空燃比反馈控制系统把空燃比保持在理论空燃比附近。空燃比反馈控制系统使用插入排气管内的氧传感器监测废气中氧的含量，然后发动机控制单元通过调整燃油喷油量控制空燃比，使三元催化转化器的转化效率达到最高，如图 11-7 所示。

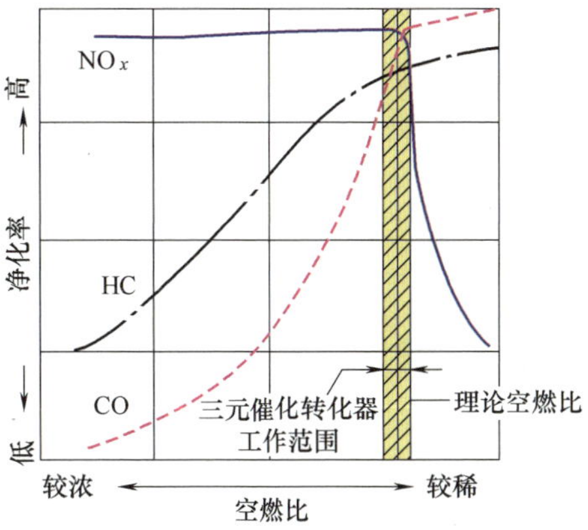


图 11-7 净化率与空燃比的关系

## 三、废气再循环系统

废气再循环（EGR）是将发动机废气的一部分再送回进

气歧管，并与新鲜的混合气混合后一起进入气缸参加燃烧。因为废气的大部分组成为惰性（不可燃）气体，将废气混入可燃混合气后，燃烧过程中火焰传播速度减慢，而且惰性（不可燃）气体吸收燃烧产生的热量，使燃烧温度降低，从而减少了 $NO_x$ 的排放量。目前，废气再循环是减少 $NO_x$ 排放的主要方法。

**1. EGR 率和 EGR 阀**

（1）EGR 率　在废气再循环过程中，进入进气歧管的废气量一般用 EGR 率来表示。EGR 率是指再循环的废气量占发动机总进气量的百分比。EGR 率过高，则油耗增加、HC 排量增大、缺火率增大，使燃烧变得不稳定，发动机性能下降。EGR 率过低，则 $NO_x$ 排放控制效果不好。

（2）EGR 阀　在废气再循环系统中，EGR 阀可以根据发动机实际工况的变化自动调整参与再循环的废气量。EGR 阀通常安装在废气再循环通道上，废气再循环通道一端通排气管，另一端连接进气歧管。目前，EGR 阀有真空膜片式 EGR 阀、线性控制式 EGR 阀和数字式 EGR 阀三种类型。

**2. 废气再循环系统的工作原理**

对于大多数汽油发动机来说，废气再循环的 EGR 率控制在 6%~23%范围内较适宜。一般机械式控制系统是通过调整进气压力和排气压力来调节 EGR 阀的开度，并由此控制 EGR 率，所能控制的 EGR 率较小（5%~15%）。电子控制式 EGR 阀能对参与再循环的废气量精确地实施较大范围的控制（EGR 率为 15%~20%），所以现代汽车发动机大部分都采用电子控制 EGR 阀系统。

按照控制方式的不同，电子控制 EGR 阀系统可分为直接控制式和间接控制式两种；按照有无反馈控制信号，可分为开环控制系统和闭环控制系统。在开环控制的废气再循环系统中，EGR 率只能预先设定，系统不能检测发动机各种工况下实际的 EGR 率。在更为先进的 EGR 控制系统中，控制系统以 EGR 率或 EGR 阀的开度作为反馈信号进行闭环控制，其控制精度更高。

图 11-8 所示为电子控制废气再循环系统，由真空膜片式 EGR 阀、EGR 电磁阀及相应的废气管道和真空管道组成。在 EGR 阀与进气真空传送管的连接管路中设置了一个由 ECU 控制的 EGR 电磁阀。EGR 电磁阀的结构如图 11-9 所示，它主要由阀体、阀芯、弹簧和电磁线圈等组成。当 EGR 电磁阀的电磁线圈不通电时，阀芯被弹簧顶紧，通大气阀口关闭，进气歧管与 EGR 阀真空室相通；当 EGR 电磁阀的电磁线圈通电时，阀芯在磁场力的作用下下移，真空通道被截断，此时通大气阀口开启，EGR 阀真空室与大气相通。

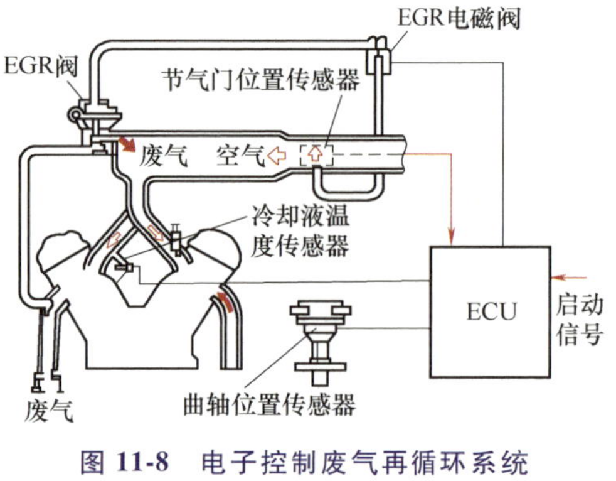


图 11-8　电子控制废气再循环系统

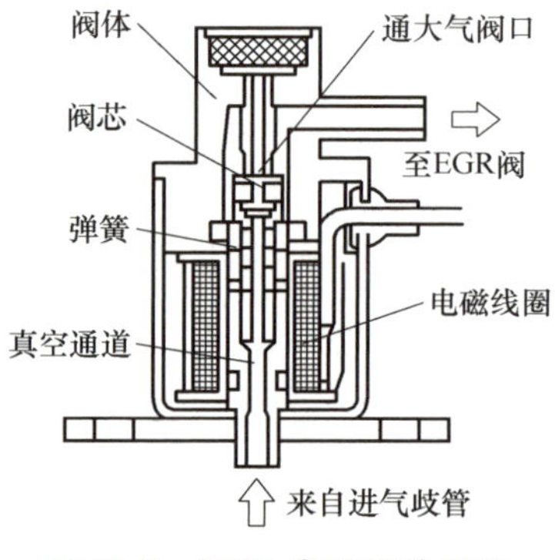


图 11-9　EGR 电磁阀的结构

EGR 系统工作时，ECU 根据点火开关、曲轴位置传感器、节气门位置传感器和冷却液温度传感器等输入的信号，判定发动机运转工况，输出相应的占空比脉冲信号，控制 EGR 电磁阀在相应的占空比下工作，将 EGR 阀真空室的压力调节到相应的值，使 EGR 阀有相应的开度。

当需要增大废气再循环流量时，ECU 输出的占空比减小，EGR 电磁阀相对的通电时间减小，EGR 阀真空室通进气管的相对时间增长，其真空度增大而使阀开度增大，使废气再循环流量相应增大。

当 ECU 输出占空比为 0 的信号（持续低电平）时，EGR 电磁阀断电。这时，EGR 阀真空室与进气管持续相通，其真空度达到最大（直接取决于进气管的真空度），阀的开度最大，废气的再循环流量也达到最大。当不需要废气再循环时，ECU 输出占空比为 100% 的信号（持续高电平），使 EGR 电磁阀常通电，EGR 阀真空室与大气常通，阀关闭，阻断了废气再循环。

必须注意的是，当发动机处于以下工况时不进行废气再循环：发动机在怠速、低速、低温（冷却液温度低于 50℃）和小负荷；发动机在大负荷、急加速和急减速工况。另外，一些发动机利用可变气门正时机构来实现 EGR 功能。在进气行程中，由于进气门和排气门的重叠，有部分废气被吸入。例如丰田 VVT-i 系统通过控制配气正时来主动地控制内部 EGR。VVT-i 系统较早地开启进气门，让部分废气回流至进气侧。在进气行程的同时，将回流的废气和可燃混合气吸入气缸内，就得到了 EGR 效应。当然，VVT-i 系统的基本功能是提高发动机低速经济性和高速动力性，不能因 EGR 效应而受到太大影响。

## 四、曲轴箱强制通风系统

### 1. 曲轴箱强制通风系统的作用

曲轴箱强制通风（PCV）系统能将窜缸混合气导入进气系统，使其重新燃烧。窜缸混合气是从燃烧室通过活塞环泄漏到曲轴箱中的气体，大部分为未燃烧的可燃混合气。在曲轴箱（一般安装在缸盖罩上）和进气歧管之间通过管道连接，利用进气歧管的真空将窜缸混合气吸入并燃烧。为了保持曲轴箱内气压的稳定，增加了一条连通曲轴箱和节气门前部进气管之间的通道，如图 11-10 所示。

### 2. 曲轴箱强制通风系统的结构与工作原理

PCV 阀安装在进气歧管和曲轴箱之间的管道内，用来控制气体流量。一般来说，当发动机负荷较小时，所产生的窜缸混合气的量较小，进气歧管真空度较大。而当发动机负荷较大时，所产生的窜缸混合气的量较小，进气歧管真空度却变小。所以，PCV 阀应该能够随着发动机负荷的增大而增大开启通道。

典型的 PCV 阀结构如图 11-11 所示。发动机停机时，回位弹簧使阀芯关闭。怠速时，真空吸力较大，阀芯被吸向进气歧管的一侧，真空通道几乎关闭。随着发动机负荷增大，进气歧管真空度变小，阀芯逐渐向气缸盖侧移动，真空通道逐渐开大。

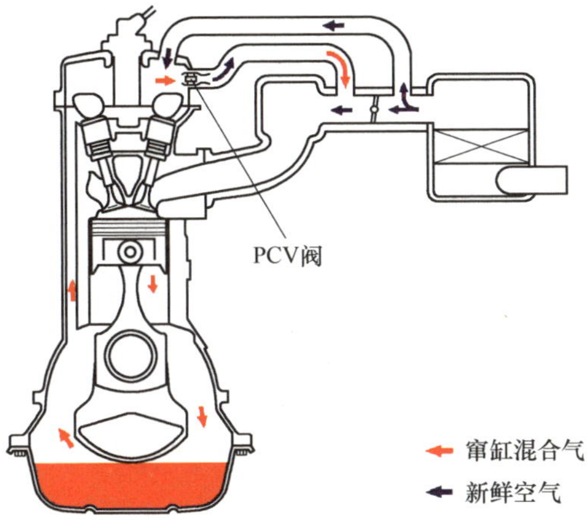


图 11-10 PCV 系统的结构原理图

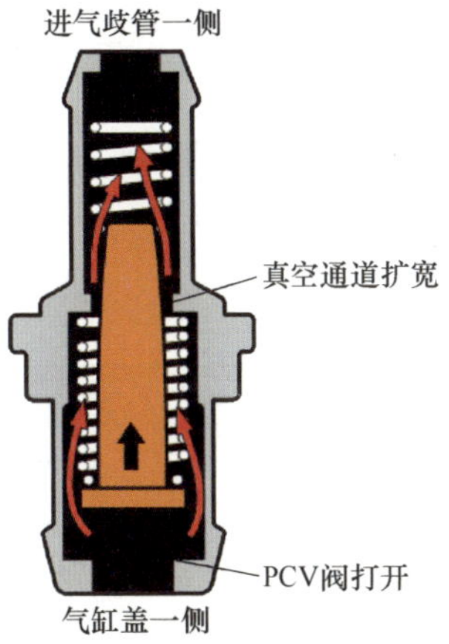


图 11-11 典型的 PCV 阀结构

在怠速和中小负荷情况下，进气管内的新鲜空气经平衡管流向气缸盖（曲轴箱）。但是当加速或大负荷时，曲轴箱内产生大量的窜缸混合气超过了 PCV 阀的吸入能力，此时一部分窜缸混合气经平衡管流向进气管，防止曲轴箱内压力过高导致油封泄漏。

## 五、燃油蒸发控制系统

汽车产生的排放物中约有 15%~20% 来自燃油蒸发。燃油蒸发控制系统能够储存燃油系统产生的燃油蒸气（HC），阻止燃油蒸气泄漏到大气中，减少环境污染；同时，将收集的燃油蒸气适时地送入进气歧管，与正常混合气混合后进入发动机燃烧，使燃油得到充分利用。

**1. 燃油蒸发控制系统的组成**

图 11-12 所示为燃油蒸发控制系统，其由燃油箱、活性炭罐、炭罐控制电磁阀、单向阀、真空控制阀及相应的燃油蒸气管和真空管组成。

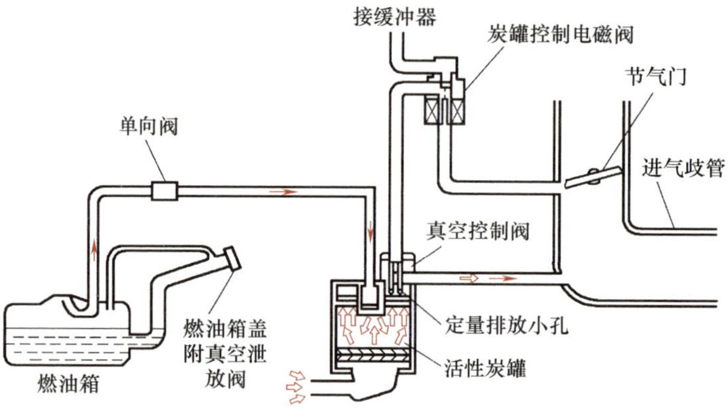


图 11-12　燃油蒸发控制系统

活性炭罐用来吸收和储存燃油箱排出的燃油蒸气，活性炭罐顶部有真空控制阀，真空控制阀为一个膜片阀，膜片阀上部的真空管通过控制电磁阀与进气歧管相连；中间是活性炭颗粒，它具有极强的吸附燃油分子的作用；活性炭罐底部有进气孔，保持与大气相通。在燃油箱和活性炭罐之间设有排气管和单向阀，燃油箱内的燃油蒸气压力达到一定值后，单向阀开启，燃油蒸气被吸入活性炭罐内部。

**2. 燃油蒸发控制系统的工作原理**

发动机在中小负荷工况时，ECU 根据发动机冷却液温度、转速和节气门开度等信号，控制炭罐电磁阀开启，进气歧管的真空便作用在真空控制阀上方，真空控制阀在真空作用下控制定量排放小孔开启，外界新鲜空气经活性炭罐底部的进气孔进入活性炭罐内，与早已吸附在活性炭表面上的燃油分子一起被吸入气缸。

发动机在怠速工况和全负荷工况时，在 ECU 的控制下，燃油蒸气不进入气缸，这样在怠速工况容易造成混合气过浓而使发动机熄火，全负荷工况时会使混合气过稀而影响发动机的动力性。

## 六、排放控制系统的常见故障

根据排放控制系统的结构与工作原理，排放控制系统常见故障见表 11-1。

表 11-1　排放控制系统常见故障

| 故障名称 | 故障现象 | 故障原因 |
|---|---|---|
| 废气再循环控制系统故障 | 怠速不稳、发动机暖机时频繁失速、发动机运转不平稳或失火、尾气排放超标、发动机动力不足 | EGR 阀卡滞在开启位置、性能衰退 |
| | | EGR 电磁阀断路 |
| 曲轴箱强制通风系统故障 | 怠速不稳、发动机运转不平稳或失火 | PCV 阀卡滞、堵塞、工作不良 |
| 燃油蒸发控制系统故障 | 发动机热起动困难，无怠速或怠速不稳、尾气排放超标 | 活性炭吸附性能衰退 |
| | | 活性炭罐电磁阀断路、卡滞 |
| | | 管路破损、漏气 |
| 三元催化转化系统故障 | 发动机动力不足、尾气排放超标、油耗增加 | 三元催化转化器堵塞、破损、性能衰退 |
| | | 炭灰积聚、污染 |
| | | 陶瓷内芯破损 |
| | | 陶瓷内芯过热老化 |
| | | 氧传感器短路或断路、性能衰退 |

（续）

| 故障名称 | 故障现象 | 故障原因 |
| --- | --- | --- |
| 二次空气喷射系统故障 | 油耗增加、尾气排放超标 | 空气泵、真空电磁阀及组合阀损坏，气路堵塞 |
| | | 组合阀、空气泵的继电器损坏，引起组合阀处于常开状态、空气泵处于常转状态 |

## 思考题

1. 为什么要控制 EGR 率？
2. PCV 和 AI 控制什么废气排放？
3. 怎样对燃油蒸发控制系统进行维护？
4. 三元催化转化器是怎样减少 $NO_x$ 排放的？
5. 为了适应排放法规的要求，目前汽车上都安装了什么排放控制装置？

## 测试题

测试题

# 项目十二 柴油机供油系统

## 学习目标

| 知识目标 | 能力目标 | 素养目标 |
|---|---|---|
| 1. 掌握柴油机供油系统的作用、组成与分类<br>2. 掌握共轨燃油喷射系统、电控泵-喷嘴系统、传统柴油机供油系统的结构原理 | 1. 能识别柴油机供油系统的类别<br>2. 能列出共轨燃油喷射系统的常见故障，并分析故障原因 | 1. 培养自主学习意识与严谨认真、实事求是的工作作风<br>2. 通过完成实训工作任务，养成规范操作意识和安全生产意识 |

## 情景导入

一辆奥迪 Q7 TDI 汽车（配置共轨式电控燃油喷射系统柴油机）起动困难，经检查发动机压缩系统、换气系统、润滑系统、冷却系统均正常，高压喷油泵出油正常，柴油正常，电路控制正常。假设你是维修技师，请分析、诊断故障。

## 知识提升

### 一、柴油机供油系统的作用、组成与分类

柴油机供油系统是柴油机的一个非常重要的系统，其技术状况的好坏不仅直接影响柴油机的动力性、经济性及使用的可靠性，而且对环境也有着极其重要的影响。

**1. 柴油机供油系统的作用**

柴油机供油系统的作用如下：

1）储存、过滤和输送燃料。

2）根据柴油机的不同工况，以一定的压力及喷油质量将燃油定时、定量地喷入燃烧室，迅速形成良好的混合气供燃烧。

3）根据柴油机的负荷变化，调节供油量并稳定柴油机转速。

4）将燃烧后的废气从气缸中导出并排入大气中。

**2. 柴油机供油系统的组成**

柴油机供油系统由燃油供给装置、空气供给装置、混合气形成装置及废气排出装置四部分组成。

（1）燃油供给装置　燃油供给装置由燃油箱、柴油滤清器、喷油泵、喷油器、高压油管及回油管等组成，如图 12-1 所示。

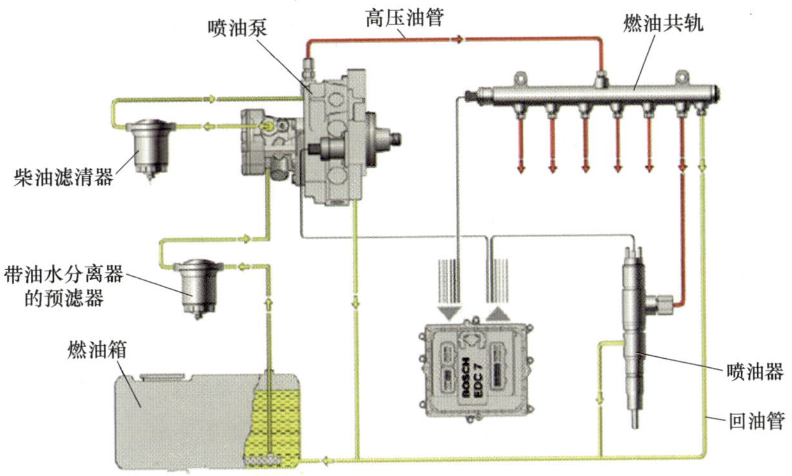


图 12-1　燃油供给装置的组成

（2）空气供给装置　空气供给装置由空气滤清器和进气管等组成，部分机型带有增压器。

（3）混合气形成装置　混合气形成装置是燃烧室。

（4）废气排出装置　废气排出装置由排气管和排气消声器等组成。

### 3. 柴油机供油系统的分类

现代柴油机供油系统根据驱动方式的不同，可分为凸轮驱动型系统和电/液驱动型系统两大类。凸轮驱动型系统包括直列式柱塞泵、单体泵、分配泵（径向柱塞式或轴向柱塞式）和泵喷嘴系统；电/液驱动型系统也就是共轨式系统，共轨式系统分为高压共轨系统、中压共轨系统和压电式共轨系统。柴油机供油系统根据控制系统的不同，可分为传统机械式柴油喷射系统和电控柴油喷射系统。

传统机械式柴油喷射系统采用机械方式进行喷油量和喷油时间的调节和控制，由于机械运动的滞后性，调节时间长，精度差，喷油速率、喷油压力和喷油时间难以准确控制，导致柴油机动力性及经济性不能充分发挥，排气超标。研究表明，一般机械式柴油喷射系统对喷油定时的控制精度在 2°曲轴转角左右，而喷油始点每改变 1°曲轴转角，燃油消耗率会增加 2%，HC 排放量增加 16%，$NO_x$ 排放量增加 6%。

与传统的机械式柴油喷射系统相比，电控柴油喷射系统具有以下优点：

1）对喷油定时的控制精度高（高于 0.5°曲轴转角），反应速度快。

2）对喷油量的控制精确、灵活、快速，喷油量可随意调节，可实现预喷射和后喷射，改变喷油规律。

3）喷油压力高（高压共轨电控喷油系统喷油压力高达 250MPa），不受发动机转速影响，优化了燃烧过程。

4）无零部件磨损，长期工作稳定性好。

5）结构简单，可靠性好，适用性强，可以在新老发动机上应用。

## 二、共轨燃油喷射系统

以德国博世（BOSCH）公司的 CRS2-25 共轨式电控燃油喷射系统为例，高压共轨燃油喷射系统如图 12-2 所示。

（1）低压部分　低压部分油路的作用是产生低压柴油，输往高压泵。其主要零部件有燃油箱、低压回路的进油管和出油管、燃油滤清器和输油泵。

1）电动输油泵。输油泵的作用是向高压泵提供足够的燃油量。输油泵安装在燃油箱内的专用支架

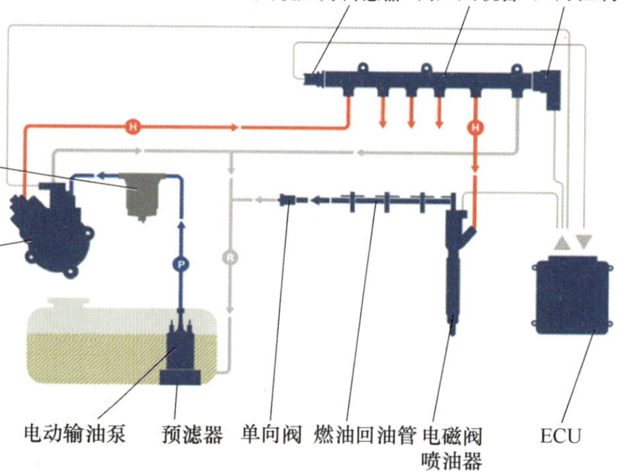


图 12-2 CRS2-25 高压共轨式电控燃油喷射系统

上，其总成通常还包括吸油端的吸油滤网、油位显示器、储油罐以及与外部连接的电气和液压接头。

电动输油泵有多种结构、型号，乘用车共轨喷油系统采用的是滚子叶片泵（容积式泵）。它主要由电动机、滚柱叶片泵、限压阀等组成（图 12-3）。

燃油在出油口打开以后从电动机流过，并经压油端的连接盖输出，从而使电动机得到冷却。燃油经燃油滤清器送往高压泵，多余的燃油经溢流阀流回燃油箱。电动输油泵运行不受发动机转速影响，且具有安全电路，可防止在停机时向发动机输送燃油。

2）燃油滤清器。燃油滤清器将进入高压油泵前的燃油滤清净化并排除燃油中的水分，从而防止高压油泵和喷油器等精密零部件过早磨损和损坏。

燃油滤清器的结构如图 12-4 所示。工作时，燃油从进油口进入，经纸滤芯过滤，干净的柴油从出油口流出。如果燃油中有水，由于水的密度比油大，在流经滤清器时，水会沉入底部集水槽中，打开放水螺塞即可将水放掉。现代汽车大部分设有自动水报警装置，当滤清器内的水到一定高度时，警告灯就会闪亮，提醒驾驶人及时将水排出。

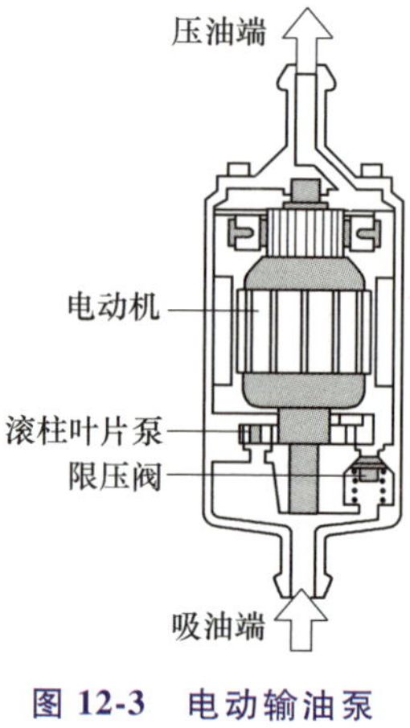


图 12-3 电动输油泵

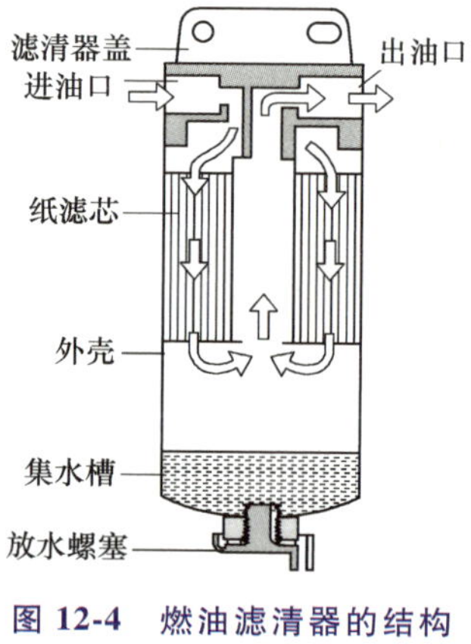


图 12-4 燃油滤清器的结构

（2）高压部分 共轨喷油系统的高压油路部分包括高压油泵、高压油管、共轨管、电磁阀喷油器、回油管。

1）高压油泵。高压油泵位于低压部分和高压部分之间，主要作用是向共轨持续提供系统压力要求的高压燃油。其供油量应远大于发动机所需要的最大供油量，以保证共轨内的压力恒定。CP4-25 高压油泵燃油压力可达到 250MPa，图 12-5 所示为其实物图。

CRS2-25 共轨燃油喷射系统可以配置不同的高压油泵：可以选择带流量计量单元或电动吸油阀的

柴油润滑的 CP4 或插入式的机油润滑的 CP4。CP4 壳体内部自带凸轮轴，通过传动带或链条带动凸轮轴旋转，推动柱塞上下运动形成高压油。CP4 是一个插装式泵，没有自己的壳体，被直接集成到发动机缸体并且被驱动。相比流量计量单元的 CP4，若选用弹簧开启式的电动吸油阀，将显著改善高压油泵的吸油效率，特别是在高转速范围。这样入口压力就可以降低，在不影响吸油效率的情况下能够减少能源需求。带电动吸油阀的 CP4 的另外一个优点是在起停上的应用：例如短暂停车后再次起动时，它可以直接用共轨里储存的油压起动，这样就可以减少发动机部件承受的高应力。

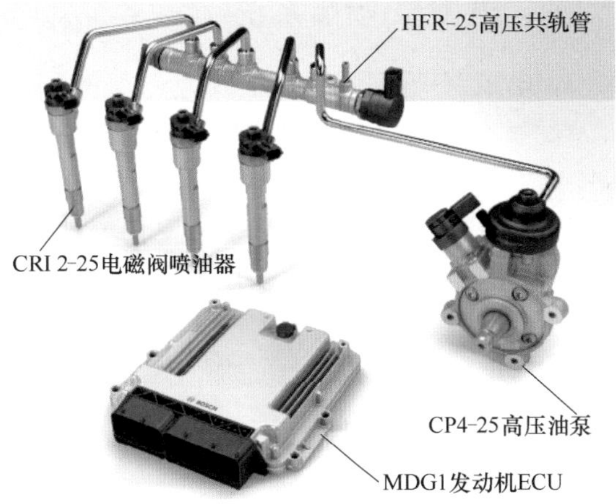


图 12-5 CRS2-25 共轨燃油喷射系统实物图

2）HFR-25 高压共轨管。高压轨通过附加的共轨压力传感器与控制单元进行通信，每分钟可达到 60000 次燃油压力检查。它的测量数据被压力控制阀用来调节系统压力。在喷油过程中，系统会产生压力波动，储存在共轨里的高压容积将这种波动降到了最低，从而提高了喷油量的精确度，最终达到减少排放和降低油耗的目的。

共轨管上安装有压力传感器和压力控制阀。

共轨压力传感器（图 12-6）用于检测油轨内的燃油压力，它利用半导体（硅）元件的压电效应原理工作。它用螺纹紧固在共轨管上，燃油经共轨中的一个孔流入，传感器膜片将孔末端封住。在共轨压力的作用下，膜片形状发生变化，膜片上的传感元件电阻值会随之变化，并在用 5V 供电的电阻电桥中产生电压变化。

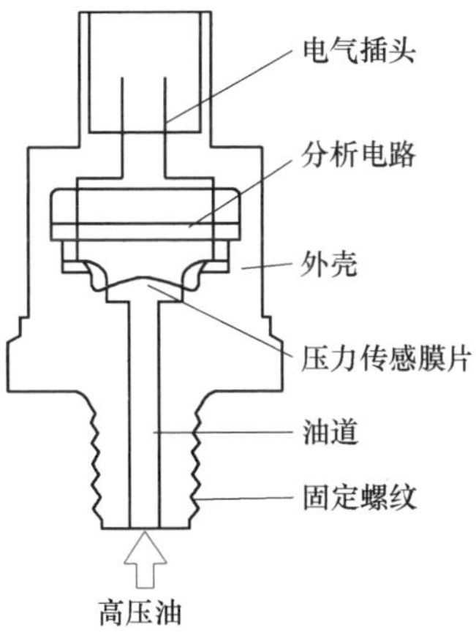


图 12-6 共轨压力传感器

3）CRI 2-25 电磁阀喷油器。喷油器是共轨柴油喷射系统的核心部件，其作用是准确控制向气缸喷油的时间、喷油量和喷油规律。它一般用卡夹装在气缸盖上。电磁阀式电控喷油器主要由喷油嘴、液压伺服系统和电磁阀组件等构成，其实物图如图 12-5 所示。

CRI 2-25 系统围绕快速开闭、短喷油持续期而设计的电磁阀喷油器，根据驾驶情况将最佳量的燃油喷入气缸，从而确保清洁和经济的燃烧。第二代高性能电磁阀喷油器可实现高自由度喷射模式设计，允许每循环八次单独喷射。这些多次喷射不仅降低了发动机的油耗，而且减少了其 $CO_2$、污染物和噪声排放。

因为其压力平衡电磁阀的设计，CRI 2-25 喷油器可以使系统压力增加到 250MPa。阀的快速开闭可以实现更短的喷油持续周期，方便实现高灵活度的多次喷射模式。此外，还可以选择集成一个用于测量针阀关闭时间的传感器到 CRI 2-25 喷油器中，以实现精确喷油。另外，CRI 2-20/-22/-25 喷油器有一个集成的高压容积，可减少压力波动，同时通过减少回油量提升了液力效率。

（3）电子控制系统　电子控制系统由各种传感器、发动机 ECU 和执行机构三部分组成。

1）传感器。高压共轨柴油机喷油器的喷油量、喷油时间和喷油规律除了取决于柴油机的转速和负荷外，还与众多因素有关，如进气流量、进气温度、冷却液温度、燃油温度、增压压力、电源电压、凸轮轴位置、废气排放等，所以必须采用相应传感器采集相关数据。

2）发动机 ECU。发动机 ECU 内部的软件处理输入的系统信息并且控制各种功能组；该单元将单个功能连成网络，形成了一个有效的整体系统。为实现这一点，它使用了新一代的高性能微控制器。软件平台确保了最大的功能灵活性，因为上一代应用软件也可以和 Auto-sarR4 兼容的基础软件一起使用。

3）执行机构。执行机构根据 ECU 计算出的最佳参数控制电控喷油器和高压油泵等机构工作，使喷油器按最佳的喷油量、喷油时间和喷油规律进行喷油。

## 三、电控泵-喷嘴系统

### 1. 电控泵-喷嘴系统的组成

泵-喷嘴系统就是将喷油泵和喷油器合成一体，省去高压油管并获得高喷射压力的燃油系统。电控泵-喷嘴系统是在机械式泵-喷嘴系统的基础上发展而来的，首先应用在货车上，后来也应用在轿车上。宝来轿车装用的 1.9L TDI 柴油机电控燃油喷射系统就属于电控泵-喷嘴系统。喷嘴由于无高压油管，所以可以消除长的高压油管中压力波和燃油压缩的影响，高压容积大大减少，因此喷射压力可很高。电控泵-喷嘴系统主要由泵-喷嘴、ECU 和各种传感器等组成，如图 12-7 所示。电控泵-喷嘴系统的特点是燃油压力升高仍然是机械式的，喷油始点和终点由电磁阀控制，即喷油量和喷油正时是由电磁阀控制的。

### 2. 电控泵-喷嘴系统的结构与工作原理

（1）电控泵-喷嘴的结构　泵-喷嘴安装在气缸盖中（图 12-8），进、回油道均在气缸盖内，发动机每个气缸都有一个泵-喷嘴。泵-喷嘴主要由喷油泵、喷油器和控制电磁阀三部分组成。泵-喷嘴驱动机构包括喷射凸轮、滚柱式摇臂和球销等，其功用是驱动泵-喷嘴中的喷油泵完成泵油。喷油泵由泵油柱塞和高压腔组成，其功用是产生高压油。喷油器主要由针阀、针阀体、喷嘴弹簧、收缩活塞和针阀缓冲元件等组成，针阀和针阀体与普通柴油机喷油器一样，收缩活塞和针阀缓冲元件控制喷油器的喷油规律。控制电磁阀的功用是控制泵-喷嘴的喷油正时和喷油量。

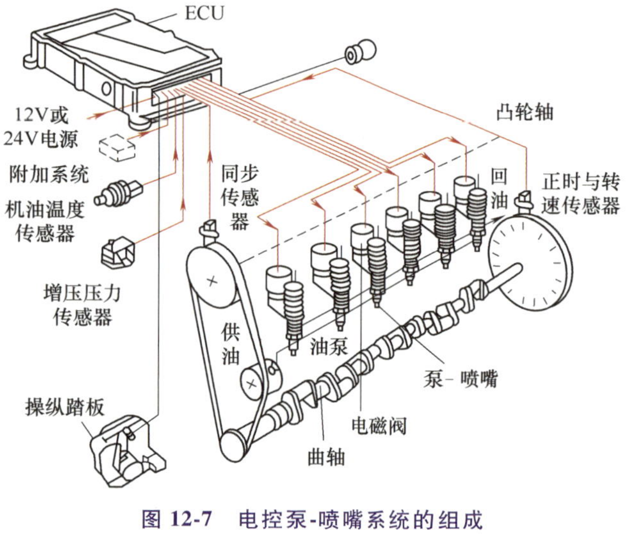


图 12-7　电控泵-喷嘴系统的组成

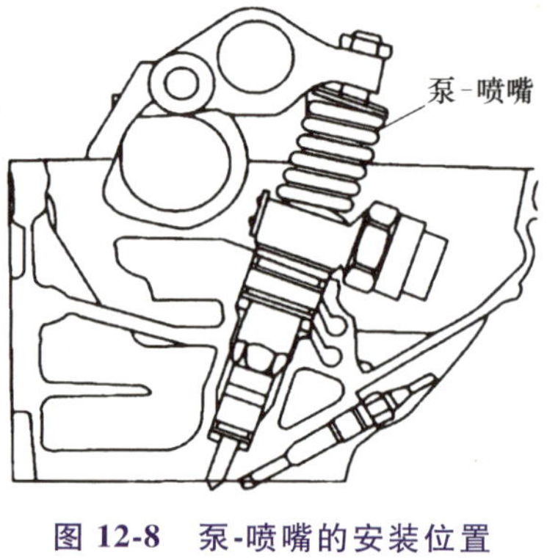


图 12-8　泵-喷嘴的安装位置

（2）电控泵-喷嘴的工作原理　电控泵-喷嘴的基本工作原理图如图 12-9 所示，由低压输油泵从进油口进入喷油器，进油通道由电磁阀控制；当机械驱动的泵油柱塞上行时，由于控制电磁阀为常开阀（断电时开启），低压输油泵输送来的低压燃油进入压油腔；泵油柱塞向下移动的压油初期，由于控制电磁阀仍保持开启，多余的燃油被压回低压回路；当 ECU 控制电磁阀通电关闭时，低压燃油在压油腔内被封闭，随着泵油柱塞下行，喷油器内的油压迅速升高（压力达 150MPa 以上），油压作用在针阀中部的承压锥面上使针阀升起打开喷油孔，喷油器开始喷油；当 ECU 控制电磁阀断电开启时，喷油器压油腔的燃油回流使油压迅速下降，喷油器喷油结束。可见，电磁阀关闭的时刻即喷油开始时刻，电磁阀关闭的持续时间决定泵-喷嘴的喷油量，实现喷油量和喷油正时的“时间控制”。

## 四、传统柴油机供油系统简介

### 1. 传统柴油机供油系统的基本组成与工作原理

传统柴油机供油系统由燃油箱、柴油滤清器、输油泵、喷油泵、调速器、喷油器和各油管组成。

在输油泵的作用下，柴油从燃油箱被吸出，经过柴油滤清器过滤后，干净的柴油进入喷油泵，在

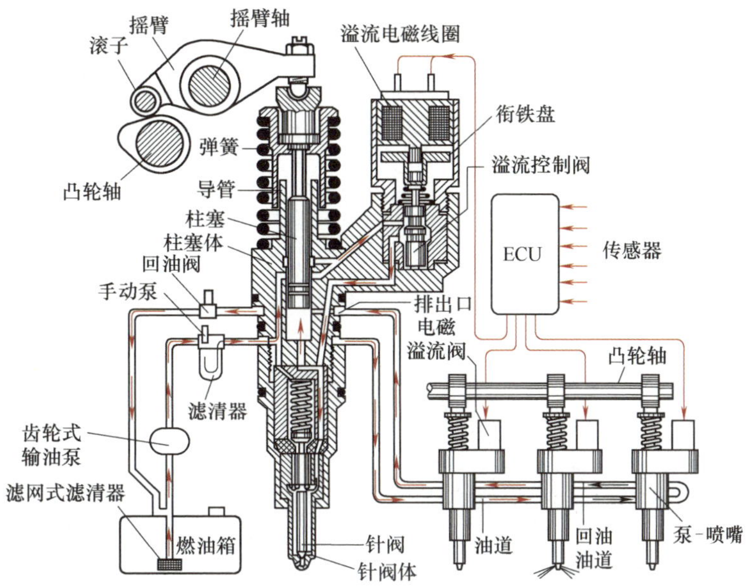


图 12-9 电控泵-喷嘴的基本工作原理图

此提高压力后经高压油管送到喷油器，以一定的速率、射程和喷雾锥角喷入燃烧室。多余的柴油从回油管流回柴油滤清器。

与电控柴油机供油系统不同的是，传统柴油机供油系统高压油的产生和控制全部采用机械式，会导致压力低、控制精度低，目前只在部分低档汽车上使用。

### 2. 传统喷油器的结构与工作原理

喷油器是一种向柴油机燃烧室喷射高压燃油的装置。它根据不同柴油机的要求，定时、定量地将柴油以一定的喷油压力、喷雾细度、喷油规律、射程和喷雾锥角喷入燃烧室特定位置，与空气混合燃烧。

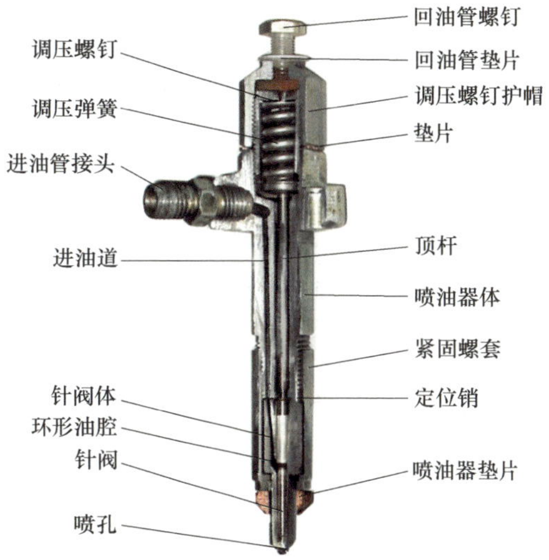


图 12-10 孔式喷油器

以汽车常用的孔式喷油器为例，其基本结构如图 12-10 所示，主要由针阀、针阀体、顶杆、调压弹簧及喷油器体等零件组成。

其中，最主要的是用优质轴承钢制成的针阀和针阀体，两者合称针阀偶件。针阀上部的圆柱表面同针阀体的相应内圆柱面进行高精度的滑动配合，配合间隙为 0.001~0.0025mm。若此间隙过大，可能发生漏油而使油压下降，影响喷雾质量；若间隙过小，针阀将不能自由滑动。

柴油机工作时，喷油泵供给的柴油经进油管接头、油道进入针阀体下部的环形油腔内。当油压升高到作用在针阀承压锥面上的轴向分力大于调压弹簧的预紧力时，针阀开始向上移动，喷油器喷孔被打开，高压柴油通过喷孔喷入燃烧室。当喷油泵停止供油时，油压突然下降，针阀在调压弹簧的作用下及时回位，将喷孔关闭。可见，喷油器的喷油压力与调压弹簧的预紧力有关，预紧力越大，喷油压力越高。调压弹簧的预紧力可通过调压螺钉来调整。

### 3. 传统柱塞式喷油泵的结构与工作原理

喷油泵的功用是按照柴油机的运行工况和气缸工作顺序，以一定的规律，定时、定量地向喷油器输送高压燃油。

喷油泵种类很多，以汽车使用较多的柱塞式喷油泵为例（图 12-11），其主要由分泵、油量调节机构、传动机构和泵体四部分组成。分泵是带有一副柱塞偶件的泵油机构，整个喷油泵中具有数目与发动机缸数相等、结构和尺寸完全相同的若干个分泵。油量调节机构的作用是根据柴油机负荷和转速的变化相应改变喷油泵的供油量。传动机构由凸轮轴和滚轮传动部件组成，凸轮轴的两端支撑在圆锥滚子轴承上，前端装有联轴器及机械离心式供油提前角自动调节器，后端与调速器相连。

**4. 传统分配式喷油泵的结构与工作原理**

传统高压油泵除柱塞式外，还有一种常见的是分配式喷油泵，如五十铃汽车发动机采用的 VE 型分配式喷油泵（图 12-12）。

图 12-11　柱塞式喷油泵

图 12-12　VE 型分配式喷油泵

VE 型分配式喷油泵主要由泵体、泵盖、驱动机构、滑片式输油泵、泵油机构、断油电磁阀和喷油提前器等组成。泵体和泵盖用铝合金铸成，支撑着喷油泵的所有零部件。泵盖与泵体之间用橡胶垫密封，不得漏油。驱动轴由发动机曲轴通过中间传动装置驱动。传动轴一方面带动滑片式输油泵转动，同时通过调速器驱动齿轮带动调速器工作；另一方面，传动轴右端通过十字联轴器带动平面凸轮盘转动，凸轮盘上的凸轮数与发动机气缸数相同，并紧靠在滚轮上，滚轮支承在滚轮支架上，当平面凸轮盘转动时，受滚轮的作用，还进行左右往复运动，用于驱动分配泵的柱塞进行转动和往复运动。

## 五、共轨燃油喷射系统的常见故障

柴油机的故障诊断实际上是一个维修经验积累的过程。只有在实际工作中积累了丰富的维修经验，并能熟练运用这些经验，才能快速地诊断柴油机的故障。

下面以博世第二代高压共轨系统的常见故障为例列表分析。

**1. 柴油机不能起动故障**

柴油机不能起动故障的原因及排除方法见表 12-1。

表 12-1　柴油机不能起动故障的原因及排除方法

| 故障原因 | 排除方法 |
|---|---|
| 起动机不工作 | 检查变速杆是否挂空档位置 |
| | 检查档位指示灯指示或显示位置是否正确 |
| | 检查空档起动开关及接线是否完好 |
| | 检查蓄电池电压是否过低 |
| | 检查起动机继电器及接线是否完好 |
| | 检查起动机是否损坏 |
| | 检查起动开关是否损坏 |
| 轨压无法建立 | 检查低压油路 |
| | 检查高压油路 |

（续）

| 故障原因 | 排除方法 |
|---|---|
| 轨压无法建立 | 检查油轨压力传感器 |
| | 检查流量计量阀 |
| 连接线断路或短路 | 检查喷油器、传感器、ECU 等线束插接器 |
| 曲轴信号和凸轮轴信号丧失 | 检查传感器是否损坏、线束是否连接良好、传感器是否松动 |

**2. 柴油机起动困难故障**

柴油机起动困难的原因及排除方法见表 12-2。

**表 12-2 柴油机起动困难的原因及排除方法**

| 故障原因 | 排除方法 |
|---|---|
| 柴油机较长时间没有运转 | 将回油管伸到柴油液面下 |
| 低压管路有少量空气 | 排气 |
| 曲轴转速信号、凸轮轴信号太弱，同步判断时间较长 | 重新调整 |
| 环境温度太低，并且预热装置失效 | 更换预热装置 |
| 柴油、机油品质太差未达标 | 更换标准油品 |
| 起动机或飞轮齿圈打齿 | 更换起动机及飞轮齿圈 |
| 活塞环、缸套磨损或气门密封不严 | 更换活塞环、缸套或气门座、气门 |
| 排气制动碟阀卡在关闭位置，导致排气不畅 | 更换碟阀 |
| 燃油箱进、回油管未达到内径和压力设计要求 | 更换燃油箱进回油管 |

**3. 柴油机功率不足故障**

柴油机功率不足故障的原因及排除方法见表 12-3。

**表 12-3 柴油机功率不足故障的原因及排除方法**

| 故障原因 | 排除方法 |
|---|---|
| 喷油器出现故障 | 检查各缸喷油器及线束 |
| 冷却液温度、机油温度、进气温度过高 | 检查冷却系统及机油油位 |
| 同步信号出错 | 检查曲轴位置传感器或凸轮轴位置传感器 |
| 流量计量单元故障 | 检查流量计量单元 |
| 燃油管路泄漏引起油轨压力异常波动 | 断电 1min 后重新起动，若问题仍然存在，则检查燃油管路的密封性并排除 |
| 传感器故障 | 检查进气压力传感器、冷却液温度传感器和油轨压力传感器的电路，看插接器是否牢靠 |

**4. 发动机始终以 1000r/min 转速运行故障**

发动机始终以 1000r/min 转速运行故障的原因及排除方法见表 12-4。

**表 12-4 发动机始终以 1000r/min 转速运行故障的原因及排除方法**

| 故障原因 | 排除方法 |
|---|---|
| 电子节气门线束插接器松脱或接错 | 重新拔插或检查接线是否正确，重新接线 |
| 电子节气门线束插接器进水 | 用压缩空气或电吹风吹干再起动 |

**5. 柴油机怠速游车故障**

柴油机游车的原因及排除方法见表 12-5。

表 12-5　柴油机游车的原因及排除方法

| 故障原因 | 排除方法 |
|---|---|
| 燃油质量差(含水或蜡质) | 清洗燃油系统,更换燃油和燃油滤清器 |
| 燃油低压油路有空气 | 检查油管及接头密封性,排除空气 |
| 喷油器雾化不稳定 | 检查并修复 |
| 喷油器工作不正常 | 检查各缸喷油器及线束 |
| 车速传感器故障 | 检查车速表、车速传感器信号及接线 |

## 思考题

1. 为什么共轨燃油喷射系统中共轨管的燃油压力比较稳定？是如何调节的？
2. 泵-喷嘴燃油供给系统的喷油压力最高可达205MPa，试分析其工作过程。
3. 哪种共轨系统在每个喷油循环中可实现多次喷射？是采用了什么关键技术？
4. 你认为目前轿车装用的柴油机大多采用哪种燃油喷射系统？
5. 柴油机燃油供给系统在使用中应注意哪些问题？

## 测试题

测试题

# 项目十三 发动机管理系统

## 学习目标

| 知识目标 | 能力目标 | 素养目标 |
|---|---|---|
| 1. 掌握发动机管理系统的功能、组成及供电电路<br>2. 掌握发动机控制单元联网特点<br>3. 掌握诊断仪器的常见功能 | 1. 能更换发动机线束<br>2. 能描述发动机故障诊断的基本方法，并诊断排除发动机综合故障 | 1. 通过查询资料，养成使用汽车维修手册的自主学习习惯<br>2. 培养安全意识、劳动意识和创新意识 |

## 情景导入

一辆奥迪 A4L（B8）40TFSI 轿车，驾驶人在踩制动踏板后按点火开关起动发动机时，听到起动机在转，但发动机无法起动，仪表指示灯也有异常。车主要求检修车辆，还希望维修技师解释发动机管理系统的功能、供电特点，以及发动机故障诊断的基本方法。假设你是维修技师，请完成检修任务并回答客户提出的问题。

## 知识提升

### 一、发动机管理系统的作用与组成

#### 1. 发动机管理系统的作用

从 20 世纪 70 年代开始，全球各大汽车制造厂陆续推出了电子控制燃油喷射系统。经过多年的发展，发动机电子控制的内容和精度不断增加和提高，已经从简单的喷油和点火控制（图 13-1）逐渐发展成一个非常复杂的发动机管理系统（EMS）。另外，随着网络技术在汽车上的成功应用，在许多汽车上，发动机管理系统已不再是一个独立的控制系统，它通过 CAN 或 FlexRay 通信技术和其他控制系统［如空调系统、巡航控制系统、电子稳定控制系统（ESC）、防盗系统、

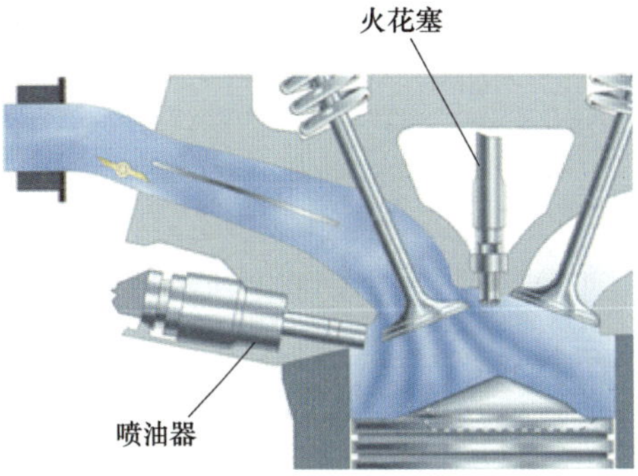

图 13-1 喷油、点火控制

音响和舒适系统等］实现网络通信和实时数据共享，这不仅提高了车辆的整体控制性能和控制精度，而且大大减少了传感器、信号线和ECU管脚的数量，控制单元之间通信更加简单和快捷，控制系统的升级和配置更容易，更灵活。

以奥迪的发动机管理系统为例，奥迪发动机目前采用的控制系统有博世控制系统、西门子控制系统、大陆电子控制系统，管理系统结构从机械喷射到现在的直喷系统发生了很大的变化，控制功能也变得越来越复杂。

发动机管理系统的功能：对发动机进行综合控制，确保发动机在所有工况下处于最佳工作状态，从而净化排放、降低燃油消耗、提高功率、改善驾驶性。其控制功能主要包括主控制功能和辅助控制功能。

主控制功能包括喷油控制、点火控制、进气控制、发动机热管理控制和排放控制。辅助控制功能包括巡航控制、车载自诊断、失效保护功能和后备功能等。

### 2. 发动机管理系统的组成

发动机控制系统由传感器、ECU和执行器三部分构成，如图13-2所示。

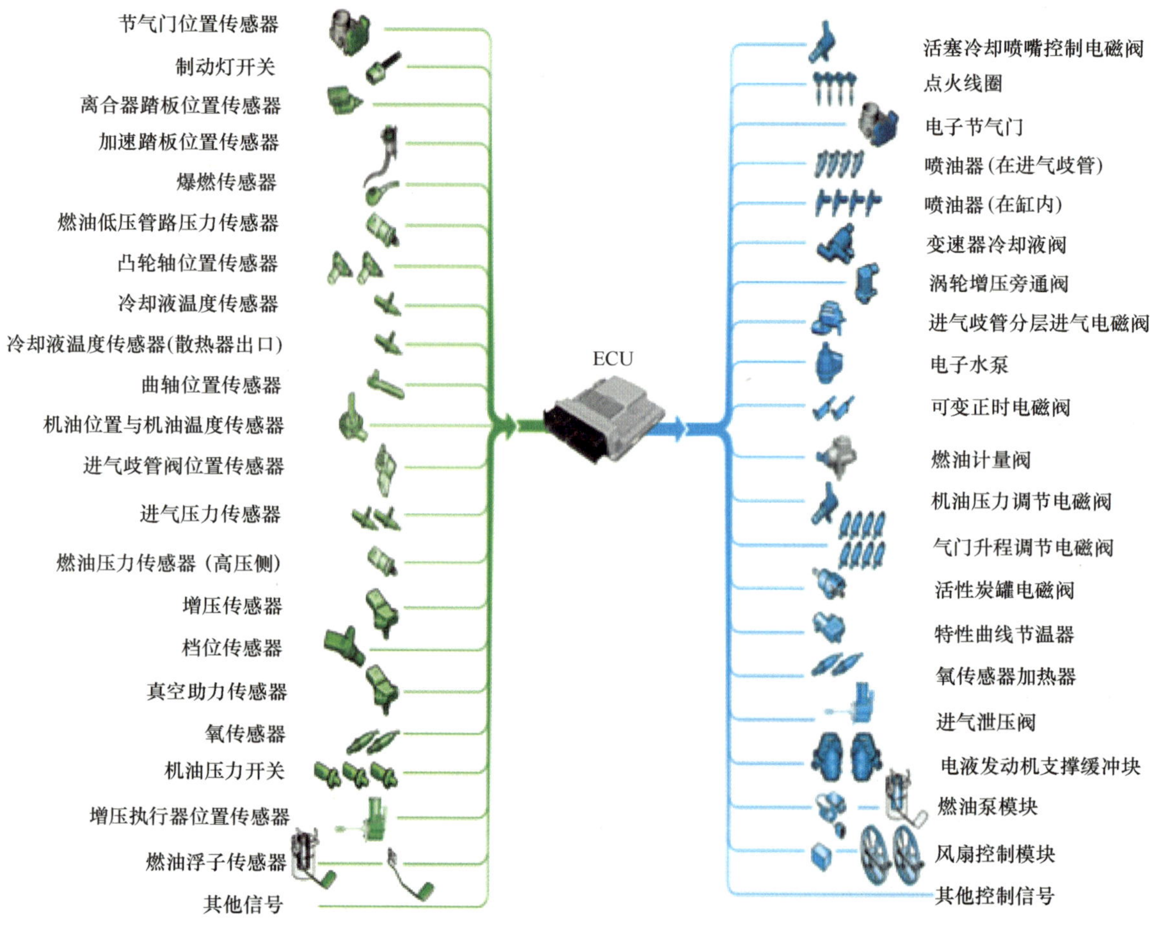


图13-2　发动机控制系统部件的组成

（1）传感器的功能　传感器是感知信息的部件，负责向ECU提供发动机的工作情况和汽车运行状况。

（2）执行器的功能　执行器负责执行ECU发出的各项指令，如喷油器、电子节气门和点火器等。

（3）ECU的功能

1）接收传感器或其他装置输入的信息，给传感器提供参考电压，将输入的信息转变为微机能接收的信号。

2）储存、计算、分析处理信息，计算输出值所用的程序，储存该车型的特点参数，储存运算中的数据，储存故障信息。

3）运算分析。根据信息参数求出执行命令数值；将输出的信息与标准值对比，查出故障。

4）输出执行命令。把弱信号变成强的执行命令信号，输出故障信息。

5）自我修正（自适应功能）。

6）与其他控制单元进行数据交换。

**3. 主要传感器的功能**

1）节气门位置传感器：检测节气门的开度及变化情况，并将信号输入 ECU，用于控制电子节气门的动作，对燃油喷射和增压等其他系统进行控制。

2）制动灯开关：感知制动踏板的状态，用于电子节气门控制及巡航控制等。

3）离合器踏板位置传感器：感知离合器踏板位置信息，得出发动机负荷状态，用于起停系统控制或怠速控制。

4）加速踏板位置传感器：感知加速踏板的位置，用于实现电子节气门的控制。

5）爆燃传感器：监测发动机是否发生爆燃，用于对点火系统进行闭环控制。

6）燃油低压管路压力传感器：监测低压管路燃油压力，用于控制低压燃油管路压力。

7）凸轮轴位置传感器：感知凸轮轴的位置，用于气缸识别，控制点火正时、喷油正时与配气正时等。

8）冷却液温度传感器：监测发动机缸体的温度等，作为燃油喷射和点火控制的修正信号。

9）冷却液温度传感器（散热器出口）：监测散热器的温度。

10）曲轴位置传感器：监测曲轴的位置与发动机的转速。

11）机油位置与机油温度传感器：测量机油的液面位置与机油的温度。

12）进气歧管阀位置传感器：监测进气歧管气流分层扰流阀（进气歧管翻板）的位置。

13）进气压力传感器：监测进气歧管中的进气压力，其内部集成了进气温度传感器，结合进气温度信号及发动机转速信号计算发动机的进气量。

14）燃油压力传感器（高压侧）：监测共轨中的燃油压力。

15）增压传感器：监测增压器出口的压力，用于监控及调节增压压力。

16）档位传感器：监测变速器的档位。

17）真空助力传感器：监测真空助力内部的真空度。

18）氧传感器：监测废气中氧离子的含量，分析出混合气的浓度，用于喷油量（空燃比）的闭环控制等。

19）机油压力开关：监测主油道中的机油压力。

20）增压执行器位置传感器：监测机械增压执行器的位置。

21）燃油浮子传感器：监测燃油箱中的燃油量。

22）空气流量传感器：监测发动机的进气量，并将信号输入 ECU，作为燃油喷射和点火控制的主控制信号。

**4. 主要执行器的功能**

1）活塞冷却喷嘴控制电磁阀：控制活塞冷却喷嘴的喷射时刻。

2）点火线圈：由 ECU 向点火线圈发出控制信号，点火线圈产生高压电，使相应气缸的火花塞跳火，点燃混合气。

3）电子节气门：控制发动机进气量。

4）喷油器（在进气歧管喷射的喷油器）：控制低压燃油喷射量。

5）喷油器（在缸内直接喷射的喷油器）：控制高压燃油喷射量。

6）变速器冷却液阀：控制变速器油的散热。

7）涡轮增压旁通阀：控制涡轮增压器的目标增压度。

8）进气歧管分层进气电磁阀：控制进气涡流，实现分层燃烧。

9）电子水泵：控制涡轮增压器的冷却，特别是在发动机关闭状态下。

10）可变正时电磁阀：控制凸轮轴配气正时。

11）燃油计量阀：控制高压燃油管路的压力。

12）机油压力调节电磁阀：控制润滑系统两级主油道机油的压力。

13）气门升程调节电磁阀：控制气门切换不同的升程。

14）活性炭罐电磁阀：控制活性炭罐的汽油清洗流量。

15）特性曲线节温器：控制发动机冷却液循环及流量，进而控制冷却液温度。

16）氧传感器加热器：加热氧传感器。

17）进气泄压阀：控制收油时节气门前方的进气压力，减少增压加速迟滞现象。

18）电液发动机支撑缓冲块：控制支撑缓冲块的刚度及阻尼。

19）燃油泵模块：控制燃油泵的供给电压，进而控制输送的低压燃油的压力。

20）风扇控制模块：控制冷却风扇的转速。

**5. 电控单元**

电控单元（ECU）又称为“行车电脑”“车载电脑”等（图 13-3）。

图 13-3 ECU

发动机 ECU 主要由输入接口、微处理器和输出接口组成，如图 13-4 所示。

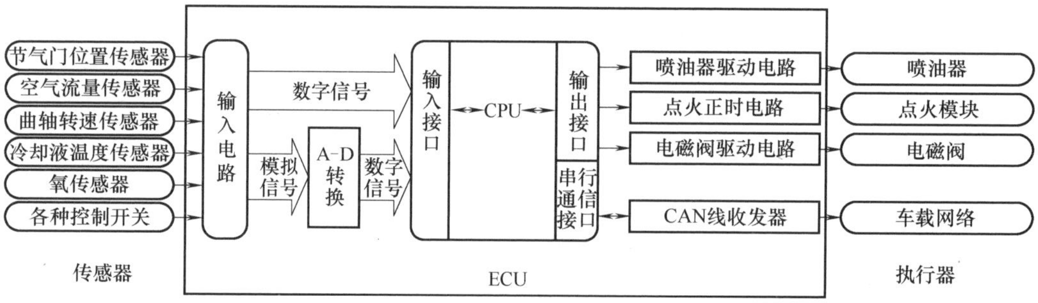


图 13-4 发动机 ECU

（1）输入接口电路　输入接口电路主要用于完成外部传感器与微处理器之间的信息传递，主要是对传感器输入信号进行预处理，使输入信号变成微处理器可以接收的信号。因为输入信号有模拟信号和数字信号两类，所以分别有相应的输入电路进行处理。

对于模拟信号的处理，需要根据信号的强弱先对模拟信号进行电压转换，使信号在模/数（A-D）转换所设定的量程范围内，然后进行 A-D 转换。

数字信号的输入有来自曲轴位置传感器、凸轮轴位置传感器、空气流量传感器等信号，它们都是脉冲信号。数字信号经过处理之后，通过 I/O 接口可直接送入微处理器。一般要设置放大电路和脉冲信号整形电路。

（2）微处理器　微处理器是发动机电控系统的神经中枢。它能根据需要，把各种传感器送来的信号用内存程序和数据进行运算处理，并把处理结果（如喷油器控制信号、点火控制信号）送往输出回路。它主要由中央处理器（CPU）、存储器（RAM—ROM）、输入/输出 IP 接口组成。由于 CAN 总线技术的引入，微处理器在提高数据传输速度、减少硬件使用数量和系统可靠性方面得到大大改善。

（3）输出接口电路　输出接口电路将 ECU 做出的决策指令转变为控制信号来驱动执行元件进行工作，它能实现控制信号的生成与放大等功能。常见的输出执行元件通常是一些继电器、电磁线圈和电动机等。

## 二、发动机管理系统的供电电路

### 1. 控制单元的供电及搭铁

奥迪汽车的 30 供电是指常电源，即使点火开关关闭，也正常供给蓄电池电压。30 供电是发动机控制单元正常工作的前提条件，如果无 30 供电，发动机控制单元将无法正常工作。

奥迪汽车的 15 供电在车辆打开点火开关后才会提供蓄电池电压的电源。15 供电也是发动机控制单元正常工作的前提条件，如果无 15 供电，发动机控制单元将无法正常工作。

图 13-5 所示为奥迪 A4 B8 发动机控制单元 J623 供电电路。T94/92、T94/87 是发动机 ECU 的供电端子，T94/92 的电来源于熔丝架 1（ST1）的 SB4 熔丝，是发动机控制单元工作的 30 供电电源，T94/87 的电来源于熔丝支架 1（ST1）的 SB3 熔丝，是发动机控制单元 J623 的 15 供电。另外，发动机控制单元 J623 的搭铁线一共有三根，分别是 T94 的端子 1、2 和 4，它们在发动机控制单元内部是相通的，三根搭铁线最终铰接在一起通过发动机舱内左侧搭铁点与车身连接。

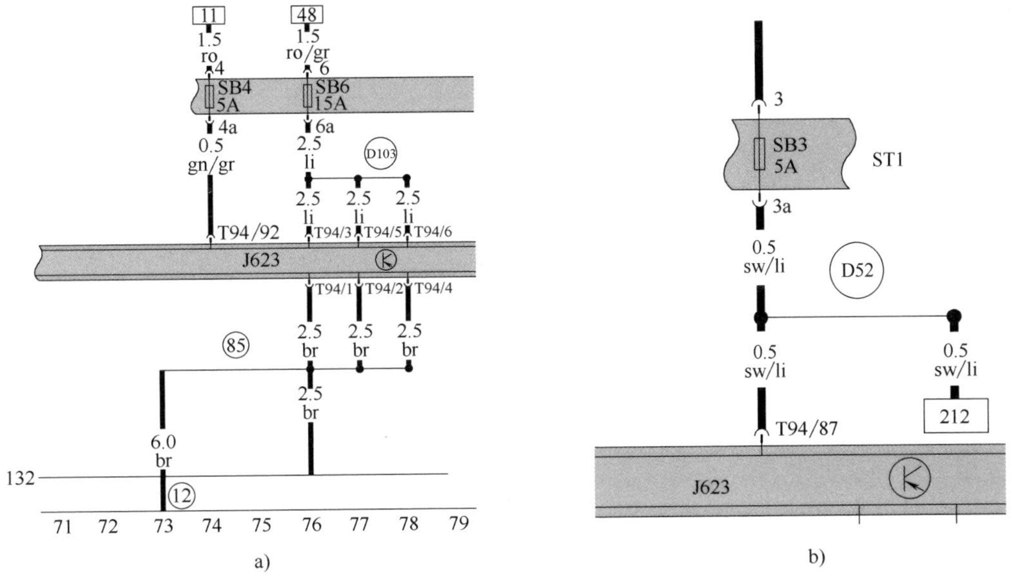


**图 13-5　发动机控制单元 J623 供电电路**

a）发动机控制单元 30 供电电路　b）发动机控制单元 15 供电电路

### 2. 供电继电器

奥迪 A4 B8 发动机管理系统的主要供电继电器有主继电器 J271、部件继电器 J757（相关电路如图 13-6 所示）、端子 15 供电继电器 J329，以及两个端子 50 供电继电器 J53/J695。

（1）主继电器 J271　主继电器 J271 的控制侧和开关侧的供电（坐标 12 和 13）都来源于蓄电池上的熔丝架 A 上的熔丝，为 30 供电。继电器工作受控于发动机控制单元，如果发动机控制单元接收到钥匙处于打开状态，则会控制 J271 工作，J271 的端子 6 通过发动机控制单元 T94/69 搭铁，此时主继电器 J271 开关闭合，由端子 8 输出电压。J271 控制以下的部件供电：发动机控制单元（内部电路供电）、部件继电器 J757（控制侧供电）、点火线圈、燃油泵控制器、制动灯开关、氧传感器（加热）、机油油位和温度传感器、凸轮轴正时调节阀等。

（2）部件继电器 J757　部件继电器 J757 的线圈电源受控于主继电器 J271，继电器的搭铁受控于发动机控制单元 J623，通过 T94/28 搭铁。在钥匙处于打开状态时，发动机控制单元 J623 就会控制部件继电器 J757 工作，部件继电器 J757 的端子 2 为 30 供电，继电器开关闭合以后，电流通过端子 8，到达熔丝架 1 上的 SB5 熔丝，给燃油压力调节阀供电（不同车型会有区别）。

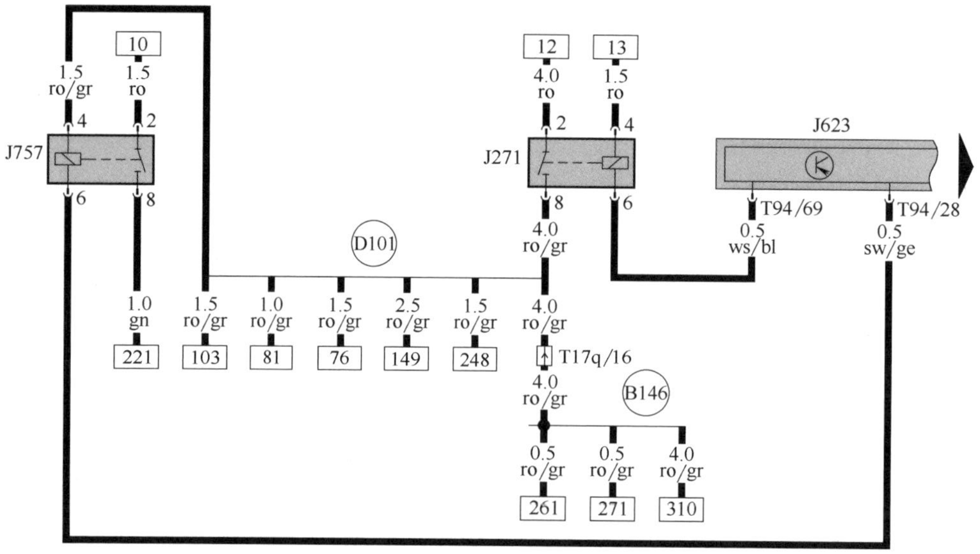


图 13-6　主继电器 J271 与部件继电器 J757 电路

（3）端子 15 供电继电器 J329　端子 15 供电继电器 J329 的线圈电源和开关电源都是 30 直接供电，其搭铁受控于中央舒适控制单元（集成防盗控制单元）J393，通过中央舒适控制单元 J393 的 T32d/16 号针脚搭铁。在点火开关打开时，中央舒适控制单元 J393 就会控制端子 15 供电继电器 J329 的触点闭合。端子 15 供电继电器 J329 的触点闭合后，输出蓄电池电压，完成整车（包括发动机控制单元）的 15 供电。

（4）端子 50 供电继电器 J53/J695　现在的汽车越来越多使用全自动起动（或称为一键启动、便捷启动），即起动机控制的起动、保持及终止均由发动机控制单元控制。在此过程中，驾驶人只需点动而不需要一直按住起动/停止按钮。自动起动功能使起动过程变得更柔和，同时可校正驾驶人在操纵中可能犯的错误。

起动机电磁开关的供电为端子 50 供电。图 13-7 所示为奥迪 A4 B8 的 50 供电（起动供电）电路，坐标 35 是去往起动机的端子 50。有两个起动机继电器 J53 和 J695，线圈的供电都来源于 15 供电（坐标 6），线圈搭铁都受控于发动机电控单元 J623，两个继电器的开关触点电路是串联电路，供电也是 15 供电。采用串联电路可以防止因单个继电器大电流造成继电器触点熔化无法分离，无法切断起动电路的情况。

## 三、发动机控制单元联网

奥迪车型上使用的网络有 CAN 总线、LIN 总线、MOST 总线、FlexRay 总线、LVDS、FBAS 等。

### 1. 发动机控制单元 CAN 联网

目前，CAN（Controller Area Network）总线通信是汽车控制单元之间以及控制单元与测试仪器之间数据交换的最常用数据通信，其通信速率最高可达 1Mbit/s。奥迪 A4 B8 的 CAN 总线网络包括：

1）高速 CAN 总线：驱动 CAN、仪表 CAN、扩展 CAN、诊断 CAN（诊断接口）等，通信速率为 500kbit/s。

2）低速 CAN 网络：舒适 CAN，通信速率为 100kbit/s。

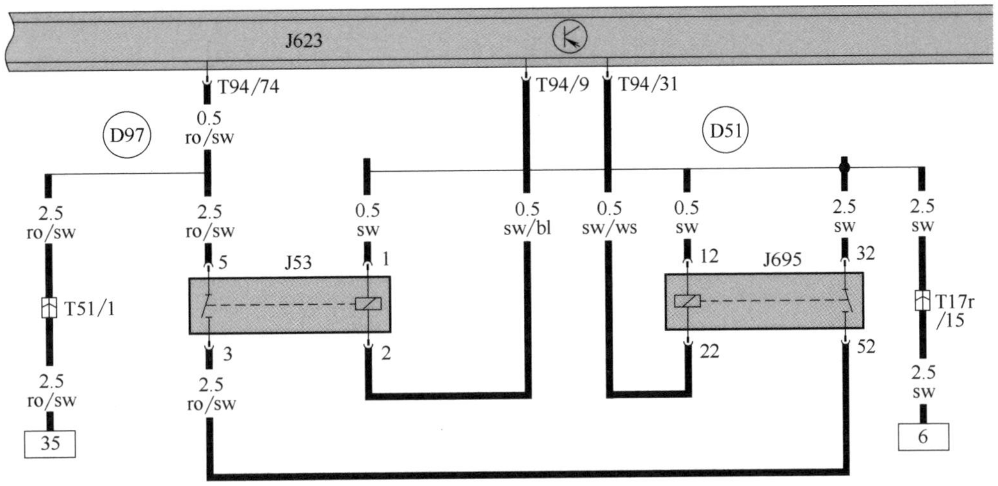


图 13-7 奥迪 A4 B8 的 50 供电电路

图 13-8 所示为奥迪 A4 B8 的驱动 CAN 网络拓扑图，驱动 CAN 网络节点包括发动机控制单元 J623、安全气囊控制单元 J234、自动变速器控制单元 J217、电子减振系统控制单元 J250、前照灯照程调节装置控制单元 J431 以及数据总线接口 J533。数据总线接口 J533 是数据总线系统互联的关口，它的重要作用是在不同的互相独立的总线系统之间构成一个接口电路。发动机控制单元 J623 通过数据总线接口 J533 与其他网络的控制单元进行数据通信，包括通过诊断插接器（Data Link Connector，DLC）与诊断仪通信。另外，数据总线接口 J533 是网络睡眠和唤醒功能的主控制器，驱动 CAN 总线延时供电，以及各控制单元（包括 J623）的通信情况和总线系统所处的状态可从 J533 的数据阅读块中读取。

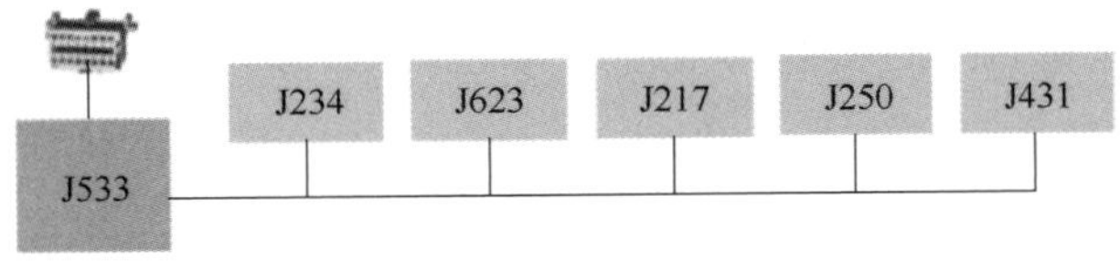


图 13-8 奥迪 A4 B8 的驱动 CAN 网络拓扑图

**2. 发动机控制单元 FlexRay 联网**

FlexRay 联盟是一个研发企业联合组织，成立于 2000 年，FlexRay 联盟推进了 FlexRay 的标准化，使之成了新一代汽车内部网络通信协议。FlexRay 总线可以实现更快的数据传输率、更强的实时控制和更高的容错运算，FlexRay 网络的网速最高可达 10Mbit/s，用于汽车的动态控制、车距控制 ACC 和图像处理功能等。

图 13-9 所示为奥迪 A4 B9 的 FlexRay 网络拓扑图，网络节点包括发动机控制单元 J623、安全气囊控制单元 J234、自动变速器控制单元 J217、ABS 控制单元 J104、转向助力控制单元 J500、底盘控制单元 J775、转向柱电子控制单元 J527、车距调节控制单元 J428、全轮驱动控制单元 J492、车距调节控制

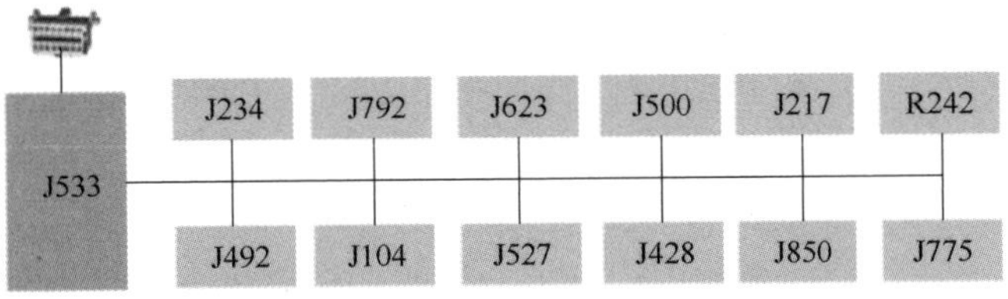


图 13-9 奥迪 A4 B9 的 FlexRay 网络拓扑图

单元 J850、主动转向控制单元 J792、驾驶人辅助系统正面摄像头 R242 以及数据总线接口 J533。

数据总线接口 J533 负责 FlexRay 总线与其他总线系统之间进行数据通信，是网络休眠和唤醒功能的主控制器，同时，数据总线接口 J533 监控、识别网络中的故障，并使没有故障的区域可以继续工作。FlexRay 网络故障可能仅出现在某一部分网络内，但是也有可能涉及整个网络，可以用车辆诊断测试仪进入 J533（地址码 19-数据总线诊断接口）读取故障码及网络状态数据。

## 思考题

1. 如果发动机出现部件故障或控制单元故障，哪些功能可能会启用？
2. 发动机控制单元 J623 的供电回路是如何工作的？
3. 从哪个控制单元里可以读取各控制单元通信情况和总线系统所处状态？

## 测试题

测试题

# 参考文献


[1] 黄艳玲，张西振. 汽车发动机电控技术［M］. 4版. 北京：机械工业出版社，2019.

[2] 陈家瑞. 汽车构造：上册［M］. 3版. 北京：机械工业出版社，2009.

[3] 余志生. 汽车理论［M］. 5版. 北京：机械工业出版社，2018.

[4] 蔡兴旺. 汽车构造与原理实训［M］. 4版. 北京：机械工业出版社，2019.

[5] 王正健. 现代汽车构造［M］. 2版. 广州：华南理工大学出版社，2011.

[6] 闵永军，万茂松，周良，等. 汽车故障诊断与维修技术［M］. 2版. 北京：高等教育出版社，2012.

[7] 胡骅，宋慧. 电动汽车［M］. 3版. 北京：人民交通出版社，2012.

[8] 关文达. 汽车构造［M］. 4版. 北京：机械工业出版社，2016.

# 汽车构造与原理（发动机）

# 实 训 工 单

学号______________

姓名______________

机 械 工 业 出 版 社

# 目　　录

# 项目一　汽 车 概 述

## 任务一　解释汽车类型和 VIN

| | |
|---|---|
| 学习情境 | 假设你在汽车 4S 店进行岗前实习，当前岗位是汽车销售助理。一名客户询问了有关汽车类型、乘用车级别、VIN 等多个问题。请你给予客户专业且通俗易懂的解释。 |
| 学习任务 | ➢ 描述国内外汽车概念的差异。<br>➢ 描述汽车分为哪些类型。<br>➢ 查找汽车上 VIN 并解释其含义。 |
| 能力目标 | • 能够描述国内外汽车概念的区别。<br>• 能够描述汽车的常见分类。<br>• 能够找到汽车上 VIN 并解释其主要含义。 |
| 任务时间 | 90min。 |
| 主要设备、工具和资料 | ◇ 汽车整车 6 台。<br>◇ 车辆防护用品 6 套。<br>◇ 常用维修工具箱 6 个。 |

子任务 1：查阅资料，看一看日语中的“汽车”“自动车”，英语中的“Automobile”“Auto”“Car”的意思，分析其与我国对汽车的定义有什么不同？

子任务 2：描述什么是乘用车、商用车、驾驶证上界定的小型汽车。

子任务 3：参考美国和德国的轿车分类，介绍我国汽车市场对轿车的习惯分类，并列出代表车型。

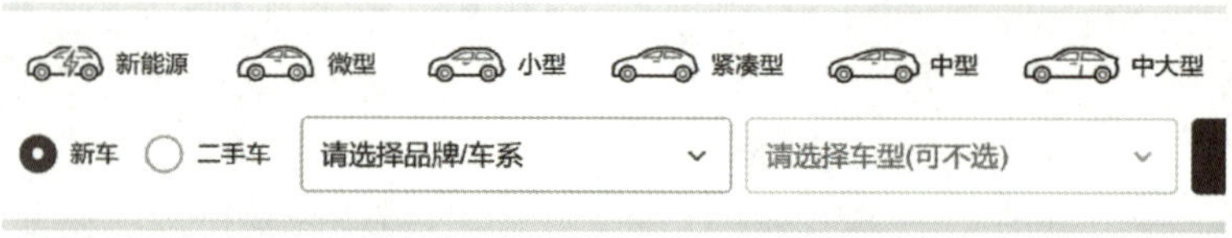


子任务 4：在实训车上至少 3 个位置找到 17 位 VIN，并解释其含义。

VIN 的位置：________________、________________、________________。

将 VIN 记录在下表，并在表格下方写出解释说明。

| WMI | | | VDS | | | | | | VIS | | | | | | | |
|---|---|---|---|---|---|---|---|---|---|---|---|---|---|---|---|---|
| 1 | 2 | 3 | 4 | 5 | 6 | 7 | 8 | 9 | 10 | 11 | 12 | 13 | 14 | 15 | 16 | 17 |
| | | | | | | | | | | | | | | | | |

子任务 5：尝试向本组同学口头解释下面 VIN 的含义。

LFV3B2FY8K3503866

______________________________

______________________________

| 教师评价 | 教师签名：　　　　年　　月　　日 |
|---|---|

# 任务二　描述汽车总体构造

| | |
|---|---|
| 学习情境 | 假设你是汽车 4S 店销售助理，一名客户带着孩子到店看车，小朋友是个车迷，对乘用车的构造很感兴趣，询问有关汽车结构的问题。请你给这位小客户做出专业且通俗易懂的解释。 |
| 学习任务 | ➢ 认知乘用车的整体构造。<br>➢ 认知小型货车的整体构造。<br>➢ 认知大型客车的整体构造。<br>➢ 认知自卸汽车的整体构造。 |
| 能力目标 | • 能够描述汽车的整体构造。<br>• 能够描述典型汽车的结构特点。<br>• 能够识别典型汽车的主要零部件。 |
| 任务时间 | 90min。 |
| 主要设备、工具和资料 | ◇ 燃油汽车、电动汽车各 2 台。<br>◇ 小型货车、自卸车各 1 台（可利用停车场车辆）。<br>◇ 车辆防护用品 6 套。 |

子任务 1：查看燃油轿车，描述乘用车整体构造及特点，识别主要零部件。

子任务 2：查看电动汽车，描述电动汽车整体结构及特点，识别主要零部件。

子任务 3：查看小型货车，描述小型货车整体结构及特点，识别主要零部件。

子任务 4：查看大型客车，描述大型客车整体结构及特点，识别主要零部件。

子任务 5：查看自卸汽车，描述自卸汽车整体结构及特点，识别主要零部件。

| | |
|---|---|
| 教师评价 | 教师签名：　　　　　　　　年　　月　　日 |

# 项目二　发动机总体认识

## 任务一　解释发动机构造和基本工作原理

| | |
|---|---|
| 学习情境 | 客户的汽车发动机进水后大修，需将机体拆解后查看故障、评估维修费用。客户要求解释发动机零部件的作用和基本工作原理。假设你是维修组长，请耐心解释发动机的构造和基本工作原理。 |
| 学习任务 | ➢ 描述发动机的组成部分及其作用。<br>➢ 解释发动机的基本工作原理。<br>➢ 画出发动机的基本工作原理简图。<br>➢ 识别发动机的主要零部件。 |
| 能力目标 | • 能够解释发动机的组成部分及其作用。<br>• 能够解释发动机的基本工作原理。<br>• 能够画出发动机的基本工作原理简图。<br>• 能够识别发动机的主要零部件。 |
| 任务时间 | 90min。 |
| 主要设备、工具和资料 | ◇ 发动机拆装实训台架 6 台。<br>◇ 常用维修工具箱 6 套。<br>◇ 发动机汽车维修手册 6 套。 |

子任务 1：查看发动机的结构，描述发动机的组成机构和系统，并简述各机构和系统的作用。

子任务 2：画出四冲程汽油发动机的基本工作原理简图，并描述发动机的基本工作原理。

子任务 3：解释下图中字母标识的含义。

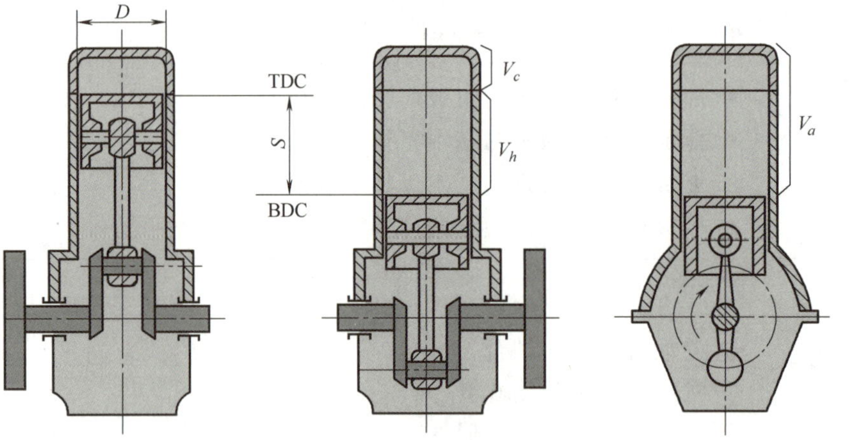


TDC——

BDC ——

$S$ ——

$V_c$——

$V_h$——

$V_a$——

压缩比 $\varepsilon$——

| 教师评价 | 教师签名： 年 月 日 |
|---|---|

# 任务二　介绍汽车发动机的性能指标

| | |
|---|---|
| 学习情境 | 假设你是资深汽车营销人员，一位熟悉汽车性能的客户到店挑选高性能轿跑车。该客户与你交流发动机性能指标问题，并列举竞品车型参数进行对比。请你展现对发动机性能指标的深刻理解，并能介绍所售车型发动机的性能优势。 |
| 学习任务 | ➢ 解释发动机负荷的定义。<br>➢ 解释发动机外特性曲线定义。<br>➢ 识别典型自然吸气和增压发动机的特性曲线。<br>➢ 对比分析不同发动机性能指标的优缺点。 |
| 能力目标 | • 能够解释发动机负荷。<br>• 能够解释发动机外特性曲线。<br>• 能够描述自然吸气和增压发动机特性的差异。<br>• 能够评价不同发动机性能指标的优缺点。 |
| 任务时间 | 90min。 |
| 主要设备、工具和资料 | ◇ 能上网的计算机 20 台。<br>◇ A1 白纸 12 张。<br>◇ 黑色、红色、蓝色白板笔若干。 |

子任务 1：解释什么是发动机负荷，描述负荷和转速、功率、节气门开度有什么关系。

子任务 2：解释什么是发动机外特性曲线。

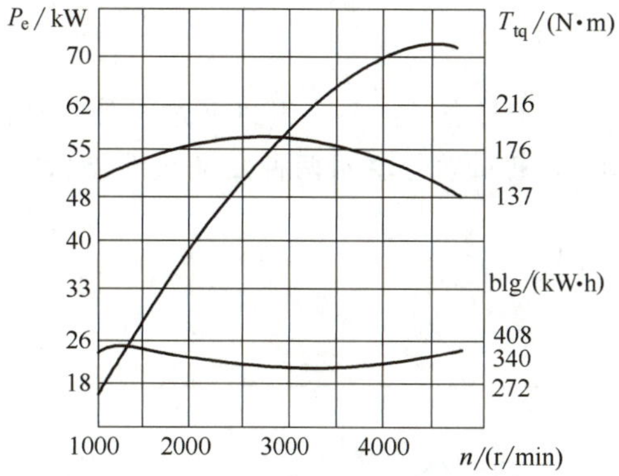

子任务 3：查找资料，画出丰田凯美瑞 M20C 发动机的外特性曲线。

子任务 4：参考下图，描述大众奥迪 EA888 高功率版发动机外特性曲线。

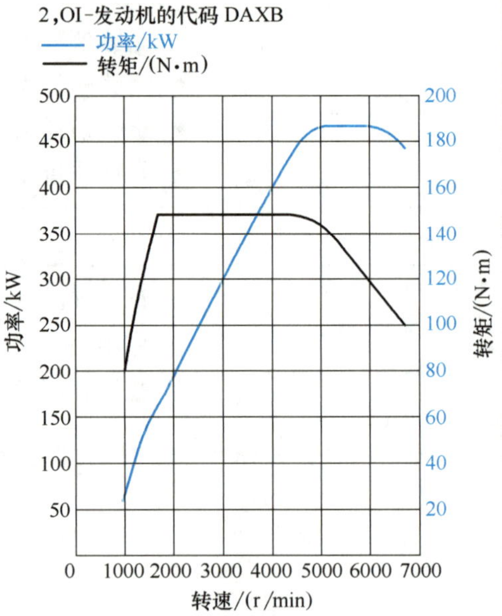


子任务 5：对比分析上面自然吸气发动机和涡轮增压发动机外特性曲线，谈谈自己的看法。

子任务 6：各小组将上述两种发动机外特性曲线分别画在 A1 白纸上，集体讨论后选派一名代表向全班同学分享对两种发动机性能指标的分析结果。

| | |
|---|---|
| 教师评价 | 教师签名：　　　　　　　　年　　月　　日 |

# 项目三　曲柄连杆机构

## 任务一　更换气缸垫

| | |
|---|---|
| 学习情境 | 一台发动机气缸垫漏气需更换。假设你是维修技师，请更换气缸垫，并且向客户解释气缸垫的功能和更换原因。 |
| 学习任务 | ➢ 查阅汽车维修手册，写出缸盖的拆装步骤。<br>➢ 描述缸盖螺栓拆装顺序及原因。<br>➢ 解释气缸垫的密封原理以及气缸垫上孔的作用。<br>➢ 根据汽车维修手册的指引拆装缸盖，更换气缸垫。 |
| 能力目标 | • 能够查阅汽车维修手册，描述缸盖拆装操作步骤。<br>• 能够描述缸盖螺栓拆装顺序规律以及原因。<br>• 能够解释气缸垫密封原理和气缸垫上孔的作用。<br>• 能够根据汽车维修手册的指引独立拆装缸盖，更换气缸垫。 |
| 任务时间 | 90min。 |
| 主要设备、工具和资料 | ◇ 发动机拆装台架 6 台。<br>◇ 配套气缸垫及其他耗材 6 套。<br>◇ 常用维修工具箱、拆装专用工具、钢直尺和塞尺各 6 套。<br>◇ 发动机汽车维修手册 6 套。 |

子任务 1：查阅汽车维修手册，写出缸盖拆装步骤。

子任务 2：描述缸盖螺栓拆装顺序及原因，并在下图中标出顺序号。

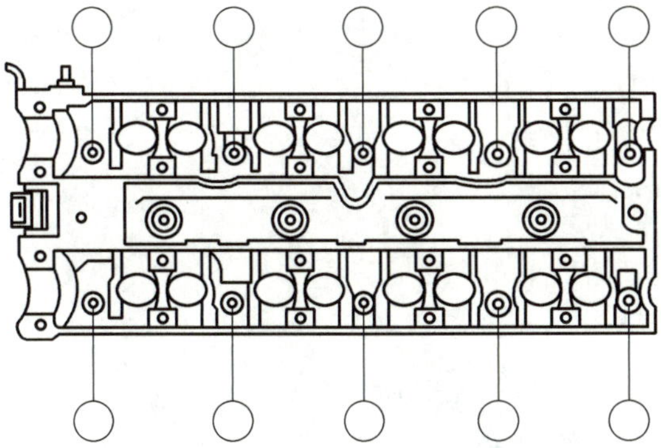

缸盖螺栓松开顺序

子任务 3：解释气缸垫密封原理，找到燃烧室孔、螺栓孔、机油通道、回油道和通风口、冷却水道、定位销孔等。

子任务 4：根据汽车维修手册的要求更换气缸垫，测量缸体和缸盖的平面度，并判断其可用性。

| 测量项目 | 标准范围 | 测量值 | 是否可用 |
| --- | --- | --- | --- |
| 缸体平面度 | | | |
| 缸盖平面度 | | | |

子任务 5：如果缸盖紧固使用的是塑性域螺栓，解释如何区分塑性域螺栓、如何紧固、如何检测，是否可继续使用。

| 教师评价 | 教师签名：　　　　年　　月　　日 |
| --- | --- |

# 任务二　更换活塞环

| | |
|---|---|
| 学习情境 | 一台发动机在大修，缸盖已拆下。假设你是维修技师，请更换活塞环，并且向客户解释活塞环的功能和更换原因。 |
| 学习任务 | ➢ 查阅汽车维修手册，写出活塞安装要点。<br>➢ 拆装曲轴、活塞和活塞环。<br>➢ 解释活塞和活塞环的作用。<br>➢ 测量活塞直径和活塞环三隙。 |
| 能力目标 | • 能够描述活塞安装要点。<br>• 能够解释活塞和活塞环的作用。<br>• 能够正确测量活塞和活塞环。<br>• 能够正确拆装曲轴、活塞和活塞环。 |
| 任务时间 | 90min。 |
| 主要设备、工具和资料 | ◇ 发动机拆装台架 6 台。<br>◇ 配套活塞环及其他耗材 6 套。<br>◇ 常用维修工具箱、拆装专用工具、千分尺和塞尺各 6 套。<br>◇ 发动机汽车维修手册 6 套。 |

子任务 1：查阅汽车维修手册，写出活塞安装的关键步骤（如活塞方向、活塞环开口位置、润滑等）。

子任务 2：解释活塞和活塞环的作用。

子任务 3：拆卸曲轴、活塞和活塞环。测量活塞直径、活塞环三隙并判断其可用性，选择一个气缸活塞的测量值填入下表中。

测量位置：缸活塞。

| 测量项目 | 标准值 | 测量值 | 是否可用 |
|---|---|---|---|
| 活塞直径 | | | |
| 一环端隙 | | | |
| 一环边隙 | | | |
| 二环端隙 | | | |
| 二环边隙 | | | |
| 油环端隙 | | | |

子任务 4：根据汽车维修手册的要求安装活塞环、活塞和曲轴，画出活塞环开口位置要求简图，解释安装活塞环时开口需要错开的原因。

| 教师评价 | 教师签名：　　　　年　　月　　日 |
|---|---|

## 任务三　测量气缸和曲轴

| | |
|---|---|
| 学习情境 | 一台发动机在大修，缸体已分解，维修组长安排你测量气缸和曲轴。请你查阅汽车维修手册，找到尺寸标准和磨损极限，仔细测量气缸内径和曲轴，判断其可用性。 |
| 学习任务 | ➢ 描述气缸及曲轴磨损严重导致的故障现象。<br>➢ 通过观看微课或老师的示范讲解，学习气缸和曲轴的测量方法。<br>➢ 测量气缸内径，计算圆度和圆柱度，判断其可用性。<br>➢ 测量曲轴，计算圆度和圆柱度，判断其可用性。 |
| 能力目标 | • 能够描述气缸及曲轴磨损严重导致的故障现象。<br>• 能够正确测量气缸并判断其可用性。<br>• 能够正确测量曲轴并判断其可用性。 |
| 任务时间 | 90min。 |
| 主要设备、工具和资料 | ◇ 发动机拆装台架 6 台。<br>◇ 常用维修工具箱、常用耗材 6 套。<br>◇ 量缸表、千分尺、磁力表座、百分表、塑料间隙规各 6 套。<br>◇ 发动机汽车维修手册 6 套。 |

子任务 1：查阅汽车维修手册，列出活塞和气缸、曲轴和轴瓦之间的正常配合间隙范围，用千分尺测量自己头发的直径，对比头发直径与这些间隙数值的大致比例关系。

| 项目 | 数值 | 尺寸对比结论 |
|---|---|---|
| 活塞和气缸的间隙 | | |
| 曲轴主轴颈和轴瓦的间隙 | | |
| 曲轴连杆轴颈和轴瓦的间隙 | | |
| 头发直径 | | |

子任务 2：描述气缸及曲轴磨损严重导致的故障现象。

子任务3：测量气缸直径，选择一个气缸的测量值填入下表中，计算圆度和圆柱度并判断其可用性。测量________缸，单位为mm。

| 部位 | 横向 | 纵向 |
|---|---|---|
| 上部 | | |
| 中部 | | |
| 下部 | | |
| 圆度 | 标准值：<br>计算值： | |
| 圆柱度 | 标准值：<br>计算值： | |
| 判断可用性：可用□　不可用□ | | |

子任务4：根据下表要求测量曲轴，计算圆度和圆柱度并判断其可用性。

| 测量项目 | 标准值 | 测量值 | 是否可用 |
|---|---|---|---|
| 曲轴轴向间隙 | | | |
| 第1道主轴颈<br>轴承间隙<br>（用塑料间隙规） | | | |
| 曲轴跳动 | | | |
| 第3道主轴颈直径 | | A前：<br>A后：<br>B前：<br>B后：<br>圆度：<br>圆柱度： | |

| 教师评价 | 教师签名：　　　　年　　月　　日 |
|---|---|

# 项目四　配 气 机 构

## 任务一　测量气缸压力

| | |
|---|---|
| 学习情境 | 汽车维修小组遇到发动机动力严重不足的故障，团队分工协作，你的任务是使用气缸压力表测量发动机气缸压力，为综合诊断发动机故障提供依据。 |
| 学习任务 | ➢ 描述测量气缸压力的流程。<br>➢ 实施气缸压力测量并填写测量数据。<br>➢ 分析测量结果，推断故障原因。 |
| 能力目标 | • 能够描述测量气缸压力的流程。<br>• 能够规范地测量气缸压力。<br>• 能够全面地分析气缸压力的测量结果。 |
| 任务时间 | 90min。 |
| 主要设备、工具和资料 | ◇ 可运行发动机台架 6 台。<br>◇ 气缸压力表 6 套。<br>◇ 常用维修工具箱 6 套。<br>◇ 发动机汽车维修手册 6 套。 |

子任务 1：观看微课或教师示范操作，简述气缸压力测量的流程。

子任务 2：实施干式气缸压力测量，填写测量数据，并判断测量结果。

缸压标准值：______________；最大压差范围：______________。

| 序号 | 1 缸 | 2 缸 | 3 缸 | 4 缸 |
|---|---|---|---|---|
| 测量值 | | | | |
| 结果判断 | | | | |

子任务3：选择干式测量压力较低的2个气缸，实施湿式气缸测量，填写测量数据，并判断测量结果。

| 序号 | 1缸 | 2缸 | 3缸 | 4缸 |
|---|---|---|---|---|
| 测量值 | | | | |
| 结果判断 | | | | |

子任务4：某发动机气缸压力测量结果见下表，请分析数据结果，并推断可能的故障原因。

| 序号 | 1缸 | 2缸 | 3缸 | 4缸 |
|---|---|---|---|---|
| 干式测量 | 7.1bar | 7.2bar | 13.7bar | 9.5bar |
| 湿式测量 | 7.3bar | 7.4bar | 14.0bar | 12.6bar |

| 教师评价 | 教师签名：　　　　　　　　年　　月　　日 |
|---|---|

# 任务二 测量气缸泄漏

| | |
|---|---|
| 学习情境 | 汽车维修小组遇到发动机动力严重不足的故障，团队分工协作，你的任务是使用气缸泄漏测试仪测量气缸密封性，为综合诊断发动机故障提供依据。 |
| 学习任务 | ➢ 描述测量气缸泄漏的流程。<br>➢ 实施气缸泄漏测量并填写测量数据。<br>➢ 分析测量结果，推断故障原因。 |
| 能力目标 | • 能够描述测量气缸泄漏的流程。<br>• 能够规范地测量气缸泄漏。<br>• 能够全面地分析气缸泄漏测量结果。 |
| 任务时间 | 90min。 |
| 主要设备、工具和资料 | ◇ 可运行发动机台架 6 台。<br>◇ 气缸泄漏测试仪 6 套。<br>◇ 常用维修工具箱 6 套。<br>◇ 发动机汽车维修手册 6 套。 |

子任务 1：观看微课或教师示范操作，简述气缸泄漏测量的流程。

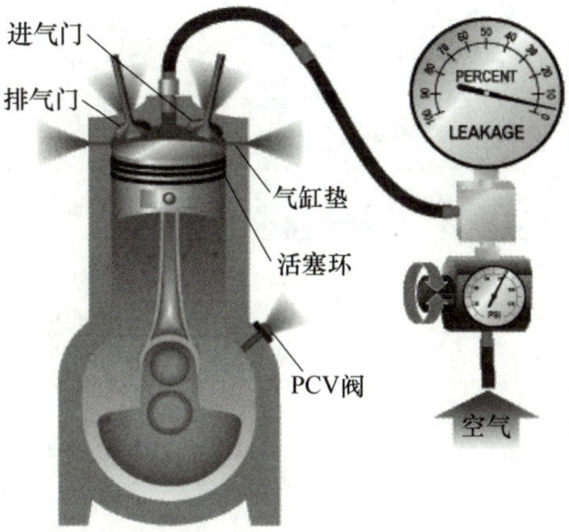

子任务2：实施气缸泄漏测量，填写测量数据，并判断测量结果是否正常。

| 序号 | 1缸 | 2缸 | 3缸 | 4缸 |
|---|---|---|---|---|
| 漏气率 | | | | |
| 结果判断 | | | | |
| 发现的<br>泄漏现象 | | | | |

子任务3：某发动机气缸压力和气缸泄漏测量结果见下表，请分析数据结果，并判断故障原因。各小组讨论交流后，选派代表向全班同学分享分析及判断结果。

| 序号 | 1缸 | 2缸 | 3缸 | 4缸 |
|---|---|---|---|---|
| 干式缸压 | 7.1bar | 8.2bar | 13.7bar | 0.5bar |
| 湿式缸压 | 7.3bar | 8.4bar | 14.0bar | 0.5bar |
| 泄漏率 | 90% | 60% | 8% | 8% |
| 漏气现象 | 曲轴箱漏气 | 排气管漏气 | 无明显漏气 | 无明显漏气 |

| | |
|---|---|
| 教师评价 | 教师签名：　　　　年　　月　　日 |

# 任务三　更换正时带

| | |
|---|---|
| 学习情境 | 客户汽车需要进行 8 万 km 维护。假设你是快修组技师，请更换正时带，并且向客户解释正时带的功能和更换原因。 |
| 学习任务 | ➢ 查阅汽车维修手册，写出更换正时带的流程。<br>➢ 画出正时带安装定位的示意图。<br>➢ 描述如果正时带相对曲轴或凸轮轴错齿会导致的故障。<br>➢ 根据汽车维修手册的要求完成正时带的更换。 |
| 能力目标 | • 能够描述更换正时带的流程。<br>• 能够解释正时带安装的定位原理。<br>• 能够描述正时带相对曲轴或凸轮轴错齿会导致的故障。<br>• 能够根据汽车维修手册的要求正确更换正时带。 |
| 任务时间 | 90min。 |
| 主要设备、工具和资料 | ◇ 汽车整车或可运行发动机台架 6 台。<br>◇ 正时带及其他耗材 6 套。<br>◇ 常用维修工具箱、车辆防护用品 6 套。<br>◇ 发动机汽车维修手册和电路图 6 套。 |

子任务 1：查看发动机正时机构，解释发动机正时带的功能和更换原因。

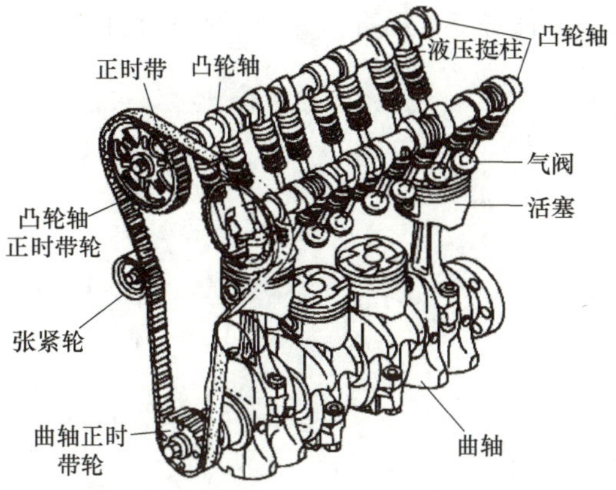


子任务 2：查阅汽车维修手册，写出更换正时带的简要流程。

子任务 3：画出正时带安装定位的示意图。

子任务 4：简述如果正时带相对曲轴或凸轮轴错齿，将会导致什么故障。

子任务 5：观看微课或教师示范操作，根据汽车维修手册的要求完成正时带的更换。

| 教师评价 | 教师签名：　　　　年　　月　　日 |
| --- | --- |

# 项目五　进排气系统

## 任务一　清洗电子节气门

| | |
|---|---|
| 学习情境 | 一辆汽车因怠速发抖到店维修，维修小组分工协作检修故障。你的任务是清洗电子节气门，进行节气门匹配，并且向客户解释清洗节气门的原因。 |
| 学习任务 | ➢ 描述电子节气门的作用。<br>➢ 画出电子节气门电路图。<br>➢ 清洗电子节气门。<br>➢ 完成电子节气门的匹配。 |
| 能力目标 | • 能够描述电子节气门的作用。<br>• 能够解释电子节气门的电路与工作原理。<br>• 能够正确清洗电子节气门。<br>• 能够解释电子节气门匹配的作用。 |
| 任务时间 | 90min。 |
| 主要设备、工具和资料 | ◇ 汽车整车或可运行发动机台架 6 台。<br>◇ 汽车诊断仪、清洗剂耗材等 6 套。<br>◇ 常用维修工具箱、车辆防护用品 6 套。<br>◇ 汽车维修手册和电路图 6 套。 |

子任务 1：查看电子节气门，描述电子节气门的作用，并解释为什么有的电子节气门连接了冷却液？

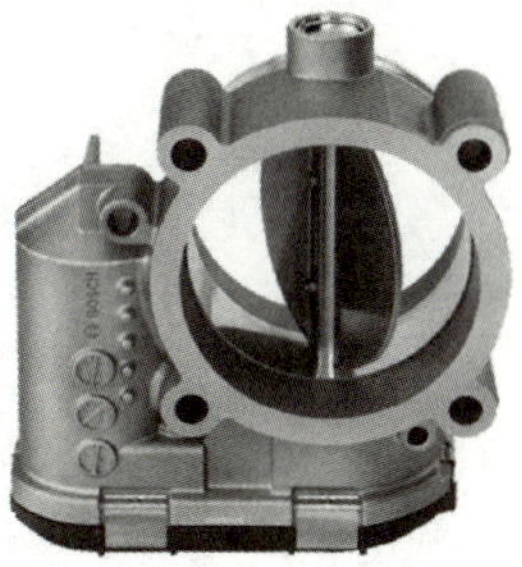

子任务 2：查阅电路图，画出电子节气门的电路并简要解释。

子任务 3：观看微课或教师示范操作，并根据汽车维修手册的要求完成电子节气门清洗。

子任务 4：观看微课或教师示范操作，参考汽车维修手册和诊断仪提示，完成电子节气门匹配，解释节气门匹配的作用。注意对比匹配前、后发动机怠速变化。

匹配前发动机怠速值：

匹配后发动机怠速值；

节气门匹配的作用：

子任务 5：思考讨论一下，如果车主自己在家清洗了电子节气门，但是没有立即进行节气门匹配，会出现什么结果。

| 教师评价 | 教师签名：　　　　　　年　　月　　日 |
| --- | --- |

# 任务二　读取进气系统相关数据流

| | |
|---|---|
| 学习情境 | 汽车维修小组在解决发动机疑难杂症，现在要读取并分析进气系统相关数据流。请你积极参与，深入领会进气系统数据流的本质含义。 |
| 学习任务 | ➢ 解释诊断仪上发动机数据的来源和路径。<br>➢ 测量空气流量传感器各端子的电压。<br>➢ 读取进气系统相关数据流。 |
| 能力目标 | • 能够解释诊断仪和汽车 ECU 通信的基本逻辑。<br>• 能够熟练掌握测量典型电气元件电路的方法。<br>• 能够读取发动机相关数据流。<br>• 能够描述发动机进气系统主要数据的含义及正常范围。 |
| 任务时间 | 90min。 |
| 主要设备、工具和资料 | ◇ 汽车整车或可运行发动机台架 6 台。<br>◇ 专用或通用诊断仪 6 台。<br>◇ 常用维修工具箱、车辆防护用品 6 套。<br>◇ 汽车维修手册和电路图 6 套。 |

子任务 1：查阅电路图，画出空气流量传感器的端子和连接电路图，并解释各端子的作用。

子任务 2：用万用表测量不同工况下空气流量传感器各端子的电压值并记录到下表中。

| 测量条件 | 供电端子 | 搭铁端子 | 信号端子 | 温度传感器端子 |
|---|---|---|---|---|
| 怠速 | | | | |
| 2000r/min | | | | |
| 急加速 | | | | |
| 急减速 | | | | |

子任务3：观看微课或教师示范操作，根据下表要求完成进气系统数据流的读取（注意：节气门开度和加速踏板位置数据流不同车型有不同的表示方法，如找到则不必填写）。

| 工况 | 未起动 | 怠速 | 2000r/min | 急加速 | 急减速 |
|---|---|---|---|---|---|
| 发动机转速 | | | | — | — |
| 冷却液温度 | | | | — | — |
| 进气温度 | | | | | |
| 空气流量 | | | | | |
| 歧管压力 | | | | | |
| 节气门开度1(%) | | | | — | — |
| 节气门开度2(%) | | | | — | — |
| 加速踏板位置1(%) | | | | — | — |
| 加速踏板位置2(%) | | | | — | — |
| 节气门开度1(V) | | | | — | — |
| 节气门开度2(V) | | | | — | — |
| 加速踏板位置1(V) | | | | — | — |
| 加速踏板位置2(V) | | | | — | — |
| 节气门开度1(°) | | | | — | — |
| 节气门开度2(°) | | | | — | — |
| 加速踏板位置1(°) | | | | — | — |
| 加速踏板位置2(°) | | | | — | — |

子任务4：计算一下怠速时发动机每分钟大约吸入多少升空气。

| 教师评价 | 教师签名：　　　　年　月　日 |
|---|---|

# 项目六　润滑系统

## 任务一　选择并更换机油

| | |
|---|---|
| 学习情境 | 你在快修小组实习满一个月，组长安排你开始独立工作。一名客户到店更换机油，并且希望你能推荐机油品牌型号、解释润滑系统的基本原理和更换机油的必要性。 |
| 学习任务 | ➢ 解释机油型号的含义，为车辆选择合适的高品质机油。<br>➢ 解释润滑系统的基本工作原理和作用。<br>➢ 描述更换机油的简要流程。<br>➢ 根据汽车维修手册的要求完成机油的更换。 |
| 能力目标 | • 能够解释机油型号的含义，选择合适的非原厂机油。<br>• 能够解释润滑系统的基本工作原理和作用。<br>• 能够根据汽车维修手册的要求熟练更换机油。 |
| 任务时间 | 90min。 |
| 主要设备、工具和资料 | ◇ 举升机、汽车整车各 6 台。<br>◇ 机油、机油滤清器等耗材 6 套。<br>◇ 常用维修工具箱、车辆防护用品 6 套。<br>◇ 发动机汽车维修手册 6 套。 |

子任务 1：以“SAE 10W-30，API SL”型号的机油为例，解释机油型号的含义。

| 内容 | 含义 |
|---|---|
| SAE | |
| 10W | |
| 30 | |
| API | |
| SL | |

子任务 2：客户想选择高于其车辆原厂“SAE 5W-40，API SM”标号的高质量机油，请你为该客户推荐两款机油，将品牌及型号列出来，并简要说明理由。

子任务 3：查看发动机润滑系统，简要描述润滑系统的基本工作原理和作用。

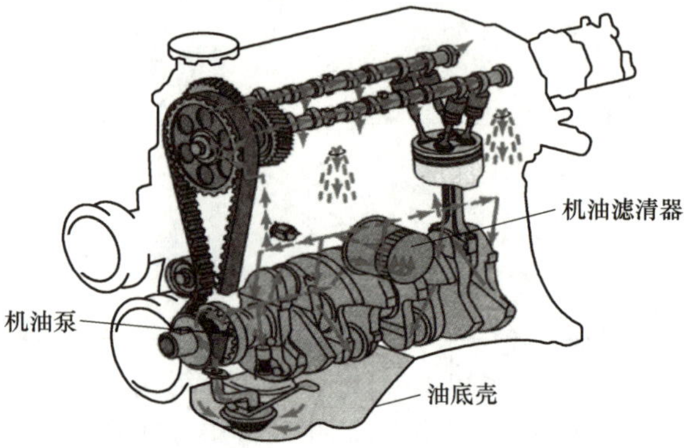


子任务 4：查阅汽车维修手册，写出更换机油的简要流程。

子任务 5：观看微课或教师示范操作，根据汽车维修手册的要求完成机油的更换。

| | |
|---|---|
| 教师评价 | 教师签名：　　　　年　　月　　日 |

# 任务二　测量机油压力和温度

| | |
|---|---|
| 学习情境 | 汽车维修小组遇到客户车辆机油压力警告灯偶发短暂亮起现象，进行常规检查后未发现异常。现在团队协作，要对发动机在不同工况下机油压力和温度进行细致的测量检查，以便找到故障原因。 |
| 学习任务 | ➢ 描述机油工作压力范围以及随发动机转速的变化规律。<br>➢ 描述机油的正常工作温度以及温度异常对发动机的不良影响。<br>➢ 解释机油压力警告灯的工作原理。<br>➢ 测量不同工况下的机油压力和温度。 |
| 能力目标 | • 能够描述不同工况下机油工作压力的合理范围。<br>• 能够描述机油工作温度对发动机工作的影响。<br>• 能够解释机油压力警告灯的工作原理。<br>• 能够正确测量发动机的机油压力和温度。 |
| 任务时间 | 90min。 |
| 主要设备、工具和资料 | ◇ 汽车整车或可运行发动机台架 6 台。<br>◇ 机油压力测试表、带温度测量探针的诊断仪各 6 套。<br>◇ 常用维修工具箱、车辆防护用品 6 套。<br>◇ 汽车维修手册和电路图 6 套。 |

子任务 1：描述汽车发动机不同转速下，机油工作压力（本质是压强，这里都采用行业习惯说法）的大致范围，并把这个压力和大气压、轮胎气压、车间压缩空气压力进行比较。

| 项目 | 机油压力（低转速） | 机油压力（高转速） | 轮胎气压 | 压缩空气 |
|---|---|---|---|---|
| 压力值范围/bar | | | | |

子任务 2：查阅资料，描述机油的正常工作温度以及温度过高或过低对发动机的不良影响。

子任务 3：查阅汽车维修手册和电路图，画出实训车辆机油压力警告灯电路，并简单解释其工作原理。

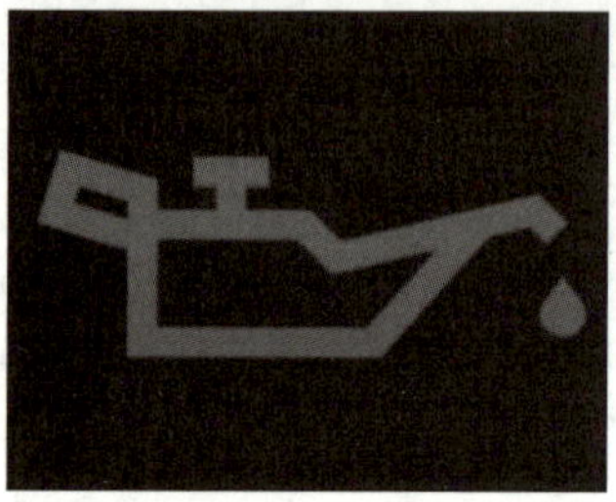

子任务 4：使用机油压力表和温度计，根据表格要求，测量不同工况下的机油压力和温度。

| 发动机状态 | 机油压力 | 机油温度 |
| --- | --- | --- |
| 怠速、刚起动 | bar( $\times10^5$ Pa) | ℃ |
| 怠速、冷却液温度刚到 60℃ | bar( $\times10^5$ Pa) | ℃ |
| 怠速、冷却液温度刚到 90℃ | bar( $\times10^5$ Pa) | ℃ |
| 转速 2000r/min，冷却液温度至少 90℃ | bar( $\times10^5$ Pa) | ℃ |
| 转速 4000r/min，冷却液温度至少 90℃ | bar( $\times10^5$ Pa) | ℃ |
| 发动机急加速时 | bar( $\times10^5$ Pa) | ℃ |
| 以 2000r/min 转速运行 2~3min 后 | bar( $\times10^5$ Pa) | ℃ |

测试后，根据记录的数据分析、判断机油温度和冷却液温度哪个升高更快。

| 教师评价 | 教师签名：　　　　年　　月　　日 |
| --- | --- |

# 项目七　冷却系统

## 任务一　更换冷却液

| | |
|---|---|
| 学习情境 | 一辆汽车需要进行8万km维护，维修小组分工协作，你的任务是更换冷却液，并且向客户解释冷却系统的作用、主要零部件、冷却液成分等问题。 |
| 学习任务 | ➤ 描述冷却系统的作用和主要组成零部件。<br>➤ 解释冷却液的化学成分、特性及添加剂功能。<br>➤ 描述更换冷却液的简要流程。<br>➤ 根据汽车维修手册的要求实施冷却液更换。 |
| 能力目标 | • 能够描述冷却系统的作用和组成。<br>• 能够解释冷却液的成分和特点。<br>• 能够根据汽车维修手册的要求更换冷却液。 |
| 任务时间 | 90min。 |
| 主要设备、工具和资料 | ◇ 汽车整车或可运行发动机台架6台。<br>◇ 冷却液、冰点仪等专用耗材及仪器6套。<br>◇ 常用维修工具箱、车辆防护用品6套。<br>◇ 汽车维修手册和电路图6套。 |

子任务1：查看发动机冷却系统，描述冷却系统的作用、主要组成零部件及其作用。

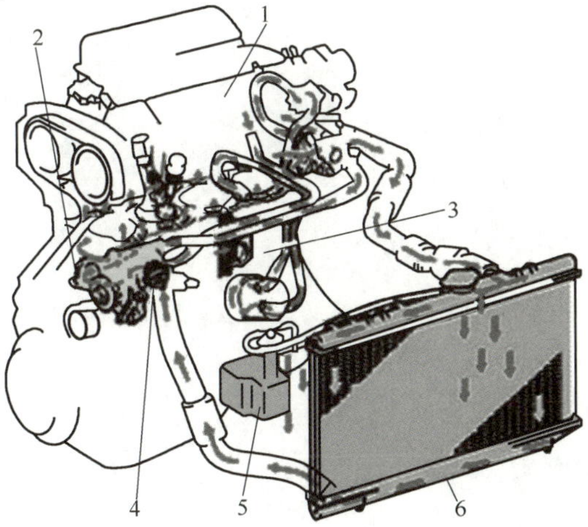

子任务 2：查看冷却液产品外包装，描述常用冷却液的化学成分、特性及添加剂功能。

子任务 3：查阅汽车维修手册，写出更换冷却液的简要流程和注意事项。

子任务 4：观看微课或教师示范操作，根据汽车维修手册的要求完成冷却液的更换。

| | |
|---|---|
| 教师评价 | 教师签名：　　　　　　　　年　　月　　日 |

# 任务二　测试冷却系统

| | |
|---|---|
| 学习情境 | 客户抱怨汽车发动机冷却液缓慢减少，有时仪表显示冷却液温度过高。维修小组准备进行冷却系统测试，以便找到故障原因。 |
| 学习任务 | ➢ 描述水的沸点和压强之间的相互关系。<br>➢ 描述冷却系统的工作压力和工作温度范围。<br>➢ 描述散热器盖的工作原理，测试其工作压力。<br>➢ 根据汽车维修手册的要求对冷却系统进行密封性测试。 |
| 能力目标 | • 能够描述水的沸点和压强之间的关系。<br>• 能够描述冷却系统工作时的压力和温度范围。<br>• 能够描述散热器盖的压力调节工作原理。<br>• 能够正确实施冷却系统测试。 |
| 任务时间 | 90min。 |
| 主要设备、工具和资料 | ◇ 汽车整车或可运行发动机台架 6 台。<br>◇ 散热器测漏仪 6 套。<br>◇ 常用维修工具箱、车辆防护用品 6 套。<br>◇ 汽车维修手册和电路图 6 套。 |

子任务 1：解释水的沸点和压强之间的关系，查找资料记录高压锅里的温度和压强是多少。

| 水的压强/bar | 水的沸点/℃ |
|---|---|
| 1 | 100 |
| 0. 5 | |
| 1. 5 | |
| 2. 0 | |

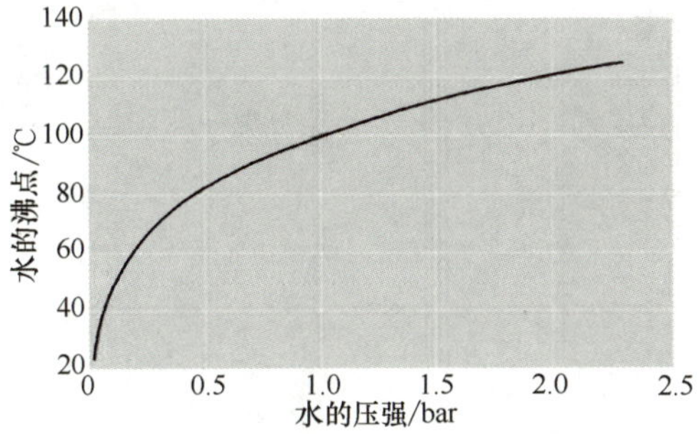


高压锅的压力为____bar、温度为____℃。

子任务 2：查看发动机冷却系统，描述冷却系统工作时的压力和温度范围。

子任务 3：描述散热器盖的压力调节工作原理。查阅汽车维修手册，测试散热器盖或膨胀水箱盖泄压阀的压力值，判断是否正常。

子任务 4：观看微课或教师示范操作，根据汽车维修手册的要求完成冷却系统密封性测试。

如果发现冷却系统有泄漏，列出可能的泄漏部位：

1）

2）

3）

4）

5）

6）

7）

| 教师评价 | 教师签名： 年 月 日 |
| --- | --- |

# 项目八　起 动 系 统

## 任务一　拆解起动机

| | |
|---|---|
| 学习情境 | 汽车维修小组遇到起动机不工作故障，过去的维修方案都是直接更换起动机。技术主管要求你协助拆卸、分解有故障的起动机，查找内部具体故障原因，以便向主机厂反馈改进建议。 |
| 学习任务 | ➢ 拆卸、安装起动机。<br>➢ 分解、组装起动机。<br>➢ 实施起动机测试。<br>➢ 描述起动机吸引线圈、保持线圈、单向离合器损坏的故障现象。 |
| 能力目标 | • 能够正确拆卸、安装起动机。<br>• 能够分解、组装起动机。<br>• 能够进行起动机功能测试。<br>• 能够描述电磁开关、单向离合器等的典型故障。 |
| 任务时间 | 90min。 |
| 主要设备、工具和资料 | ◇ 可运行发动机或汽车整车 6 台。<br>◇ 拆装用起动机、车用蓄电池各 6 个。<br>◇ 常用维修工具箱 6 套。<br>◇ 汽车维修手册和电路图 6 套。 |

子任务 1：查阅汽车维修手册，简述起动机拆装步骤，将起动机从发动机上拆下。

子任务 2：简述起动机有哪些常见类型，判断所拆卸的起动机是哪种类型，有什么优缺点。

子任务 3：进行起动机测试。

（1）吸引线圈性能测试

测试过程：

测试结果：

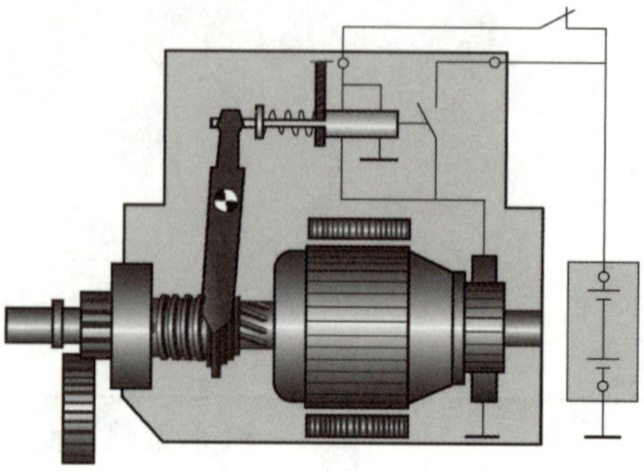

启动系统

（2）保持线圈性能测试接线方法

测试过程：

测试结果：

（3）复位功能测试

测试过程：

测试结果：

子任务 4：描述起动机吸引线圈、保持线圈、单向离合器损坏的故障现象。

子任务 5：参考汽车维修手册，组装、安装起动机。

| 教师评价 | 教师签名：　　　　　　　　年　　月　　日 |
| --- | --- |

# 任务二　检测起动系统电路故障

| | |
|---|---|
| 学习情境 | 一辆事故车发动机大修后试车，主供电和仪表显示正常，但起动机不运转。汽车维修组长安排你查找分析电路图、仔细检测电路和元件、排除故障，并给维修小组分享检修经验。 |
| 学习任务 | ➢ 查询电路图，画出起动系统电路简图。<br>➢ 检测起动系统电路和相关元件。<br>➢ 测量起动电流和电压降。 |
| 能力目标 | • 能够根据电路图画出完整的起动系统电路。<br>• 能够正确检测起动系统电路和相关元件。<br>• 能够正确测量起动系统电流和电压降。 |
| 任务时间 | 90min。 |
| 主要设备、工具和资料 | ◇ 汽车整车或可运行发动机台架 6 台。<br>◇ 数字万用表、电流钳各 6 个。<br>◇ 常用维修工具箱、车辆防护用品 6 套。<br>◇ 汽车维修手册和电路图 6 套。 |

子任务 1：查询电路图，画出实训车辆或发动机的完整起动系统电路简图。

子任务 2：先在上面电路图中标出要检测的位置，在实车上检测并判断数值是否正常。

子任务 3：找到起动继电器，将其拔出后进行检测。

起动继电器位置：

画出继电器电路简图：

测量继电器线圈电阻：

给线圈通电后测量触点通断情况：

子任务 4：确定故障部位，说出你的判断依据，并进行修复。

子任务 5：故障修复后，使用万用表和电流钳测试起动电流和起动电压降，评估是否正常。

起动电流：

起动电压降：

| | |
|---|---|
| 教师评价 | 教师签名：　　　　年　　月　　日 |

# 项目九　汽油机供油系统

## 任务一　读取供油系统相关数据流

| | |
|---|---|
| 学习情境 | 汽车维修小组在解决发动机疑难杂症，需要读取并分析供油系统相关数据流，组长要求你负责带领小组成员完成此项工作。 |
| 学习任务 | ➢ 解释空燃比和过量空气系数的定义。<br>➢ 解释短期燃油修正和长期燃油修正。<br>➢ 读取供油系统的相关数据流。 |
| 能力目标 | • 能够正确解释空燃比和过量空气系数的定义。<br>• 能够解释短期燃油修正和长期燃油修正。<br>• 能够熟练读取发动机相关数据流。 |
| 任务时间 | 90min。 |
| 主要设备、工具和资料 | ◇ 汽车整车或可运行发动机台架 6 台。<br>◇ 通用或专用诊断仪 6 台。<br>◇ 常用维修工具箱、车辆防护用品 6 套。<br>◇ 汽车维修手册和电路图 6 套。 |

子任务 1：在车上找出供油系统的零部件，简述这些零部件的位置和作用。

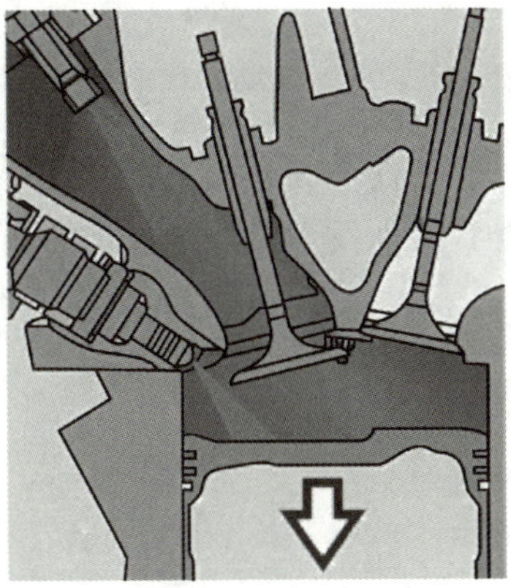

子任务 2：解释什么是空燃比和过量空气系数，算一算理想混合气时 1L 汽油需要多少升空气。

子任务 3：观看微课或教师示范操作，根据下表要求完成供油系统数据流的读取。

| 工况 | 怠速 | 2000r/min | 急加速 | 急减速 |
|---|---|---|---|---|
| 发动机转速 | | | — | — |
| 冷却液温度 | | | | |
| 空气流量 | | | | |
| 喷油时间(歧管) | | | | |
| 喷油时间(缸内) | | | | |
| 喷油压力(高压) | | | | |
| 供油压力(低压) | | | | |
| 短期燃油修正 | | | | |
| 长期燃油修正 | | | | |
| 过量空气系数 | | | | |
| 点火提前角 | | | | |
| 节气门开度 1(%) | | | — | — |
| 节气门开度 2(%) | | | — | — |
| 加速踏板位置 1(%) | | | — | — |
| 加速踏板位置 2(%) | | | — | — |

子任务 4：解释什么是短期燃油修正和长期燃油修正，总结正常情况下修正范围是多少。

子任务 5：通过单缸断火、阻挡空气流量传感器等措施大范围改变混合气浓度，读取数据流，查看实训发动机燃油修正的极限值。

| 教师评价 | 教师签名： 年 月 日 |
|---|---|

# 任务二　检测喷油器控制电压波形

| | |
|---|---|
| 学习情境 | 汽车维修小组在排除发动机疑难杂症，需要检测喷油器控制电压波形，分析是否存在信号异常。你的任务是检测喷油器控制电压信号波形，并且向大家分享检测波形的技巧。 |
| 学习任务 | ➢ 解释示波器 A/B 通道和两条测试线之间的关系。<br>➢ 解释波形测试中的幅值、周期、频率以及脉宽的概念。<br>➢ 解释示波器屏幕上波形是怎么确定起始点的。<br>➢ 测量并画出喷油控制信号波形。 |
| 能力目标 | • 能够解释示波器通道和测试线之间的关系。<br>• 能够正确解释波形的幅值、周期、频率和脉宽的概念。<br>• 能够解释示波器波形的触发机制。<br>• 能够连接示波器，测试简单电压信号波形。 |
| 任务时间 | 90min。 |
| 主要设备、工具和资料 | ◇ 汽车整车或可运行发动机台架 6 台。<br>◇ 汽车专用示波器或通用示波器 6 台。<br>◇ 常用维修工具箱、车辆防护用品 6 套。<br>◇ 汽车维修手册和电路图 6 套。 |

子任务 1：打开示波器查看显示屏，解释波形测量的相关概念。

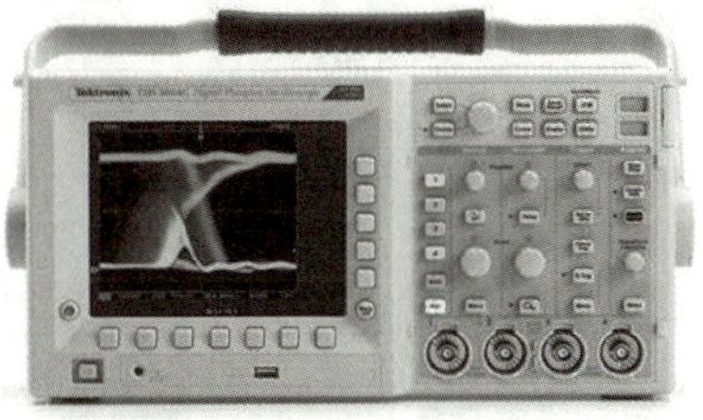

频率：

周期：

幅值：

通道：

时基：

耦合方式：

触发方式：

子任务2：观看微课或教师示范操作，测量并画出喷油控制信号波形，注意标注清楚时基、电压刻度和电压0位。

1缸喷油控制信号波形（怠速）

3缸喷油控制信号波形（2000r/min）

| 教师评价 | 教师签名： 年 月 日 |
|---|---|

# 项目十　点 火 系 统

## 任务一　检查、更换火花塞

| | |
|---|---|
| 学习情境 | 快修小组要给一辆汽车进行 2 万 km 维护，团队分工协作，你的任务是检查点火系统，更换火花塞，并向客户解释火花塞更换的原因。 |
| 学习任务 | ➢ 描述点火系统的作用，认知零部件。<br>➢ 判断火花塞的型号和材质。<br>➢ 拆装火花塞。<br>➢ 检查火花塞的工作状态。 |
| 能力目标 | • 能够正确描述点火系统的作用。<br>• 能够介绍火花塞不同型号和材质的特点。<br>• 能够描述火花塞常见故障及原因。<br>• 能够熟练拆装、检查火花塞。 |
| 任务时间 | 90 min。 |
| 主要设备、工具和资料 | ◇ 汽车整车或可运行发动机台架 6 台。<br>◇ 常用维修工具箱、车辆防护用品 6 套。<br>◇ 汽车维修手册和电路图 6 套。 |

子任务 1：在发动机上找到点火系统主要零部件，描述点火系统的作用和组成。

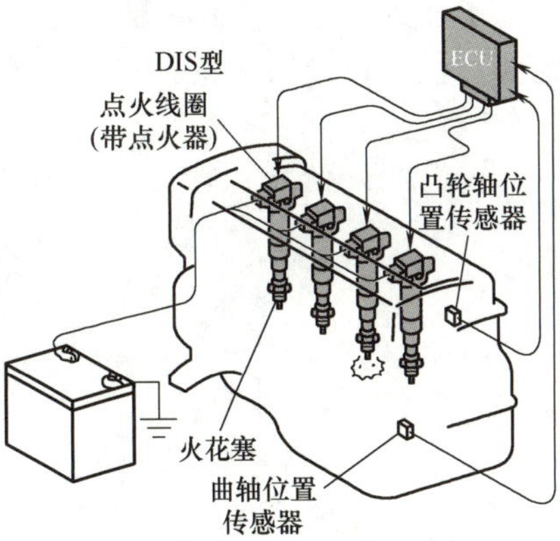


子任务 2：测量火花塞电阻，解释火花塞电阻的作用，对比不同型号火花塞电阻是否相同。

子任务 3：判断并描述需要更换的火花塞是什么热值、什么材质电极，有什么特点。

子任务 4：观看微课或教师示范操作，拆卸更换火花塞。检查旧火花塞工作情况，将火花塞间隙、磨损情况、颜色、积炭、油污、破损等情况记录下来。

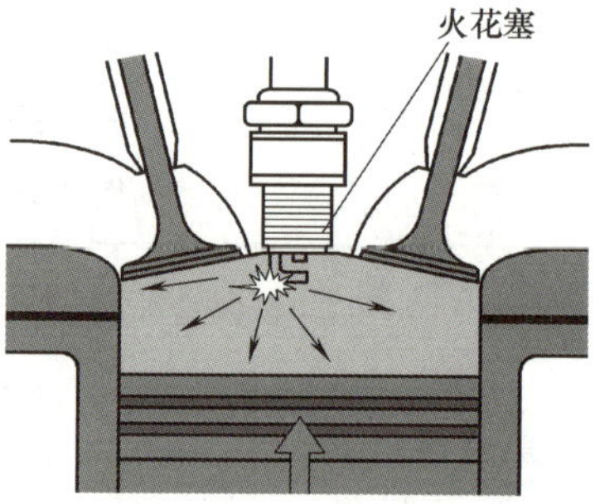


子任务 5：客户车辆配置的是 2.0L 缸内直喷涡轮增压发动机，维修手册要求每 2 万 km 更换火花塞。但客户说旧火花看起来没什么问题，不需要更换。请你给客户做出专业且礼貌的解释。

| 教师评价 | 教师签名：　　　　　　　　　　年　　月　　日 |
| --- | --- |

# 任务二　检测点火波形

| | |
|---|---|
| 学习情境 | 汽车维修小组遇到发动机疑难故障，火花塞已更换，但仍有偶发断火、动力不足等故障。现在需要通过检测点火波形进一步查找故障原因，组长安排你来完成这项工作。 |
| 学习任务 | ➢ 描述高压点火线圈的电路及工作原理。<br>➢ 解释什么是爆燃以及消除爆燃的方法。<br>➢ 测量点火控制信号电压、电流波形。<br>➢ 如有可能，测量高压点火波形。 |
| 能力目标 | • 能够掌握车辆点火系统的类型。<br>• 能够根据汽车维修手册查阅点火系统中各线端的功能。<br>• 能够熟练地使用示波器对各个端子进行相关的测量。<br>• 能在可能的情况下对点火波形进行测量。 |
| 任务时间 | 90min。 |
| 主要设备、工具和资料 | ◇ 汽车整车或可运行发动机台架 6 台。<br>◇ 汽车专用示波器或通用示波器 6 台。<br>◇ 常用维修工具箱、车辆防护用品 6 套。<br>◇ 汽车维修手册和电路图 6 套。 |

子任务 1：查阅电路图，画出点火线圈电路简图，描述点火线圈的结构与工作原理。

子任务 2：找到发动机上爆燃传感器的安装位置，描述什么是爆燃以及消除爆燃的方法。

子任务 3：选择一个气缸，测量点火控制信号电压和电流波形，并在波形图上标出初级线圈的通电时间及饱和电流。

点火控制信号电压和电流波形

子任务 4：如有可能，测量某缸二次点火电压波形，在点火波形图上标出击穿电压、火花维持电压和火花持续时间。

二次点火波形

| | |
|---|---|
| 教师评价 | 教师签名：　　　　　　　　年　　月　　日 |

# 项目十一　排放控制系统

## 任务一　检测发动机废气排放

| | |
|---|---|
| 学习情境 | 客户汽车年检时废气排放质量不达标，需要检修发动机。维修小组分工协作，组长安排你进行发动机废气排放的检测，分析检测结果，并且提出后续诊断和维修建议。 |
| 学习任务 | ➢ 描述发动机排放污染物的来源和成因。<br>➢ 描述空气成分和汽油机良好燃烧后的废气成分。<br>➢ 使用气体分析仪检测发动机废气。<br>➢ 分析发动机排放超标的常见状况和原因。 |
| 能力目标 | • 能够描述发动机排放污染物的来源和成因。<br>• 能够描述空气成分和汽油机良好燃烧后的废气成分。<br>• 能够正确使用气体分析仪检测发动机废气。<br>• 能够通过废气检测的异常结果分析混合气浓度和可能的典型故障。 |
| 任务时间 | 90min。 |
| 主要设备、工具和资料 | ◇ 汽车整车或可运行发动机台架 6 台。<br>◇ 气体分析仪 6 台。<br>◇ 常用维修工具箱、车辆防护用品 6 套。<br>◇ 汽车维修手册和电路图 6 套。 |

子任务 1：起动发动机后立即查看排气状态，闻一下排气气味，解释发动机排放污染物的来源和成因。

子任务 2：查阅资料，描述空气以及汽油机燃烧良好时废气成分的体积比例，对比有哪些不同。

| 测量条件 | 大气成分比例 | 发动机废气成分比例 |
|---|---|---|
| $N_2$ | | — |
| $O_2$ | | |
| $CO_2$ | | |
| CO | | |
| HC | — | |
| $NO_x$ | — | |

子任务 3：观看微课或教师示范操作，将发动机预热至冷却液温度达到 80℃以上，使用气体分析仪在三种工况下检测发动机废气并记录结果。

| 测量条件 | 怠速 | 2500r/min | 单缸断火 |
| --- | --- | --- | --- |
| HC | | | |
| $NO_x$ | | | |
| CO | | | |
| $O_2$ | | | |
| $CO_2$ | | | |

子任务 4：根据上面的检测结果进行分析并解释。

1）单缸断火后，HC 排放量为什么没有增大反而减小？

2）单缸断火后，CO 排放量为什么低到几乎为 0？

3）单缸断火后，$O_2$ 排放量为什么急剧增大？

4）单缸断火后，$CO_2$ 排放量为什么减小？

5）上面三种工况下，$NO_x$ 排放量为什么都很小？

| 教师评价 | 教师签名：　　　　　　　年　　月　　日 |
| --- | --- |

# 任务二　检测氧传感器性能

| | |
|---|---|
| 学习情境 | 客户汽车仪表盘上的发动机故障警告灯亮起，团队分工协作，你的任务是进行氧传感器的检测，并且向客户解释氧传感器的类型和作用。 |
| 学习任务 | ➢ 掌握氧传感器的类型和作用。<br>➢ 描述开关型氧传感器信号电压变化范围和频率。<br>➢ 描述宽带氧传感器的信号特点。<br>➢ 读取氧传感器数据流，判断氧传感器的性能。 |
| 能力目标 | • 能够描述氧传感器的类型和作用。<br>• 能够描述开关型氧传感器信号电压变化范围和频率。<br>• 能够描述宽带氧传感器的信号特点。<br>• 能够通过分析数据流判断氧传感器的性能。 |
| 任务时间 | 90min。 |
| 主要设备、工具和资料 | ◇ 汽车整车或可运行发动机台架 6 台。<br>◇ 专用或通用诊断仪 6 台。<br>◇ 常用维修工具箱、车辆防护用品 6 套。<br>◇ 汽车维修手册和电路图 6 套。 |

子任务 1：识别不同导线数量的氧传感器，简述其结构类型和作用。

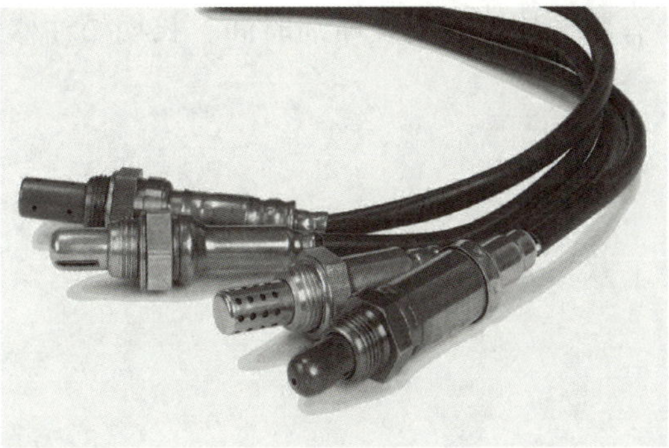

2 线氧传感器：

3 线氧传感器：

4 线氧传感器：

5 线氧传感器：

6 线氧传感器：

子任务 2：描述开关型氧传感器信号良好时电压变化范围和频率（可以画图表示）。

子任务 3：描述宽带氧传感器的信号特点，列出氧传感器主要的五家供应商。

子任务 4：观看微课或教师示范操作，参考汽车维修手册的要求，预热发动机冷却液温度至正常，读取氧传感器数据流并记录（如果前氧传感器为宽带型、后氧传感器为开关型，只填写对应表格，没有的不填）。

1）开关型氧传感器。

热车怠速时，前氧传感器信号 10s 的切换次数为________，电压变化范围为________。

热车怠速时，后氧传感器信号 10s 的切换次数为________，电压变化范围为________。

急加油时，前氧传感器信号电压变________（大或小），后氧信号电压变________（大或小）。

单缸断火时，前氧传感器信号电压变________（大或小），后氧信号电压变________（大或小）。

2）宽带氧传感器。

热车怠速时，前氧传感器信号 10s 的切换次数为________，电压变化范围为________。

热车怠速时，后氧传感器信号 10s 的切换次数为________，电压变化范围为________。

急加油时，前氧传感器信号电压或电流变________，后氧信号电压或电流变________。

单缸断火时，前氧传感器信号电压或电流变________，后氧信号电压或电流变________。

子任务 5：假设空气流量传感器信号有偏差，其测量值比实际流量大 50%。思考并讨论发动机会有什么故障现象，喷油时间、长期燃油修正、短期燃油修正、氧传感器信号数据流会有什么变化。

| 教师评价 | 教师签名：　　　　年　　月　　日 |
| --- | --- |

# 项目十二　柴油机供油系统

## 任务　识别柴油机供油系统类别

| | |
|---|---|
| 学习情境 | 客户到店选车，看中一款柴油版进口轿车，但客户对柴油发动机还有一些疑虑，希望了解更多相关信息。作为一名资深汽车营销顾问，请你向客户介绍柴油机供油系统的优缺点和新技术，消除客户的疑虑。 |
| 学习任务 | ➢ 掌握柴油机供油系统有哪些类别。<br>➢ 识别共轨燃油喷射系统的组成和功能。<br>➢ 识别泵-喷嘴系统的组成和功能。<br>➢ 介绍柴油发动机轿车的应用状况以及其优缺点。 |
| 能力目标 | • 能够描述柴油机供油系统的类型。<br>• 能够描述共轨燃油喷射系统的组成和功能。<br>• 能够描述泵-喷嘴系统的组成和功能。<br>• 能够介绍柴油发动机轿车的应用状况以及其优缺点。 |
| 任务时间 | 90min。 |
| 主要设备、工具和资料 | ◇ 共轨式和泵-喷嘴式柴油发动机或整车各 2 台。<br>◇ 如果没有上述柴油发动机，可准备挂图 2 套。<br>◇ 常用维修工具箱、车辆防护用品 6 套。<br>◇ 汽车维修手册和电路图 6 套。 |

子任务 1：查看不同柴油发动机，描述柴油机供油系统有哪些类别。

子任务 2：查看柴油机的共轨燃油喷射系统，描述其组成和功能。

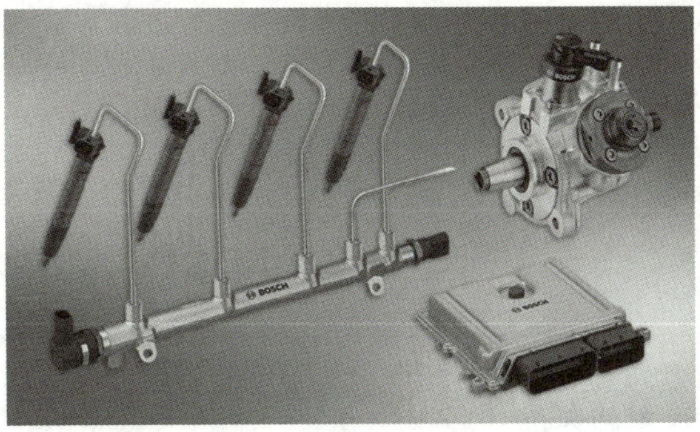

子任务3：查看柴油机的泵-喷嘴系统，描述其组成和功能。

子任务4：总结一下柴油发动机轿车的优缺点。

子任务5：通过查找互联网资料，对比我国和德国柴油轿车的应用比例情况，谈谈对我国柴油发动机轿车数量很少的原因的个人看法。

| | |
|---|---|
| 教师评价 | 教师签名：　　　　年　　月　　日 |

# 项目十三　发动机管理系统

## 任务一　更换发动机线束

| | |
|---|---|
| 学习情境 | 一辆事故车需要维修，维修小组分工协作，你的任务是更换发动机线束，并借此机会向实习生解释发动机线束连接的各种零部件功能。 |
| 学习任务 | ➢ 拆卸发动机线束，识别每个插头连接的零部件。<br>➢ 描述发动机线束上每个零部件的名称和功能。<br>➢ 安装新的发动机线束，插上所有电气插头。<br>➢ 查阅电路图，画出发动机控制单元供电及网络连接简图。 |
| 能力目标 | • 能够熟练拆卸发动机线束及连接插头。<br>• 能够描述发动机线束上所有零部件的名称和功能。<br>• 能够正确安装发动机线束。<br>• 能够解释发动机控制单元的供电和网络连接。 |
| 任务时间 | 90min。 |
| 主要设备、工具和资料 | ◇ 汽车整车或可运行发动机台架 6 台。<br>◇ 发动机线束 6 套。<br>◇ 常用维修工具箱、车辆防护用品 6 套。<br>◇ 汽车维修手册和电路图 6 套。 |

子任务 1：查阅汽车维修手册，更换发动机线束，记录线束连接的部件名称（相同的不重复记录）。

| | | | |
|---|---|---|---|
| 1. 发动机控制单元 | 11. | 21. | 31. |
| 2. | 12. | 22. | 32. |
| 3. | 13. | 23. | 33. |
| 4. | 14. | 24. | 34. |
| 5. | 15. | 25. | 35. |
| 6. | 16. | 26. | 36. |
| 7. | 17. | 27. | 37. |
| 8. | 18. | 28. | 38. |
| 9. | 19. | 29. | 39. |
| 10. | 20. | 30. | 40. |

子任务 2：记录实训车辆发动机控制单元的安装位置，并分析各位置安装的优缺点。

子任务 3：查阅电路图，画出发动机控制单元供电电路简图。

子任务 4：查阅电路图，画出发动机控制单元所在网络各控制单元的连接简图。

| 教师评价 | 教师签名：　　　　年　　月　　日 |
|---|---|

# 任务二　诊断排除发动机综合故障

| | |
|---|---|
| 学习情境 | 客户汽车存在发动机怠速发抖、动力下降等综合故障。假设你是维修小组长，请以此故障为案例，规范地诊断排除发动机故障，指导组内成员以及实习生提高发动机故障诊断技能水平。 |
| 学习任务 | ➢ 掌握发动机故障诊断流程与基本方法。<br>➢ 解释产生故障的原因及故障点。<br>➢ 根据故障基本诊断流程，采用合适的方法诊断及排除发动机故障。 |
| 能力目标 | • 能够熟练地遵循合理的流程和方法进行故障诊断。<br>• 能够正确地解释发动机故障产生的原因和现象。<br>• 能够采用多种方法规范地诊断及排除发动机故障。 |
| 任务时间 | 180min。 |
| 主要设备、工具和资料 | ◇ 汽车整车或可运行发动机台架 6 台。<br>◇ 发动机故障诊断仪 6 台。<br>◇ 常用维修工具箱、车辆防护用品 6 套。<br>◇ 汽车维修手册和电路图 6 套。 |

实训前，教师设置好发动机进气、供油、点火等系统的故障，2 个有码故障和 2 个无码故障。

子任务 1：学生根据所学知识和技能，综合诊断、检测并排除发动机有码故障。

1）起动并验证发动机故障现象（怠速、高速、加速及减速状态）：

2）读取、清除故障码后，再次读取发动机故障码。

原有故障码：

再次读取的故障码：

3）分析有码故障可能的原因：

4）查阅电路图，绘制相关电路简图：

5）根据故障码的提示诊断并排除发动机故障，并写出故障诊断与排除的关键步骤和数据。

故障 1：

故障 2：

子任务 2：排除发动机有码故障后，再次验证发动机运行状态，通过读取并分析数据流、检测元件及电路等方法，排除发动机运行不良故障。

1）读取数据流并记录在下表中，根据需要自行增加数据内容。

| 工况 | 怠速 | 2500r/min | 急加速 | 急减速 |
| --- | --- | --- | --- | --- |
| 发动机转速 | | | — | — |
| 冷却液温度 | | | | |
| 空气流量 | | | | |
| 进气温度 | | | | |
| 喷油时间 | | | | |
| 燃油压力 | | | | |
| 短期燃油修正 | | | | |
| 长期燃油修正 | | | | |
| 过量空气系数 | | | | |
| 点火提前角 | | | | |
| 节气门开度 1(%) | | | — | — |
| 加速踏板位置 1(%) | | | — | — |
| | | | | |
| | | | | |
| | | | | |

2）分析数据流，推断可能的故障原因。

3）检测发动机元件及电路，排除发动机运行不良故障。

| 教师评价 | 教师签名：　　　　年　　月　　日 |
| --- | --- |